Üç Aliler Divanı

Yılmaz Karakoyunlu

ÜÇ ALİLER DİVANI

Yazan: Yılmaz KARAKOYUNLU

1. baskı / Simavi Yayınları, 1991
3. baskı / haziran 2000 / ISBN 975-6719-06-0

Kapak tasarımı: Dipnot
Kapak fotoğrafı: Abdullah Özkan Arşivi
Baskı: Şefik Matbaası

Doğan Kitapçılık AŞ Hürriyet Medya Towers, 34544 Güneşli-İSTANBUL
Tel. (212) 677 06 20 - 677 07 39 Faks (212) 677 07 49

Üç Aliler Divanı

Yılmaz Karakoyunlu

I

"Gövdesi olmayan baş kesilmez."
Lewis Carroll /
Alice Harikalar Ülkesinde

Yakub Cemil'i, o gece kurşuna dizdiler.

Kâğıthane tepelerinde beş silah patladı...

İri gövde, sert gerdan direndi; sonra dizlerinin üzerine çöktü. Bir süre de öyle kaldı...

Yakub Cemil, usulca dilini çıkardı; her şeyi çocukça alaya alan bir erişkin usanmışlığıyla yıkıldı. İsteseydi biraz daha direnirdi; güldü, boş verdi... Gözleri hâlâ açık ve uysaldı.

Fedai kanı koyudur; gecenin karanlığında görülmez...

Seyredenlerin ciğerini derin bir nefes doldurdu; ak sarıklı hocanın dudaklarında alelacele bir Fatiha dolaştı: Âmin!

İzzet Paşa'nın korkusu büyüktü. Yeni kurduğu kabinede İttihatçıların baskın isimlerinin istediği vekillikleri dağıtmış, sadece, Harbiye nezaretini uhdesinde tutmuştu. İşin gerçeği şuydu: İzzet Paşa, Harbiye nezaretinin kendi elinde kalmasıyla orduyu tamamen kontrol edeceğine inanmıyordu. Üzerine ağır bir sıkıntı çökmüş, neredeyse bütün takatını tüketmişti. Konağın bu geniş ve süslü salonunda tek başına oturmuş, güneşin ısrarlarına set çekmiş kalın kadife perdelerin yarattığı ılık koyuluğa sığınmıştı.

Maçka'daki konağın sessizliği insanı korkutur. Paşa, geniş bir koltuğa gömülmüş, telaşlı ve kuşkulu çırpınışlar içinde saraydan gelecek haberi bekliyordu. Bazen küçük bir ima, kurduğu bütün hayallerini yıkabilirdi. Artık, sarayın kendisine olan güveninin tamlığı konusunda kuşkuları kesinlik kazanmış, vesveseli tabiatını, tam anlamıyla çileden çıkmış gibi karmakarışık hale getirmişti. Vahideddin, Dahiliye vekilliğine önerilen İsmail Canbulad için, "Bu katili nereden bulup çıkardınız?" diye açıkça kendisini azarlamıştı.

Kapıda genç bir cariye göründü. Elindeki gümüş tepside, iri bir kristal sürahi içinde vişne şerbeti taşıyordu. Uysal ve tertipli adımlarla yaklaşıp Paşa'nın önünde hafifçe diz kırdı; getirdiklerini masaya koydu. Göz göze geldiler. Taze el, buz gibi şerbeti iri bardağa doldurup sundu; geri geri çekilip bekledi.

Cariyenin yüzü düzgün ve davetkârdı. Saçlarını toplamış, ensesinin üzerinde küçük bir topuz yapmıştı. Başında ince bir tülbent, bu lepiska demetini derin bir hasretle kucaklamış ve vazgeçilmesi imkânsız bir hazineyi koruyan ihtirasla sarmıştı. Nasılsa kendisini bu hasret cenderesinden kurtarmış birkaç ince tel, ensesinde gelişigüzel bir dağınıklıkla duruyor, kadife perdelerden yansıyan gölgelerden aldığı renkle koyulaşıyordu. Tülbentin tam alnına gelen kısmına küçük işlemelerle parlak desenler katılmış ve uçlarına bir iki inci tanesi işlenmişti. Aldığı terbiyenin bütün inceliklerini hissettiren bir zarafetle her emre hazırdı... Sırp ırkının bu güzel örneğini Enver Paşa hediye etmişti. İzzet Paşa ceketini çıkardı; uzattı:

"Bunu yerine asınız, kızım."

Koyu lacivert kalın kumaşın üzerine itinayla işlenmiş geniş sırmalar, ceketin ta ucundan başlayarak omuzlarına kadar uzanıyor; giderek genişleyen biçimlerle apoletlerinin bulunduğu yerde yunus balıklarının gövdelerini andıran bir zarif kıvrımla son buluyordu. Aklından geçenleri gözlerinin merceğinde topladı. Cariyeye uzun süre baktı; sesinde sabırlı bir hasret gizliydi: "Enver'in bir ince tarafı olduğunu söylüyorlar ya, bunun doğru olduğuna inanıyorum."

Enver adı, İzzet Paşa'nın hoşuna gitmiyordu. Enver'in ordu, Cemal'in donanma üzerindeki etkisinin farkındaydı. Maliye'ye getirdiği Cavid Bey'in, en az Enver kadar, Cemal kadar, hatta daha belalı bir püskül olacağı endişesini hissediyor, bu korkuyu kendine yakın ve anlayışlı bulduğu Rauf Bey aracılığıyla iskandil ediyordu. Rauf Bey'in nabzını iyi tutarsa, Mustafa Kemal'in yüreğindeki kan basıncını öğreneceği tesellisindeydi. Kim bilir, belki uhdesinde tuttuğu Harbiye nezaretine Mustafa Kemal'i getirerek İttihatçı baskısına bir ölçüde karşı koyabilirdi. Öyle ya, İttihatçılar ile Mustafa Kemal, artık atılmış bir köprünün iki yakası gibi birbirlerine çok uzaktan bakıyorlardı. "Bu fırsatı iyi kullanırsam Cavid'i de saf dışı bırakabilirim" diye düşündü.

Cavid Bey, İzzet Paşa'nın, padişah telkinlerine açık karakter ve terbiyesinden hep kuşkulanmıştı. Huzursuz tavırlarla sorular soruyor ve İzzet Paşa'ya zor geçecek bir hükümet hayatının ağırlığını hissettiriyordu. İlk fırsatta Sadrazam İzzet Paşa'ya yaklaşıp: "Paşam! Saraya saygınızı anlayışla karşılarım; bu bir terbiye, hatta meslek işidir; ama, her telkine tabi olmak hükümet etmek değildir" demiş, sonra, alaycı bir ifadeyle eklemişti: "Vahideddin'in, hattı hümayununda bir mevlit hüznü var..."

Cavid Bey, dediklerinin tersini yapmaya hazır bir sadrazamın Maliye nazırı olarak, kabinenin hangi sorumluluklar içinde olması gerektiğini açıklamaya karar verdi. Bunu, Meclis'te yapacağı bütçe konuşmasında geniş biçimde ortaya koyacaktı.

İzzet Paşa Kabinesi'nin ilk genelgesi yayımlandı. Taşradaki memurlara derin bir vatan sevgisi telkin eden bu genelgede, devletin içinde bulunduğu çöküntü üç cümlede özetlenmişti. Siyasal girişimlerin hiçbirinden bir sonuç alınamıyordu. Harbin getirdiği karışıklık, haksızlık ve yolsuzluk son noktasına gelmiş ve imparatorluk, ahlakıyla birlikte çöktürülmüştü. Halk artık eski saygısını kaybetmiş; güvensizlik ve hile bir aslî unsur gibi her ırktan Osmanlı'nın karakteri olmuştu. İstanbul, sanki hiç fethedilmemiş gibi bir Rum azınlığın taşkınlığıyla düzenini kaybetmişti.

Cavid Bey kabine toplantısından çıktıktan sonra hızlı adımlarla merdivenlere koştu. Odasına girmekte olan İzzet Paşa'nın önünü kesti. Çevresindeki yaverlere kovar gibi baktı:

"Paşam, Ahmet Rıza Bey'in ziyaretinden malumatınız var mıydı?"

"Şimdi işittim. Yemin ederim ki, şimdi işittim. Lütfen, sakin olunuz..."

Ahmet Rıza Bey, Rum Patrikhanesi'ni ziyaret etmiş, Vahideddin'in en kalbî sevgi ve saygılarını sunarak Rum patriğinin elini öpmüştü. Jöntürkler'in Âyan reisi Ahmed Rıza Bey, o ağdalı lisanıyla bu "buse"yi, kendi aracılığı ile Vahideddin'in Rum milletine ithaf etmiş olduğunu söylüyordu.

Cavid Bey'in bütün hırçınlığı üzerindeydi:

"Beş asır sonra Osmanlı hünkârı, Rum patriğinin elini öpecek noktaya getirilmiştir. Hicap edeceğimiz yerde, benden nasıl sükûnet beklersiniz. Dün de Dahiliye nazırınız Ermeni Patrikhanesi'ne ziyarette bulunmuş..."

"Ne yapmamı istiyorsunuz Cavid Bey?"

"İlk işiniz şu olmalıdır: Harp Anadolu'yu tamamen boşalttı... Şark'ta yapılacak bir plebisitte, Müslümanlar azınlıkta kalacaktır. Buna fevkalade dikkat ve itinayla çare bulmalıyız. İleride başımıza büyük işler açacağından korkarım..."

İzzet Paşa, konuyu tam kavramış gibi görünmemekle beraber, ne yapacağını hemen kestirmiş ve bu isabetli ikazın sahibini ta dış kapıya kadar geçirmek ihtiyacıyla yakınlık ve teşekkürünü ifade etmek istemişti. Yerine dönerken yaverine adeta bağırır gibi emrini yazdırdı:

"Dahiliye Nazırı Ali Fethi Bey'i davet ediniz. Şu Ticaret Serbestisi'ne ait evrakla hemen gelsin..."

Cavid Bey, gecenin tenha saatinde Meclis'e sunacağı bütçenin takdim konuşmasını tamamlamış, yorgun gözlerle pencereden dışarısını seyrediyordu...

İstanbul'da gecelerin, tadına doyulmaz bir ağlayışı vardır... Sessizce içini kendine açan sevdalı konak kızları gibi, sadece göz pınarlarında biriken bir iki damla yaşla, bir koca ömrün aşkını gergefe işlercesine dikkatli bir ağlayıştır bu...

Cavid Bey, aylardır endişesini hissettiği bu tehlikeli gidişin sonunda büyük bir felaketin geleceğini fark etmiş, nasıl bir tedbir alınacağı konusunda hükümeti yeterli ve geçerli bir kararlılık içinde görmediğinden ağır bir yük taşıyormuş gibi ihtiyarlamıştı. Merkezi Umumî'nin uzun süreden beri bir telaş içinde bocaladığını görüyor, sık sık yükselen seslerin, sinik bir yalnızlıkla kaybolup gittiğini seyretmekten gerçek bir acı duyuyordu. Acaba İttihat Terakki'nin hâkim karakteri, bilinmeyen bir elin sürükleyip götürdüğü acılı sona hızla yaklaşıyor muydu? Akla gelmesi bile insanı ürkütecek kadar çirkin ve imkânsız görülen ihtimal, yoksa gerçekleşeceği noktaya mı gelmişti? Selanik günlerini hatırladı. Bu oynak ruhlu liman şehrinin tabiatı, sanki şahsiyetini bir türlü bulamamış yetişkin insanlar arasındaki sık ve seviyesiz kavgalar gibi hem utanç, hem ümit veren bir çatışmaya benzerdi. Başkaldırmaya meraklanan herkesin macerasına yataklık etmeye hazır bir davetle bekleyen bu şehrin görünmeyen tesiri, vazgeçilmeyen hasreti hep canlı kalmıştı... Tüccar tabiatındaki o kıvrak zekâ, denizci ruhunun hür ve engin sanılan cesaretiyle birleşince, ele avuca gelmez bir liman yosması gibi adamı kolayca rotasından saptırabilirdi...

Selanik'in görünen yanı, yaşlı ve sabırlıdır. Görünmeyen yanında her fikrin bereketli tohumlarını besleyen gübre vardır. Güneş çıkınca ilk filizini hızla büyütüp kendi toprağının derinlerinde kökleştirir... Selanik, her yaşta çekici bir kadın gibi hatırlanır. Abdülhamid'in, "Ben Manastır'dan değil, Selanik'ten ürkerim" sözünde, gün görmüş bir teşhis, hatta, korkuyu önceden sezen hayvanî lezzet vardı...

Cavid Bey rahat değildi. Söyleyeceklerinin çoğunda en yakın bildiği arkadaşlarının bile kendisine karşı çıkacağı endişesini taşıyordu. Meseleleri dikkatle sınıflandırmış, kelimeleri özenle seçmişti. İttihatçıların çoğunda, tek bir kelime yüzünden kırk yıllık dostluğa sırt çevirmeye hazır bir çocukluk vardı. Gecenin bu derin koyuluğunda bir yakın ses duymak, bir sıcak yüz görmek istiyordu... Çalıştığı masaya, "Yatsan iyi olur" diye yaklaşan bir helalin huylandırıcı sesini duymak, sonra da, sevdiğini koruyan yetişkin edasıyla "Sen yat, ben biraz daha çalışacağım" diyerek gidişini seyretmek ne zevkli bir naz olurdu. Saniye Hanım'ın ölümünden sonra nasıl bir yalnızlık içinde bocaladığını unutması mümkün değildi. İncehastalık, bu duygulu kadının göğsüne basmış ve inatçı tabiatıyla bir türlü kalkmak istememişti. Selanik İstasyonu'nda acı haberin tesiriyle boşanan gözlerini, küçük ceviz tabutun başına serilmiş kenarları mor işlemeli tülbende dikmiş ve dakikalarca ağlamıştı. Selanik'te İttihatçıların görünen ilk gözyaşı budur... Saniye Hanım, son nefesine kadar sürekli bir sabır ve ümit içinde olmuş, sonunda "Cavid! Yetiş, kurtar beni" diye son çığlığını yükseltmişti. Hayat zordu ve yalnızlık çekilmiyordu...

Tekrar masanın başına oturdu. Işığı yükseltti. Küçük yuvarlak çerçeveli gözlüğünü taktı. Ropdöşambrının kuşağını gevşetti... Yazdıklarına son bir göz atıp, yapacağı küçük düzeltmeleri tamamlamak istedi... O özlediği huylandırıcı helal sesi, sanki kapıyı açıp elinde lambayla içeri girerek omuzlarına dokunmuş gibi irkildi. Geri döndü; uzun ve yüksek bir karanlıktan başka hiçbir şekil ve ses yoktu. Tekrar pencerenin önüne geldi. Aynı derin ve yüksek karanlık, nasıl doldurulacağı bilinmeyen bir boşluk gibi önünde uzanıp gidiyordu...

Talat Bey, gerginliği sürdürmeye niyetli değildi ama, söyleyeceklerini de mutlaka bitirmek istiyordu:

"İkbal, çok kere bizim irademiz, hatta isteğimizin dışında gelebilir. Sahibini sevindirir, etrafını mutlu eder. Bir süre sonra ikbal, sahibi için yük, belki utanç haline dönüşebilir; ama, çevresi hâlâ ikbale sahip olmak ısrarını sürdürürse, ihtilafın doğması kaçınılmaz olur... Bir nimeti paylaşan çok kişi vardır; ama, nimetin dışında kalan çok sayıda kişi daha vardır. İşte ikbalin bu ikiyüzlülüğü, mutlaka bir tertibin hazırlığını davet eder..."

Talat Bey'in uzun süreden beri kafasını meşgul eden sorunların yükü artmaya başlamış, bu gidişin akıbetini kestiremeyen arkadaşlarının hâlâ kendilerini Niyazi'nin dağa çıktığı gündeki gibi hayret ve heyecan içinde hissetmelerine duyduğu asabiyet bütün vücudunu sarmıştı. Bir ikbalin bin bela ile birlikte geldiğini kavramayan herkesi küçük görecek bir yapısı vardı. Talat Bey, sonunda patladı:

"İşin de, gidişin de farkında değilsin Enver!"

"Bu telaş senin sakin tavrına uymuyor..."

Enver'in sesinde, vefalı bir arkadaşın teselli vermek isteyen içtenliği kadar, az rastlanır bir meziyetin sahibinde görülen iddia da dikkat çekiyordu:

"Yoksa bir ihanetten mi korkuyorsun?"

Talat Bey'in gövdesi hızlı harekete elverişli değildi. Oturduğu koltuğa yayılmak, böylece ilk elde ettiği rahatlığın tonunda arkadaşına cevap vermek istedi:

"Her an bir ihanete uğrayacağın korkusuyla hareket edemezsin... Çünkü doğruyu elden kaçırırsın. Doğrunun peşinden giderken tedbirli olmak her zaman dirayetin eseri değildir. O zaman, talih veya kader dediğimiz ilahî bir karakteri inkâr etmiş oluruz..."

Talat Bey, sözlerini işin özünde bitirmek istedi:

"Talihimiz döndü Enver! Sakın bunu gözden uzak tutma..."

Enver Paşa, sevimli bir gülüşle yaklaştı; ellerini, Talat Bey'in oturduğu koltuğun üzerine koydu. Omuzları kendiliğinden kabarmış, apoletlerindeki yıldızlar hemen görünen bir dikkat işareti gibi Talat Bey'in gözlerinin hizasına kadar yükselmişti. Sesi, istese bile bu kadar hoş ve okşayıcı olamazdı. Söyleyeceklerine bir seviye kazandırmak ihtiyacıyla ayağını yandaki tabureye koydu. Dirseğini, çizmelerinin ancak görünmesine izin verdiği dizine dayadı:

"Ben, devşirme paşası değilim. Mazim kadar, âtim de karakter ve kabiliyetle irtibatlıdır. Benim, talihle alışverişim olmamıştır..."

Enver Paşa'nın damatlık imtiyazı, sadece Naciye Sultan'ın geniş alınlı yüzünde gülümseyen yeşil gözlerini yakından seyretmekten ibaret değildi. Sarayın verdiği nimetler yanında, Naciye'nin şarkılarda söylenen ipek saçları vardı...

Aliye Hanım, yorgundu. Aylardır etrafındaki huzursuzluk artmış, uzun süredir içinde büyüyen endişe gelip son kapıyı çalmıştı... Böyle giderse, saygıdeğer bulduğu her şeyin bir bir elinden çıktığını görecek ve bu kaybolan güzelliğin akışını durduracak takatı hiçbir zaman bulamayacaktı.

Saray görmek, aslında akıllı bir insana gerçeği görmek imkânı verir...

Aliye Hanım, bu gerçeği görmüştü. Bir padişah gelini hissiyle salınıp gezdiği ihtişamlı salonların boy aynalarında görünen alımlı bakışlar, şimdi yorgun ve ümitsizce sığınabileceği bir uzlet köşesi arayan telaşa dönüşmüştü. Abdülhamid, saygılı bir şekilde ayağa kalkıp elini öptürdüğü güzel gelinini uzun bir süre seyretmiş ve uyarmıştı:

"Yüzünüzde harem terbiyesini utandıran bir ciddiyet var. Böyle karakterlerin vicdanını sızlatmaya meraklı çok insan bulunur. Kendinizi hep bir tertibin hedefi görüp, uyanık bulununuz kızım..."

Aliye Hanım, imparatorluğun yüreğini sıkan kuşkuyu ilk defa, o elin çekingen sıcaklığında duymuş, her gün artan bir hızla bu şüphenin sarayı bir esaret altında inlettiğini fark etmişti. Bir süre sonra mabeyincinin, Şehzade Burhaneddin Efendi'ye bayram harçlığı öderken makbuz alışındaki ısrarlı bekleyişine şahit olmuş ve derin bir yara almış gibi içi sızlamıştı. Aliye Hanım'ın bu hayretli acısını gözden kaçırmayan mabeyinci, hiç çekinmeden ve öğünmeden bu üslup farkını açıklamıştı:

"Benim kimseye itimadım yoktur. Herkes uyanıksa ben de uyanık olmalıyım. İskeleti çıkana kadar Müslüman'ın bile cesedine hep ürkerek bakarım."

Aliye Hanım'ın hayretli bakışlarını seyreden bu tecrübeli Ermeni, baskın çıkacağını sandığı her savaşta biraz ileri gitmeye meraklı bir tabiat kazanmış ve bu üslupla sarayda hatırı sayılan bir mevkiye gelmişti. Şimdi bu ateşli şehzade gözdesine bir yeni saray lehçesi tanıtmaya merak sardı:

"Beni hepten kötü, korkak, çaresiz biri gibi görmeyiniz. Burası saray, burada şefkatle tedbir, bir arada adamı şahsiyetsiz yapar. Saraylının bir gözü yiğitse, öbür gözü kaltak olmalıdır."

Aliye Hanım, mabeyinciye yaklaştı; uzunca bir süre yüzüne baktı. Her ikisi de sessizce, ilk konuşanı bekliyordu. Mabeyinci, bu taze gelinin saray tecrübesi olmayışından kaynaklanan zaafla bocalayacağından ve telaşlı bir sesle kendisini teslim edeceğinden emindi. Aliye Hanım, hiddetle gözlerini mabeyincinin yüzüne çevirdi:

"Mesainizi takdir etmemek mümkün değil. Böyle hizmetler insanların karakterleriyle ilgilidir. Ben utanmayı, bütün dinlerin kültüründe yer almış bir terbiye sanıyordum. Sizi tanıyınca yanıldığımı fark ettim."

Pişkin mabeyinci sarsıldı. Bir hakaret dinleseydi belki sabırlı bir nezaketle bu şehzade haremine saygılı bir cevap verir ve alıştığı rahatlık duygusu içinde görevine dönebilirdi. Aliye Hanım, tecrübeli mabeyinciye sarayın az rastladığı nazik üslupta terbiyesini hatırlatıyordu. Mabeyincinin cam yeşili, soğuk gözleri nemlendi; iri çukurlar ıslandıkça, sabırlı bakan yeşilin camları koyulaşıp daha iğrenç bir renkle kirleniyordu. Belli ki, bu pislik; bir kuru, bir ıslak, ömür boyu sürüp gidecekti...

Doktor Nâzım, aylardır uğramadığı evine girdi. Dışarıda, insanı doğduğuna pişman eden bir yağmur vardı. Şapkasının tereği şiddetli yağmurla yumuşamış ve kulakları hizasına kadar düşmüştü. Bu haliyle Doktor, karanlıkta kafasına tas geçirmiş yaşlı ve tanıdık bir deliyi andırıyordu. Gölge gibi içeri süzüldü, hemen kapıyı örttü. Soğuk, bütün taşlığı doldurmuştu. Kapının önünde bekleyen bir besleme, Doktor'un eline kâğıdı tutuşturdu. Küçük kız sırılsıklamdı. Nâzım Bey kâğıda göz ucuyla baktı, sesi gür ve acımasızdı:

"Şu çocuğun üzerine bir şey örtün. Kör müsünüz ki, nasıl titrediğini görmüyorsunuz? Çantamı getirin bana; bir de lamba verin..."

Doktor Nâzım, tabancasının emniyetini açtı, kabzayı kolayca kavrayacak şekilde beline yerleştirdi. Birlikte tekrar şiddetli yağmura daldılar. Çocuk, Doktor Nâzım'ın elini tutmuş gidecekleri yere doğru sürüklüyordu. Vardar Bonmarşesi'nin varlıklı sahibi Hacı Salih Efendi, akşam yemeğinden sonra şiddetli bir fenalık geçirmiş ve olduğu yere yıkılmıştı. Nefes almakta güçlük çekiyordu. Hemen Doktor'a haber salmışlar ve gelmesini beklemişlerdi. Evde, böyle telaşlı zamanların tecrübesinde hiç kimse yoktu.

Doktor Nâzım sordu:

"Hasta neyin olur senin? Baban mı?"

"Eniştem! Acele edelim. Ablam evde yalnız; korkuyorum..."

Korkmak!..

Doktor Nâzım da korkuyordu. Haftalardır, Merkezi Umumî'nin ileri sürdüğü çareleri büyük bir sabırla dinlemiş, her kafadan çıkan sesin, iler tutar bir tarafı olmadığını görmüştü. Belli ki, bir telaş gelip bütün İttihatçıların omuzlarına çökmüştü. Avaz avaz bağırmaya meraklı gür karakterde birkaç paşayla, her şeyi sabırla dinlemeye meraklı birkaç Mülkiyeli, nasıl olmuş da aynı çatı altında bu kadar sakin bir ruhla birleşip bugüne kadar gelebilmişti. Doktor Nâzım, yanılmakta olduğunu anladı. "Bugüne kadar geçirdiğimiz sükûnet, hep cehaletimizdeki hazmış" diye düşündü. İşlerin sarpa sardığı hissedilmeye başlanınca, bu sükûnet, yavaş yavaş yerini hırçın bir ifadeye bırakmış ve her hırçınlık, kendi isyanını hazırlayacak noktaya gelmişti. Doktor Nâzım, "Bu gidişin sonu iyi değil" diye düşünüyordu. Mesele, Talat'ın dediği gibi basit bir talih dönüşüyle izah edilemezdi. Belki de bütün ihtilaflar, Ahmed Rıza'nın ilk gün dediği gibi, bir karakter farkında kendisini gösteriyordu. Ahmed Rıza, tecrübeli tavır ve sakin bir dille bu terbiye farkını anlatmaya başlamıştı: "İttihatçıların siyaset terbiyesi, aile terbiyelerinden kaynaklanıyor, böyle olunca, her karakter, kendini bir İttihat Terakki gibi göstermeye başlayacaktır... Bir dağlı ile bir adalının yemek yiyişlerine bakın; ekmeği nasıl böldüklerini görün.

Aradaki farkı iyice kavrayın; bu misal, size ne demek istediğimi anlatmaya yeter. Aranızda müşterek bir siyaset terbiyesi olmadıkça, meyledeceğiniz her fikirden, her teşebbüsten ürküyorum."

Ahmed Rıza'nın, Âyan Reisliği'ndeki ağdalı dilini bir yana bırakıp ürkmeden söylediği bu açık seçik Türkçenin, kaç kişinin zihnindeki zilleri çaldığını kestirmek mümkün değildi.

Yağmur şiddetini artırmış, dar ve çamurlu yollar birlikte yürümeyi ciddi şekilde zorlaştırmıştı. Doktor Nâzım, çocuğun elini sıkıca tutuyor, uzun yıllardır özlemini çektiği bir sıcak dostluk ihtiyacını, bu küçük besleme kızın telaşlı, korkak ve ağlamaklı gözlerinde gördüğü sevimli yeşilliğin içinde bulmuş gibi seviniyordu. Bu günlere zor gelinmişti. Şimdi ülkenin, çok dar bir kapının önünde çıkılması imkânsız bir hücreye tıkılmak için örselendiğini görüyordu. Herhalde, bir ülkenin bağrını bu kadar derin ve onarılmaz biçimde yaracak kudrete sahip olmak bir tesadüf değildi... Bir ihmal, bir cehalet, bir kasıt, ne denirse densin; bütün güçler ancak bu kadar uygun bir kimyada birleşip böyle tesir icra edebilirdi... Felaket yaklaşmaktaydı.

Doktor Nâzım, gülmeye başladı. Yüzünde gergin bir hat kalmayacak kadar gevşemiş, kendisi bile, nasıl olduysa, bu kadar yumuşak bir çehreyle daha sevimli görünebileceğine inanmıştı. Düşünceleri yine aynı hızla akıp zihnini işgal ediyordu. Yürürken, kendiyle konuşmak gibi güzel bir âdet geliştirmişti:

"Talat talih diyor; Enver, işin farkında değil... Cavid, cehalet diye hırçın bir mazeretin sahibi... Biz ne yaptığımızı hakikaten biliyor muyuz? Belki, Mustafa Kemal'in dediği doğru çıkar, biz de rahat buluruz..."

Doktor'un yüzündeki tebessüm gerginleşti. Küçük kızın elindeki dostluğu hâlâ bütün sıcaklığıyla avucunda tutuyordu. Dostluk, ancak iyi insanlar arasında gerçekleşebilirdi. Çiçero'nun, "Bir davaya taraf olanlarda sadakat hissi tehlikelidir; dava sadakati tektir ve dostluğu yoktur..." sözünü ilk okuduğu zaman, kitabın altını çizmiş, sonra, aynı bölümleri birkaç defa okuyacak kadar derin haz ve huzursuzluklar hissetmişti. Bir hekim ciddiyetiyle kendi hakkında hükmünü vermişti:

"Aynı anda haz ve huzursuzluk, bir dengesizliğin ifadesidir."

Yanındaki çocukla ilgilenmek gereğini duydu:

"Adın ne senin yavrum?"

Küçük kız, yüzünü Doktor'a çevirdi. Gözlerinde "Sırası mı şimdi?" diyen bir kıvılcım vardı. Sonra, Nâzım'ın elini öptü. Dudaklarının titreyişi acı vericiydi. Teni, korkmuş ve büzülmüştü. Sesindeki heyecanı hissetmemek imkânsızdı:

"Benim adım Didar, ablamınki de Nigâr..."

Sonra ekledi:

"İşte geldik, ev göründü..."

Doktor Nâzım evi görünce şaşırdı. Bu bir konak yavrusuydu. Nasıl olur da böyle bir evde kimseler olmazdı. Birden ürktü. Yoksa bir tertip içinde miydi? Aylar var ki, huzursuzluk içinde kıvranıyor, nasıl bir çareyle bu illete son vereceğini düşünüyordu. Bir ara durdu. Çocuğa baktı. Gözlerindeki ince ağlayışı gördü. Kendinden utandı. "Hiç kimse bir yaşlı cana kıymak için bu küçük kızın iri gözlerini böyle ince bir ağlayışla ıslatmaya tahammül edemez" diye düşündü.

Kapı hızla açıldı; evden içeri girdiler. İri gözlü bir taze kapıyı örttü. Bu örtüşte, kıvamlı bir kadın daveti, gün görmüş bir sabır ve taşmaya hazır bir istek vardı.

Geçkin ile körpe birbirine hep sıcak bakar. Geçkinin ateşi daha yüksektir...

Hastaya yaklaştı, elini tuttu. Gözlerinde her şeyi helal etmiş ihtiyar sükûneti vardı. Hacı Salih Efendi, gecenin ilerlemiş bir saatinde, son saadetiyle ülfet etmek isterken taşıyamayacağı bir yükün altına girmiş ve yorgun bir hamal gibi çökmüştü...

Doktor, gözlerine bakar bakmaz anladı; İstanbul, bir yeni taze dulu daha bağrına basmaya hazırlanıyordu. Kendi kendine söylendi:

"Bu gözleri mutlaka bir daha göreceğim; bu gözler, bir himaye hissi gibi içimi ısıtıyor."

Bu İstanbul, ah bu İstanbul!..

Bu İstanbul, gerçekten güzel ağlıyor, güzel gülüyordu... Aklın, bütün inançlara karşı hoyrat ve ısrarlı bir tepkisi vardır. Her kubbenin tepesinde oturan güç, bütün kudretiyle sonsuz güzellikte dünyaları yaratacak yerde, neden böyle kalın duvarlara hapsedilmiş insanlar ve kötü mekânlarla yetinmişti? Neden, temkinli bir akla o sonsuz dediğimiz kudret uzlaşıp daha güzel bir hayatın sırlarını birbirlerine verip, mutluluğu getirmiyordu? Mademki, her basamak bir sonrakinin temeliydi, neden insanlar yukarı doğru çıktıkça bayağılaşıyordu?

Doktor Nâzım, dışarı çıktı. Yağmur dinmiş, sabahın ilk ışıklarında görülen o kurşunî beyazlık, uzaklarda bir yerden kolunu uzatıp Doktor'un ürkerek yürüdüğü yola açık saçık bir bekleyiş hissi vermişti.

Sabiha Sultan'a haberi duyurduklarında, hüzünlü bir şaşkınlık göstermiş, sonra da yumuşak bir sesle bu kararın tevekkülünü etrafına açıklamıştı:

"Paşa'nın kararındaki isabeti takdir, benim haddim değildir. Seviyemi bilirim. Şahsıma iltifat etmekle beni yüceltmiş olduğunu kendilerine bizzat arz etmeyi çok isterdim. İşte talihimin bu eksikliğine esef ediyorum..."

Eğer Vahideddin anlayışlı davransaydı, Sabiha Sultan hiç çekinmeden Mustafa Kemal'i kaldığı evde ziyaret edecek ve kendini görücüye çıkarmış bir saraylı edasıyla boy gösterecekti. Bu edada, hazırlıklı kadın kokusu vardı...

Mustafa Kemal'e görünmeyi ne kadar arzu ettiğini, Münibe Sultan'a bir sır gibi açıklarken çocuk gibi uçarı bir yüz takınmıştı:

"Paşa'nın çakır gözleri varmış. Derinden ve uzun bakan bir erkek seyrine öyle hasretim ki..."

Sabiha Sultan, Münibe'nin hayretlerine aldırmadan sözünü tamamladı. Bu sözde, uçarı çocukluk hevesi birden kanatlanmış, yerini, gemlenmez, bir kadın hırsı almıştı:

"Tenim, halktan birine değince, özlediği lezzetin gerçek terini tadacak..."

Vahideddin'in, Mustafa Kemal'i sarayda damat görmek arzusunu uzun süredir taşıdığı biliniyordu. Almanya seyahatinden sonra yaverliğini yapan bu çakır gözlü kumandanı Sabiha Sultan'la evlendirmek, böylece güvensizliğini giderecek akrabalığı kurmak hoş bir fikir gibi gelmişti. Sabiha Sultan, böyle bir teşebbüs için önce saraylı cakasıyla ilgisiz görünmeye gayret etmiş, sonra büyük bir telaş ve endişeyle odasına kapanıp işin aslı için diz çökmüştü:

"Yarabbi! Kısmetimi, hayalimin de ötesinde yüceltiyorsun. Bana bunu nasip etmen için ne yapmalıyım?"

Günlerdir Sabiha Sultan'ın kısmetini konuşan saraylı kadınların abartılı anlatımlarıyla Mustafa Kemal, daha şimdiden Enver'in saraydaki yerini sarsmıştı. Mustafa Kemal, saraya damat olmayı düşünmüş, sonra, Doktor Rasim'in öğütlerine uyup bu işten vazgeçmişti.

İzzet Paşa Kabinesi'nin sıkıntıları gün geçtikçe artıyor, üzerindeki baskıların ağırlığıyla Paşa, erken çöken bir yorgunluk ve şaşkınlık gösteriyordu. Fethi ve Rauf beylerin kabineye alınmakla avutulduğu sanılan Mustafa Kemalciler ağır basmaya başlamıştı. Mustafa Kemal'in Harbiye nazırlığını bir kenara bırakmış olmasını şimdi ağır bir yük gibi hissediyor ve Vahideddin'in telkinlerine itibar eden kapıkulu tabiatındaki dirençsizliğine yanıyordu. Ön saf İttihatçıların Mustafa Kemal'e duydukları güvensizlikten bir parça teselli bulsa bile, bunun çok sürmeyeceğine emindi. Cavid Bey'in son ziyaretinde bu meseleye parmak basan açıklamalarını makul bulmuştu. Cavid Bey'in; sivri ve aykırı hareketi meslek edinmiş askerin, kabine içinde siyaset terbiyesiyle hareket edeceğinden endişesi vardı.

Cavid Bey, yakından tanıdığı Enver'in, Mustafa Kemal'i orduda belli rütbelerin ve mesuliyetlerin altında tutmak istediğini görmüştü. Bu kurnazlık şimdi siyaset içinde de uygulanarak Mustafa Kemal, İstanbul'dan uzak tutulabilirdi. Hem İzzet Paşa Kabinesi rahat bir nefes almış olur, hem de Vahideddin, kendisine damat olmayı reddeden Mustafa Kemal'e güvensizliğini sürdürme lezzetini tadabilirdi. Hesap tutmadı. İzzet Paşa kararlıydı; istifa edecekti.

Kuruluşundan tam bir ay sonra, istifa eden İzzet Paşa Kabinesi'nin, Maliye nazırı Cavid Bey, yerini Tevfik Paşa Kabinesi'nin Abdurrahman Paşa'sına bıraktı. Cavid Bey, akşam evine döndüğünde, kendisine yorgunluk kahvesini getirecek bir helalin varlığını daha candan bir istekle hissetti... O da kararlıydı, bir münasip zamanda, temiz süt emmiş bir görgülü kadınla evlenecekti. Saniye Hanım ne demişti:

"Cavid Bey, ölürsem mutlaka evleniniz! Zira, sizin gibi insanların tabiatlarına daima bir ipek değmelidir."

Masasına oturdu; günün yorgun tartışmalarından ayıklayabildiği önemli tespitlerini bir kenara not etmeye başladı: "Tevfik Paşa Kabinesi'nin takatı yoktur. Bir iki ay içinde devrilmesi mukadderdir. Saray, kendine bağlı olduğuna inandığı Tevfik Paşa'yı bir iki defa denemekte ısrar edebilir. Sonunda çareyi Ferid'de arayacaklardır. Ferid Paşa'yı tehlikeli, hatta menhus görüyorum... Bu zatın damatlığından da Osmanlı'ya hayır gelmemiştir..."

Cavid yanılmamıştı. İki aylık bir iktidar ömrünü zar zor tamamlayan Tevfik Paşa Kabinesi'nin yerine Ferid Paşa'yı sadrazamlığa getirdiler.

O gün, Mustafa Kemal denize açıldı.

Mayısta Karadeniz, hep dalgalı olurmuş...

II

"Ölümün bizi nerede beklediği belli değil; iyisi mi biz onu her yerde bekleyelim."

Montaigne /
Denemeler (I. kitap, XX. bölüm)

İstanbul'da hava, gecenin çöktüğü anda serinler. Kül rengi bir yağmur bulutu, kaygılı, yorgun ve delirgin hırslarla, şehrin surları üzerinden yavaş yavaş sarayın bahçesine yayılır. Ağır ağır soyunan bir cariye gibi ilk hazzın merak ve korkusuyla, titrek dallara asılır. Dolmabahçe'nin pencerelerinden bakınca denizin, şehri bir fildişi beyazlığıyla sardığı görülür. Bu vuslat, seyredenleri kendine çeker; bir süre derin tutkular içinde kucaklayıp, birden şaşırtıcı bir hızla uzaklaşır. Yalnızlık, ilk korku gibi alıp insanı, güvercin kanatlarından kaygan ve sert taşlara bırakıverir.

Gazi, yarın İzmir'e gidecekti.

İzmir, hırsla hırsın, nefretle nefretin, sevgiyle sevginin kucaklaştığı bir kaltak yatağı gibi sıcaktı. Gazi, uzağı seyretmekten derin bir zevk almış gibi mutluydu. "Bu yatak bana hep Selanik'i hatırlatıyor" diye içinden güldü. Güvercin kanatlarında çırpına çırpına, o derin hisli uzaklara doğru uçuyormuş gibi sevinçler duydu. Yüzünde, gençliğinin bütün renkleri parladı, alev aldı, yandı ve küllendi...

Hırpalanmış bir kadın yüzünde güzellik yorgunlaşır, hatları derinleşir ve zarafet, dünya nimetlerini sunmaya hazır bir cennetin musikisine döner. Öfke ve isyanların kalın ruhu bu sakin musikide söner. O yorgun güzellik, renklerin, biçimlerin ibadetiyle, alaycı bir dehanın hünerlerini ezmeye çalışır.

Sabah ezanıyla birlikte Yukarı Mahalle'nin, kaderine razı sesleri başlar. Bu sesler, Selanik'in üzerine yayılır; gün ışığına hasret kalmış karanlıklarla ustaca kucaklaşır. Sahil boyu, bulanıktır. Çan sesleri, taşkın çarpıntılarla ahenkten ve sükûndan tiksinen bir hiddetle sıkıntılara dönüşür. Bu sıkıntıda tok, fakat doymak bilmeyen bir oburluğun patlamaya hazır sabrı gizlenir.

Denizden Selanik'in seyrine doyum olmaz. Güneşin doğuşuyla Selanik, takdir ve hayranlık yaratan bir güzelin uyanışına benzer. Önce biraz gerinir, sonra, bütün gece canı çıkarılmış gibi yorgunluğunu üzerinden atar. Bembeyaz siluetin incecik çizgisinde, sanki kadın tenindeki çürükleri andıran koyuluklar görülür. Bunlar, tek dala tünemiş kargalar gibi rıhtım boyuna yanaşmış küçük balıkçı tekneleridir. Hepsinde, şehrin aklığını hor gören bir serseri tavır hissedilir. Beyaz Kule, komitacı dulu gibi başı açık, dimdik durur. Bu heybetli görünüş, kanlı geçmişin, ak bir yüzde gizlediği öç alma duygusuyla hep canlı, hep iştahlıdır.

Selanik'in o beyaz çizgisinde, taşın en ince işçiliği, ahşabın okşanır gibi rendelendiği güzellikle birleşip, sevişir gibi kucaklaşmıştır. Beyaz pancurlar açılınca, balkon demirlerinin aralığından, odalardaki iç rahatlığı hissedilir. Gergin iplere asılan çamaşırlar, aynı macerayı başka renk ve biçimlerde resmeder.

Sabah, boyunu tam gösterince, sahilde atların çektiği tramvaylar peş peşe sıralanır. Musevî tüccarların kâtipleri, başlarında hasır şapkaları, ellerinde bastonlarıyla tramvaya koşarlar. Yiğit tavırlı Arnavutlar, sabırlı Rumlar, çaresiz Bulgarlar, Vardar Kapısı'ndan, Unkapanı'ndan, Yağkapanı'ndan, Yedikule'den; Yenikapı'dan, Kordonboyu'na doğru yol alır. Yukarı Mahalle'nin arnavutkaldırımlarından fakir Müslüman kafilesi, ellerindeki iri sepetlerle çarşıya yönelir, Dervişler Tekkesi'nin önünde durup, şeyhin hayır duasını alırlar. Selanik'te, Edirne'den çok, İstanbul'dan az cami vardır. Bütün camiler, dört bir yandan Bizans'ın güngörmüş kalın duvarlarıyla çevrilir.

Paytoncular, önce Lüle Camii'nin sebilinde atlarını sulayıp, arabalarını yıkar; bir sevimli hasret şarkısı söyler gibi hepsinin dilinde anlamını tam kavramadıkları şarkılar dolaşır; sonra, sırasıyla Hamidiye Caddesi'ndeki yerlerini alıp tramvaya inat bir tahammülle müşteri bekler.

Alatini Köşkü en hâkim tepeden bakar gibi mağrurdur. Bu gurur, iri kanatlı bir kartal gibi süzülüp, küçük kubbeli camilerin güvercinlerini ürküterek dolaşır ve sahildeki büyük gövdeli Alatini Un Fabrikası'nın uzun bacasına konar. Kanatlarını, korkusuz bir güzelin âşığını bağrına basar gibi can acıtıcı bir sesle çırpar; sonra bu ses, Midhatpaşa Caddesi'nin sonundaki Kapalı Çarşı'nın demir kapılarında yansır. Bu kapı, her zaman ağır açılır. Ve Selanik'te sabah, işte o zaman başlar...

Gazi, gecenin ilerlemiş saatinde bir hasret hissiyle konuşuyordu. Sofradakilerde böyle bir hasreti haklı çıkaracak hatıranın bulunmayışından doğan kıskançlık vardı. Hepsi, Rumeli esnafının küçük evlerinde, yere serilmiş lohusa döşeklerinde gözlerini açmış, Manastır veya Selanik idadiyeyi askeriyelerinde adam olmanın öğütlerini almışlardı.

Bu kadronun medeniyet görmüş rahatlığını hissettirmek için, her akşam bir fırsat yaratılıyordu. Nuri Conker, kafayı iyice bulduğu bir gece Gazi'yi yoklamak istedi:

"Paşam! Ara sıra Anadolu eşrafından birkaç mebus çağırsanız da şu Rumeli türkülerinden başka şeyler dinlesek..."

Gazi, başını iki yana salladı:

"Yooo Conker, Selanik sabahında uyanış gibi bir lezzeti hiçbir şeye feda etmem. Selanik'in sabahlarını en iyi seninle ben biliriz."

Nuri'nin hayatında Selanik sabahları, ancak Mustafa'yla güzeldi. Mustafa'nın o ilk sabahını hatırladı. Mustafa, İttihat ve Terakki için Yafa'dan gizlice yola çıkmıştı. Selanik'te henüz sabah başlamadan gelecekti. Nuri, bütün gece telaşla özlediği yüzü beklemiş ve limana demir atan geminin ip merdiveninden küçük bir kayığa atlayan eski dostunun yorgun yürüyüşünü fark etmişti. Küçük kayık, hırslı bir kolun çektiği kürekle yanaşıyordu. Her kürekte, Mustafa'nın yüzündeki hırslı ve sabırsız hal, Nuri'nin hasretini, dayanılmaz bir güçle geriyor ve ince bir ibrişimi kopacağı noktaya getiriyordu. Yüzbaşı Tevfik, Mustafa'yı gümrükten geçirip iskeleye çıkardı ve beyaz ibrişim koptu. Nuri, sevinçle koşup, Mustafa'sını kucakladı:

"Mustafa! Çok özlemiştim seni..."

"Merasim ne zaman Nuri?"

"Gün batınca."

Selanik'te gün, zor batardı.

Akşamların, dayanılmaz bir bekleyişle adamı deli eden tarafı kabarır, Splendid Oteli'nin kaldırımlarına dizilen küçük yuvarlak masaların üzerine beyaz örtüler serilip, demir sandalyeler konur. Caddelerdeki bütün satıcılar yavaş yavaş çekilip bir mahrem mekân yaratılır gibi istekli sessizlik çöker. Çubuklu tisor entarilerin üzerine giydikleri siyah cüppeleri ve yün kuşaklarıyla önce Musevî esnaf evlerine yönelir. Başlarındaki fesin, yana kaykılmış kabadayılık özentisinden sıyrılan genç Yahudiler, akşamın temiz kıyafetleriyle sokağa dönerler. Paytonlar, meydana kurulmuş masaların çevresini dolduracak genç Rum kızlarını sahil boyuna getirir. Varlıklı Müslüman hanımları, başlarından omuzlarına doğru uzanıp belinin üzerinde kıvrılan ajurlu taftalar içinde iddialı yürüyüşlerle masaları doldurmaya başlar.

Selanik'te en yüksek duvarlar batıda örülmüştür. Güneş, batı duvarlarının ardına çekilince sokakların üzerine beklenen grilik yayılır. Çinko leğenlere özenle yerleştirilmiş çiçekleriyle yaşlı ve şişman Rum kadınları ortaya dökülür. Demetler, yeniden ayrılıp canlı olanları küçük renk yumakları gibi birleştirilip masa kenarındaki müşterilere sunulur. Yukarı Mahalle'nin kaldırım taşlarında, eşeklerinin iki yanına yerleştirilmiş küfelerindeki satılmayan zerzevatı evine götüren yorgun esnafın tevekkülü, Müslüman mahallesinin sabrına uygun bir görüntüyle akşamı belli eder. İlk ezan, Eski Saray Camii'nden duyulur. Kapalı Çarşı'nın demir kapısı ağır ağır kapanır; ışıkları söner. Ve sonra gecenin hengâmesine ilk pencere açılır.

Selanik'te sabah başka güzeldir, akşam başka... Nuri, o sabahı yeniden yaşadı. Mustafa'nın yükü yoktu. Bir paytona bindiler. Hasreti sesinden belli oluyordu:

"Nuri ! Eve gitmeden önce Yonyo'nun gazinosunun önünden geçelim; açıksa, birer bira içeriz; sonra da Bey Hamamı'na gidip yıkanalım."

Nuri şaşırdı. Mustafa, bu şaşkınlığı hiç kale almadan konuşmasını sürdürdü. Sesinde, sabırsız bir gülüş vardı:

"Haberin var mı; Fikriye gelmiş mi?"

Nuri Conker, güldü, silkindi, kendine geldi. Selanik şimdi bir daha görülmesi imkânsız bir hatıra hissiyle canını yakıyordu. Kül rengi yağmur bulutları, asıldığı titrek dallardan kendini koyverdi. Kaygılı hırslarla Dolmabahçe'nin mermerlerine boşandı...

Nuri, elindeki kadehi Gazi'ye uzattı:

"Haydi Paşam, bu son olsun, iç ve erken yat. Yarın yolcusun. İzmir'i uzaktan seyret. Kaltak, her yanıyla öyle güzeldir ki..."

III

"Maske düşer yüz ortada kalır."
Lucretius

Geceyarısı iki gölge köşeyi döndü. Etrafına bakındı. Sessizce işaretleştiler. Gaffarzade Oteli'nin ikinci katına yılan gibi sürünerek çıktılar. Dar koridorda gölgelerin yolu ayrıldı. Bir gövde pencereden, diğeri kapıdan aynı anda tekmelerini vurup içeri girdiler. İki elde dört silah, tek noktaya yöneldi.

"Kıpırdama!.."

Ziya Hurşid kıpırdamadı; lambanın ışığı artıp odayı tam aydınlatıncaya kadar öyle kaldı. Yüzündeki gülüş, şaşkınlıkla, alayın imkânsız yapısında birleşmişti.

Haber bomba gibi patladı: Gazi'ye suikast!..

Kel Ali, otomobilin arka koltuğuna geçti. Ayaklarını biraz karnına doğru çekip geriye yaslandı. Kenarları yukarı kıvrılıp tereği bir çeşit suyolu gibi derinleştirilmiş şapkasını çıkardı. Çıplak başının üzerinde birikmiş terleri önce eliyle, sonra ceketinin küçük cebinden çıkardığı iri beyaz mendiliyle sildi. Otomobilin önünde oturan Kılıç Ali'ye seslendi:

"Kılıç! İstersen Ayıcı'ya gidip biraz hasbıhal edelim."

Sonra başını camdan çıkarıp arkadaki otomobile bağırdı:

"Doktor ne dersin, Ayıcı'nın köşkünde mola verelim mi?"

Doktor Reşid Galib, Necib Ali'yle birlikte Kel Ali'nin peşine takıldılar. İki otomobil Çankaya'ya doğru yollandı. Ayıcı Arif'in abartılı üslubundan Gazi'nin delikanlılık maceralarını dinlemek her ikisinin de hoşuna gidiyordu. Necib Ali, Ayıcı'nın bu hoşsohbet sesinde, Gazi'nin bilinmeyen çok yanını öğrenmek gibi bir iptilaya sahipti. Ankara İstiklal Mahkemesi'nin Hâkimler Heyeti, bir "Gazi sohbeti" için günlük duruşmalarını erken bitirmişlerdi.

Cerrahpaşa Sermüezzini Hilmi Efendi, *İkdam* gazetesini cebine yerleştirdi. Telaşla caddeyi geçip kahveye girdi. Aradığını görmedi, aynı telaşla çıktı; doğru sarı eve yürüdü. Kapıyı çaldı, bekledi. İstanbul'da namuslu evlerin kapısı geç açılır:

"Hayrola Hilmi Efendi?"

"Küçük Efendi evde mi, Valide?"

Yaşlı kadının yüreği titredi:

"Erken çıktı bu sabah. Posta Müdürü Sabit Bey'le limana gittiler..."

Hilmi Efendi, birden kolunun kanadının kırıldığını hissetti. "Böyle günlerde mahalleyi yalnız bırakmamak gerekir" diye düşündü.

İsmet Paşa, Dahiliye vekilinin odasında hırslı adımlarla dolaşıyor, beklediklerinin gecikmesini affetmeyen bir asabiyetle kınıyordu:

"Ne zaman ihtiyaç olsa, bunları bulamıyorum... Sonra da her emre hazır olduklarını söyleyip duruyorlar... Tren hazırlandı mı?"

Gazi Paşa Hazretleri, Naim Palas Oteli'nin büyük holünde kurulmuş sofranın başındaydı. Yüzünde akıbetinin tayin edilmiş olduğu karanlıktan kurtuluşunu belirten yumuşaklık görünüyordu. Bu akşam sıcağında buz gibi bir kadeh rakıyı sonuna kadar içti. Suikast haberinin verdiği hınçla otelin önünde birikmiş halkın sesi giderek yükseliyordu. Bu yükseliş, kalabalığın arttığını ve hırsının büyüdüğünü gösteriyordu. Biraz evvel hafiyeler yavaşça Gazi Paşa'ya suikastı tertip edenlere karşı halkın linç arzusunda olduğunu söylemiş ve uzun bir süre beklemişti. İstanbul'dan beklenen Terakkiperver ileri gelenleri eski İttihatçıların da aynı şekilde linç edilebileceği ihtimalinin yüksek olduğunu Gazi'ye anlatarak emir beklediler. Gazi Paşa, hiçbir şey olmamış gibi İzmir akşamının imbatında serince demleniyordu.

Birisi Gazi'ye fısıldadı:

"Dışarı çıkmayışınızı, halkınızdan gizli demlenmenize veriyorlar, Paşam! Bu halk nankördür."

Gazi, topluluğun beklediği kıvama geldiğini yakaladı. İskemlesini biraz geriye doğru itip hiddetlendi:

"Milletimden gizli bir şey yaptığım yoktur. Derhal kapıları açınız!"

Yavaş, rahat, güvenli fakat temkinli adımlarla dışarı çıktı. Sesi keskindi. Bu sesle, çok şey söylüyordu:

"Cumhuriyet Hükümeti'mizin demir pençesi ve Yüksek İstiklal Mahkemesi'nin adil eli, vaziyete hâkimdir."

Cumhuriyet Hükümeti'nin demir pençesi, İsmet Paşa'nındı. Yüksek İstiklal Mahkemesi'nin adil elini sıkmak için Dahiliye Vekâleti'nde sabırsızlıkla bekliyordu.

Odaya hepsi birlikte girdiler. İsmet Paşa telgrafı Kel Ali'ye uzattı. Sonra elinden alıp Necib Ali'ye verdi.

"Siz okuyunuz Necib Ali Bey; kıraatınız hepsinden iyidir..."

Necib Ali, İzmir mahreçli telgrafla Gazi Paşa'ya suikast tertip edenlerin yakalandığını belirten ifadelerin üzerine basarak okumuş, derin bir nefes alarak işin şahdamarını çatlatmayı sona bırakmıştı. Bir derin nefes daha aldı. Gazi Paşa'nın, Naim Palas Oteli önünde toplanan İzmirlilere irat ettiği nutkun can alıcı kısmını okudu:

"Bu gibiler, Cumhuriyet'in adalet ve kudret pençesinden müstahak oldukları muameleye maruz kalacaklardır. Başka nasipleri yoktur..."

Özel tren garda hazırdı. İstiklal Mahkemesi'nin adil elinin işaretiyle yol alıp bütün hızıyla İzmir'e yöneldi...

Gülcemal Vapuru iskeleye yanaştı. Polisler önce kenara çekildiler. Sonra tek tek hepsini boşaltıp, arabalara tıktılar...

Cavid Bey, ellerini kelepçeye uzattı. Bileklerini sanki namaza durmuş gibi göbeğinin üzerinde birleştirdi. Demir kilit döndü. Kalasların üzerinden yürütüp Cavid Bey'i bir arabaya bindirdiler.

Demir kilit tekrar döndü. Dar bir hücrenin içine itildi. Simsiyah bir rutubet ve toprak kokusu burnunu yaktı. Hücrenin en yakın duvarına tutunup tedbirli birkaç adımla bulunduğu çevreyi el yordamıyla tanımaya çalıştı. Seslendi:

"Kimse var mı?"

Yalnızdı... Hücrenin, İttihatçı kaderinde daima bir yeri vardır.

Cavid Bey küçük hücrede, vicdan muhasebesine terk edilmiş bir mason adayının ürkek ve tedbirli sabrıyla takriz edileceği anı beklemeye koyulmuş gibi titredi. Senelerce önce, böyle karanlık bir hücrede, önüne konulmuş kum saatinin kıvamlı akışını seyrederek, yanındaki kuru kafayı gözlemiş, bu seyirden, bir otopsi ustasının aldığı meslekî hazzı tatmıştı.

Şimdi, bomboş bir hücrede kendisine bir teselli fırsatı verecek kuru kafa bile yoktu. Belki birkaç kişi yeniden gelip kollarından tutarak onu bir maceralı gezintiden geçirip yemin kürsüsünün önüne koyacaktı. Sonra gözünün bağını çözüp herkesin bir ağızdan "Nur" diye haykırdığı kubbeden süzülen yoğun ışıkla kamaşan gözlerini biraz ovup, her şeye hayret ve teşekkürle bakacaktı.

Cavid Bey bu karanlık hücrenin sıkıntı veren yalnızlığında ilk tutuklandığı günü hatırladı. İskeleden inerken önünü kesen iki sivil polis koluna girip doğruca Unkapanı Karakolu'na götürmüştü. Cavid Bey, bir suçlu gibi hırpalanmaktan çok, eski bir İttihatçı itibarıyla karşılandığı karakolda ikram görmüş ve saygıyla hemen salıverilmişti.

Akşam eve döndüğünde, konağın taş merdivenlerinden itibaren hissedilmeye başlanan telaş, omuzlarına çökmeye başlamıştı. Şükrü Naili Paşa, Cavid Bey'i kapıda karşılamış ve hemen teklifini ileri sürmüştü:

"Vaziyet karışık Cavid! Böyle zamanlarda insan, kim vurduya gidebilir. Hemen bu akşam kaç. Arkada bekleyen bir sandal var..."

Bayram sabahı evin etrafını saran sivillerin daralttığı çember sonunda kapıyı çalmış ve Cavid Bey'i yakalamışlardı. Dün akşam, hatırlı bir misafir gibi uğurlandığı Unkapanı Karakolu'na bu defa, gerçekten bir suçlu gibi itilmiş ve rutubetli bir koğuşa konulmuştu. Anlaşılan yukarılardan bir emir gelmiş ve bütün o sıcak saygı ve sevgiyi bir anda yok etmişti. Bu kadar kısa sürede böyle açık bir değişikliğin herhalde utanılacak bir sebebi vardır diye düşünmüştü.

Cavid Bey, Unkapanı Karakolu'ndan alınıp Gülcemal Vapuru'na konuluşunu ayıplı bir hatıra gibi zihninde tazeledi. Galata İskelesi'nde bekletilirken uzaktan Refet Paşa'yı, Ali Fuad Paşa'yı görmüş ve silkelenmişti.

Cavid Bey, aynı silkinişle yeniden kendine geldi. Koridor, ağrılı seslerle bir bozgun yerini andırıyordu. Osmanlı'nın birleşik ruhu, kim bilir bu yüz lehçeli edebiyattan nasıl bir azap çekmiş ve bu azabı büyük bir miras gibi Cumhuriyet'e bırakmıştı. Şimdi

Cumhuriyet, bu mirasın reddi için dava açıyordu...

Dilaver Bey, İsmet Paşa'yı arayıp emrin yerine getirildiğini arz etti:

"Karabekir Paşa Hazretleri'ni emriniz üzerine serbest bıraktım. Keyfiyeti İstiklal Mahkemesi'ne de intikal ettirdim, Paşam!"

Dilaver Bey, Başvekil'in emriyle salıverdiği Kâzım Paşa'nın kendi mesuliyeti olmaksızın bırakılmış olduğunu Kel Ali'ye bildiriyor, böylece, yüklenebileceği sorumluluğu bütünüyle mücadeleye hazır iki tarafın taktik ve takdirine bırakıyordu.

Gazi Paşa Hazretleri banyodan çıkmış, üzerindeki bornozla kurulanıyordu. Kılıç Ali, önceden birkaç kere tekrarlayıp ezberlediği şekilde olayı Gazi Paşa'ya anlattı. Kâzım Karabekir Paşa'nın Başvekil'in emriyle serbest bırakılması, "İstiklal Mahkemeleri'nden beklenilen sürat ve katiyet konusunda istenmeyen tereddütlerin doğmasına sebebiyet" verebilirdi. Gazi Paşa, yaveri Hayati Bey'e İsmet'in telgraf başına çağrılmasını istedi. Gazi Paşa, İsmet'in İzmir'e gelerek olayın gidişindeki aksamayı düzeltmesini istiyor, hatta, İstiklal Mahkemesi'nin doğru yolda olduğunu açıkça ifade etmesini belirtiyordu. Aksi halde, İsmet Paşa da, gözünün yaşına bakılmadan tevkif edilecekti... Gazi Paşa, Robespierre'in sözünü ilk okuduğu gün çok beğenmişti: "Halk Mahkemesi'nin olduğu yerde hakka bakılmaz..."

Başvekil, istenilen açıklamayı yaptı. İstiklal Mahkemesi'nin, kendisine tevdi edilmiş görevin sorumluluğunda davranan kararlarıyla Cumhuriyet'in geleceğine kasteden her hareketin başını ezecek kudrette olduğunu açıklığa kavuşturdu. İsmet Paşa, "İstiklal Mahkemesi'nin adalet numunesi olacak kararlarına tam bir emniyet hissi içinde olduğunu" yazıyla Kel Ali'ye bildiriyordu.

İstiklal Mahkemesi'nin adil eliyle Cumhuriyet'in demir pençesi bir kere daha el sıkıştılar. Akşam yemekte, Kılıç Ali bir iki kadeh içtikten sonra, kendini yükseltecek hükmü verdiğine inanıyordu:

"İsmet'i iyi tanırım; ne zaman uysal olması gerektiğini bilir..."

İştirakiyuncular, akşam bir tenha yerde toplandılar; korku, dört yanı sarmıştı. Semih Naci, gölge gibi duvar diplerine sığınarak yürüyor, kimsenin sesini bile duymasına fırsat vermeyecek bir siniklik içinde titriyordu. Köşeyi dönünce kapağı içeri atacaktı. Arnavutkaldırımlarının üzerinden sekerken canının yandığını ağır şekilde hissetti. Bacağındaki kurşun, her mevsim değişikliğinde yeniden saplanıp soğumuş gibi acı veriyordu. Ayağı burkuldu, sendeledi, tutunmak istedi, ama beceremeyip düştü. Kurşun girdiği yerden, ta kalbine saplanmış gibi bütün vücudunu yaktı. Doğrulmaya çalıştı, gücü yetmiyordu. Kaskatı bacağı kıvrılmıyor, gövdesini ayağa kaldıracak kadar güçlenemiyordu. "İşte! Gediz Müdafaası'nın hatırası..." diye güldü. Tekrar doğrulmaya çalıştı; gücü yetmedi. "Üç beş adımlık yol kaldı, olmazsa sürünürüm" deyip ilk hamleyi yaptı.

Bir iki kişi karanlıkta yetişip Semih Naci'yi kaldırdılar. Kollarına girip, işkenceden yeni kalkmış bir mahkûmu hücresine götürür gibi sürüklediler. Gediz Savunması'nın kaskatı bacağı hâlâ dik, fakat faydasız bir baston gibi boşlukta sallanıyordu:

"Sağol Çorbacı! Allah razı olsun."

"Estağfurullah beyim!"

Sonra yalvarır gibi ekledi:

"Seninkiler merak ediyordur. Allah aşkına tedbirli ol!"

Akif Usta, gecenin yarısında dükkânına gidiyordu. Sabahın erken ışıklarıyla yola dökülmüş, esnafın, amelenin geçerken uğrayıp içtiği çorbayı kaynatacaktı.

Bekleyenler, kapıyı açıp Semih Naci'yi içeri aldılar. Birisi, ılık su ile bez getirdi, yüzünü yıkadı. Bir diğeri koltuk verip, kahvesini önüne koydu. Semih Naci, aciz birisi gibi muamele görmekten rahatsız olmuştu. Bu histe, utanmaktan çok, acınmak korkusu vardı. Sorumluluk duygusuyla gecikmesinin verdiği rahatsızlığı üzerinden atmak istiyordu:

"Geciktik beyler; hemen başlayalım."

Masanın üzerinde tasvir duruyordu. Gözü iri puntolara ilişti ve elini hırsla masaya vurdu. Sesini yükseltirse acınmak duygusundan kurtulacağını sandı:

"Ahlaksızlar... Kim bu suikastı tertip etmişse kendi elimle asarım..."

Sonra hiçbir şey olmamış gibi konuşmasına başladı:

"Evet, efendiler! Ya kadere bağlı olacağız ya da hür... Arasındaki hiçbir yer bizim için çare değildir. Çare, tektir ve adı iştirakiyundur*. İttihatçılar, fesli Osmanlı tüccarı; Cumhuriyetçiler, kalpaklı millî tüccar ile girdiler kanımıza. Servet, devletindir ve devletin kalmalıdır. Devlet, elindeki imkânı, evladı arasında adil şekilde taksim etmelidir."

Semih Naci'nin acısı artıyordu... İştirakiyun meclisinin müritleri, manasını kavramadıkları bir duaya baş salladılar.

Bu dar sokaklı mahallenin, tevekkül içinde ömrünü tamamlayan insanlarının hayatında, iktisadın lafı mı olurdu... Allah vermişti işte. Geçinip gidiyorlardı. Ömür, bir o yandan, bir bu yandan sallanan çocuk beşiği gibi ninnilerin, şarkıların, feryatların arasından geçip gidecekti. Bu saadetli dünyanın hazlarını unutmaya ne sebep vardı ki... Semih Naci yiğitti, temiz insandı, namusluydu; ama

* İştirakiyun: komünizm.

neden böyle konuşuyordu. Allah, nifakı günah saymamış mıydı? Peygamber'in sarığı, Papa'nın tacından evla değil miydi? Neden Kel Ali, şapka giymedi diye Atıf Hoca'yı ipe çekmişti? Neden Tahirülmevlevî'yi içeri tıkmıştı?

Çorbacı Akif, sırtındaki ekmek küfesini fırının önüne koydu. Hamurkârlar, ince telli kemençeden dökülmüş gibi çığırtkan bir Rize türküsüyle teknelerin başındaydı. Dillerinde, zor anlaşılır bir sevda vardı. Çorbacı selam verdi:

"Selamünaleyküm, ağalar! Kırk somun koyun."

Fırıncılar sıcak ekmekleri bir çırpıda küfeye attılar. Tekrar yola koyuldu. İkindi namazından sonra evine dönecek, derin bir uykuya yatmadan önce karısına soracaktı:

"Gusül suyunu ısıttın mı, güzel kız?"

Kel Ali huzursuzdu. Çeşme'de Gazi'yle görüşmelerinden sonra İzmir'e dönerken yol boyunca ağzını hiç açmamıştı. İsmet'in, Gazi'yi etkisi altına almak için gösterdiği gayreti hayretle karşılamış ve Gazi'ye karşı çıkabilecek bir tabiatın ısrarlı savunması karşısında, nadir duyulan taze bir heyecan yaşamıştı. İsmet de kim oluyordu? Nasıl bir sara gelip İsmet'i esareti altına almıştı ki, Gazi'ye hatalı hareket etmekte olduğunu söylemişti. Bir eski silah arkadaşının böyle kendinden geçmiş şekilde üç beş İttihatçı eskisini savunmasını şaşkınlıktan öteye, hatta ayıpla karşılıyordu. Elbet bir gün İsmet'in de suyu ısınacaktı... Karabekir'in, Rauf'un, Ali Fuad'ın savunmasında İsmet'in gösterdiği dostluk ve vefa hissine hayranlık duymak belki düşünülebilirdi; ama, İsmet ile Hüseyin Cahid arasındaki yakınlığa mana vermek mümkün değildi. Hele Cahid'in yakın dostu Cavid'in bu vesileyle korunmak istenmesini İsmet'e yakıştıramadı. Cavid kim, İsmet kimdi?

Kel Ali patlamaya hazırdı. Bu sabah karşısına getirdikleri "bacaksız maliyeci" bir zamanlar imparatorluğa elkoymuş İttihat Terakki'nin ünlü hesap adamı değil miydi? Sait Paşa'nın "Küçük dev" dediği kudret bu muydu? Enver'in, Talat'ın ürktüğü zihin, şu küçük bedenin taşımakta zorluk çektiği iri kafa mıydı? Enver gibi gözü pek, itaat edilmeye alışmış bir kumandanın, kendini sürekli tetikte hissettiği, dalaşmaktan özenle kaçındığı şahsiyet şimdi Kel Ali'nin karşısındaydı. Bu adamın korkulacak nesi vardı?

Kel Ali, hafızasındaki kıpırdanmalara karşı koyamıyor, yağ tenekesinin boşaltılışındaki o kokulu ve kaygan hızla her şeyi bir huninin ağzından iri gözlerindeki sinirli bakışlara dolduruyordu. Enver'in emrinde çalıştığı günleri hatırladı. Enver'in Fedaiyan Taburu'nda kaymakamlık yapmış, bağlılık yeminini bir ibadet gibi kutsallaştırmıştı. İzzet Paşa'nın, kabineyi kurarken, Babıâli Baskını'na benzer bir müdahale endişesiyle Talat'a adeta yalvarırcasına yardım rica ettiği korku, işte bu Fedaiyan Taburu'ydu. Kel Ali, Enver'i hayranlık içinde seyretmiş, bu yakışıklı seraskerin yumuşak bakışlarında, sessizce vaat edilen küçük mevkilerin hakkını vereceği günleri beklemişti. Enver'in "Talihin döndüğünü ilk defa hainler anlar; köpeğin zelzeleyi hissettiği gibi bunlarda bir meziyet vardır" sözünü dilinden düşürmeyişine bir mana veremezdi. Fedaiyan Taburu'nun kaymakamı olarak Kel Ali, ilk bakışta vurucu, kırıcı, gözü pek bir savaşçıdan çok, orta halli bir kasaba imamı gibi sevgi uyandıran görünüşe sahipti. Uzaktan bakılınca yumuşak, hatta kibar görünen bu adamın içinde, hiç acımadan ölüm emri veren bir yargıç tabiatı yatıyordu.

Siniri yavaş yavaş sinmiş, yerini, kuşkuya bırakmıştı. Cavid'in açıktan açığa bir suikastın tertibinde yer alacak tıynette olduğuna inanmakta zorluk çekiyordu. Bu adamın ne eğitimi, ne görgüsü, en önemlisi ne de cesareti intikam peşinde koşmaya müsait görünüyordu. Gazi'nin, öteden beri çekemediği Maliye Nazırı Cavid bu muydu? Şimdiye kadar karşısına gelenlerin hepsinin sıradan komitacı gibi sadece yüksek tonlu bir iki çıkışla bütün varlıklarını ortaya koyduklarını görmüştü. Bunların, geride önemsenecek bir şeyleri bulunmadığını kolayca sezmek mümkündü. Canbulad'ın, Maarifçi Şükrü'nün, Ziya Hurşid'in hatta Ayıcı Arif'in, bütün barutu tükenmiş kabadayı narasından daha fazla korkutacak bir tarafı yoktu. Siyasette yerlerinin pekişmediği, peşlerinden gidilecek hiçbir meziyetleri olmadığı, Meclis koridorlarının ilk günlerinde açığa çıkmıştı. Ziya Hurşid takımına verilecek cezayla hem suçlular layığını bulmuş olacaklar, hem de bu korku, etrafı sindirmeye yetecekti. İttihatçıların, topyekûn iktidar için yıllardır kurduğu tertiplerin birkaç beceriksiz komitacıyla yürümesi düşünülemezdi. Bu bir siyasî komplodan çok, kişisel garazla hareket eden başıbozuk takımının yüzüne bulaştırdığı bir beceriksizliğe benziyordu.

Kel Ali, gerilerden getirdiği hatıralarla zihninin daha da bocaladığını gördükçe, bu baskından kaçmaya çalışıyor, ancak kendisini dört yanından sıkıca saran hatıralar zincirinden kurtulamıyordu. Sonunda hükmünü verdi:

"Bu alçak teşebbüsün Cumhuriyet'in kutsal ateşini söndürecek nefesi yoktur. Var sanılıyorsa, sıkarım gırtlağını olur biter..."

Kılıç Ali, adaşının düşüncelerini okuyordu. Kılıç, rahat halleriyle herkesin hoşuna giden bir babacanlık içindeydi. Davanın bütün sorumluluğuna fevkalade istekle talip olan Kel Ali'nin kavrayamadığı gerçeği görmüştü:

"Bütün mesele, üç beş İttihatçı'nın karşına getirilmesi değildir, adaşım... Bir Cavid, bir Nâzım'la bütün İttihat Terakki'yi engizisyondan geçirdiğini sanmakla hata ediyorsun. Çok değil, on yıl içinde bu ikisine sen dahil adaşım herkes yanacak. Ama dava, bu adamları istiyor. Şimdi sen, bir cinayet tertibinin maznununu değil; bir cumhuriyet ve inkılap davasının kaderini muhakeme edeceksin."

Sözler güzel ve etkileyiciydi. Kel Ali, adaşının ileri sürdüğü önemli noktayı vaktinde teşhis edememiş olmanın acısını hissetti. Gerçekten de İttihat Terakki, Cumhuriyet dahil bütün dönemlerde ülkeye hâkim olmuş iktidarların en büyük, en güçlü teşkilatıydı. Bu teşkilatın, çöktüğü sanılan yerde, birden dik başlı bir eşkıya gibi yeniden dağlara çıkışını beklemek gereksizdi, ama şehrin gözden uzak bir semtinde yeniden canlanıp bir canavar gibi Cumhuriyet'e saldırması beklenmeliydi. İstanbul'un kaltak koynu, bir eski husumeti saklayıp, fırsatı gelince, gür duygularla ortaya çıkaracak kadar sıcak ve şehvetliydi. Kel Ali, bu endişeyi şahsen hissetmekle kalmamış, ayrıca, bu ihtimalin yakın olduğunu Gazi'den işitmişti.

Gazi'ye yakın olmak Kel Ali'nin en büyük gururuydu. Bu gururu her vesileyle çevresine hissettirmeye bayılıyordu. Kılıç Ali, Gazi'yi adaşından daha iyi kavramış ve bir dava adamı hüviyetini daha keskin çizgilerle takınmıştı. Kel Ali'nin tabiatında gördüğü o kıyıcılığı belli bir kalıba oturtmak gerektiğine inanıyordu:

"Böyle davaların hukuku öyle kolay düzenlenmez. Şimdi bize düşen mesuliyet bu ayıplı teşebbüse kan kusturacak bir şeriat yaratmaktır. Öyle ki, asılan her maznunla birlikte bu şeriatın kitapları yakılmalı, mabetleri yıkılmalıdır. Vicdanı savunmak, hukuku savunmaktan daha kolaydır."

Kel Ali bir süre kâbus içinde kıvranmış gibi terlemiş, yüzünün bütün hatlarına korkulu bir telaş sinmişti. Gözleri hor bakmaya muhtaç bir zayıflık içinde baygınlaştı. Tek bir şeye inanıyordu: Gazi'nin hoşuna gidecek her şey mutlaka bu güzel memleketin, bu biçare halkın yararına olacaktı...

Kılıç Ali bastırmaya devam ediyordu:

"İtilafçılar Cavid'in kellesini istediklerinde öyle şeyler söylediler ki, biz bu davada ne yaparsak yapalım, masum ve vicdanlı insanlar gibi itibar göreceğiz. En iyisi gel, bunların hükmünü bu davadan ayrı tutalım... Unutma, bu hem onların haysiyetini yükseltir, hem bizim..."

Kel Ali'nin dayanacağı payandanın ilk filizi gözüktü. Bu küçük dal kısa sürede gelişip iriyarı bir kütük oldu. Usta bir elin hızarında biçimlenip İstiklal Mahkemesi'nin terazisine altlık olacaktı. Kılıç Ali, son sözü söylemeye hem meraklı, hem de bunda başarılıydı:

"Adaşım! Bu davayı birbirinden ayır. Katilleri İzmir'de as; Cavid'in hesabını Ankara'da görürsün..."

Gazi Paşa, Naim Palas Oteli'nin kendine ayrılan katında yalnızdı. Bütün varlığını mahzun ve yalnız hissediyor, bu ağır duygunun yüküyle yorgunluğu artıyordu. Tutuklanıp hücreye kapatılanların çoğu, bir zamanlar kendisinin en sıcak duygularını paylaştığına inandığı dava, kadeh, hatta çapkınlık arkadaşlarıydı. Otel kendisini sıkıyordu. Gerçi halkın gösterdiği büyük ve çığırtkan sesli tezahürat göz doldurucuydu, ama Gazi Paşa, bunun kalıbına kolayca kanacaklardan değildi. Çok değil, daha yedi yıl önce Kral Konstantinos İzmir'i işgal ederken aynı İzmirli, yine aynı otelde kalan Konstantinos'a da benzer heyecanlarla sevgi ve saygı göstermişti. İzmirlinin, Girit'ten, Midilli'den, Sakız'dan getirdiği bir kıvrak taraf vardı ki, bunu dikkate almamak imkânsızdı. Eski adıyla Kramer Otel'i, Kral Konstantinos'u karşılamak için o süt beyazı mermer merdivenlerin üzerine al renkli halılar serdirmiş, bu ihtişamlı yürüyüş merakındaki Yunanlıya, sanki Türk bayrağını çiğnetiyormuş gibi bir zevk tattırmak istemişti. Maşatlık'ta toplanıp Reddi İlhak Cemiyeti'ni kuranlar aynı İzmirli değil miydi? Osman Nevres'in attığı ilk kurşun bu meydanı kana boyamamış mıydı?

Dün gece yemekte arkadaşlarının Terakkiperver Fırkası'nın

mensupları için ileri geri konuşmalarını hayretle dinlemiş, sonra, bu kadar kısa sürede böylesine hızlı değişimle dava arkadaşlarını suçlayanları ibretle seyredilecek bir kadro gibi hafızasına nakşetmişti. "Bu adamlardan korkmak gerekir" diye düşündü. Öyle ya, daha düne kadar, Gazi'nin hürmet ettiği eski silah arkadaşı paşalar, bugün tutuklanıp hücreye kapatılınca, birdenbire en cani eşkıya gibi ayağa düşürülüp alaya alınıyordu. Gazi Paşa'nın sessizliğinde sanki tasdik varmış gibi hücum giderek şiddetini artırmıştı.

İzmir'in, Selanik'e benzer bir yanı vardı.

İttihatçıların İzmir'e bakışı başkaydı. İzmir, İttihatçıların kendilerini sanki Selanik'te gibi rahat ve emin hissettikleri limandı...

Gazi Paşa, İttihatçılar ile iç içe geçen hatıralarını tazelemek istiyor, fakat aynı zamanda bu yâdın, acı bir ikaz gibi yüreğini buracağını hissediyordu. İttihatçıların çoğunu sevmişti. Hem de adamakıllı sevmiş, çoğunu bir davanın peşinden giderken tutunup dikleşebileceği bir omurga gibi kendi vücuduna yerleştirmişti. İktidar olma şansının doğduğu ilk fırsatta bile, eski İttihatçıları yokmuş gibi farz ederek hareket edememiş, hatta karşısındaki İngiliz komiseri hayrete düşürecek bir ciddiyetle İttihatçıları savunmuştu. Gözlerini yiyen ince bir ip gibi kıstı ve uzak diyarlara çevirip, boşluğa uzattı.

İngiliz komiserin mutlaka kabul göreceğine emin olduğu bir görüşme şartında, hafif alay, hafif şiddet ifade eden sözlerini nasıl bir hiddetle cevaplandırdığını hatırladı. İngiliz komiser, Mustafa Kemal'i zorluyordu:

"Evvela, İttihat Terakki'nin cinayetlerini tasdik ettiğinizi bizzat sizden duymak isterim, Paşa..."

Mustafa Kemal, önce "Bu adam aptal mı ?" diye düşündü; sonra ciddiyetine kanaat getirerek cevap verdi:

"Ben İttihat Terakki'nin mümessili değilim!.. Fakat, hemen belirteyim ki, İttihat Terakki, vatanperver bir cemiyetti. Başlangıcından çok zaman sonrasına kadar ben de bu cemiyet içinde bulundum. Cemiyet hiçbir zaman, sizin bu alçaltıcı sözlerinize hak verdirecek mahiyet almamıştır. Çok kusurları olabilir; ama vatanperverliği bu seviyesiz suallerin üstündedir."

Gazi Paşa, bir İngiliz komiserin siyasî cinayet faili gibi gösterdiği İttihatçıları, vatanperver ilan ederek savunduğu günlerden kendini sıyırmış; onları şimdi, canına kastetmiş "kara çete" elemanları gibi görüyor ve bu hızlı gelişmenin gerçek karakteri kadar siyasî akıbetini de İstiklal Mahkemeleri'nin adil eline bırakıyordu.

İzmir'in kurtuluşunda yerleştiği Karşıyaka'daki evin ilk gecesini hatırladı... Yeşil bahçesi içinde bembeyaz köşkün körfeze bakan pencerelerinden uzun uzadıya seyrettiği İzmir'in akşamüstlerindeki o hülyalı bekleyişi çok iyi ölçülerde içine sindirmişti. İzmir, onun için daima güler yüzlü bir hatıraydı. Latife'yi burada tanımış, bakışları dumanlı ve hırçın eşraf kızının gözlerinde, Selanik'in özlediği Beyaz Kule gazinolarına benzer bir yakınlık duygusu tatmıştı. Bu delişmen kızın içindeki gür alev, Gazi Paşa'nın haşarı gözlerinde, çeliğe su verilirken duyulan cızırtılı sesle serinlemişti.

Şimdi İzmir, canına kastetmişti. İnsanın canını sevmesi kadar doğal bir sıçrayış yoktur. Gazi Paşa birden sıçradı. Kramer Oteli'nin mermer merdivenlerinden aşağı hızla indi. Yaver Hayati Bey telaşla peşinden koşuyordu. Merakla kuşku arası bir hisle geri döndü. Rahatladı...

"Ankara'ya dönüyoruz..."

Saray dulunun gözlerindeki bıkkınlık ve hasretin ikisi de gevşektir. Yaşları boldur ve kolay boşanır. Dinmez sanılan bu pınarların kaynağı birden kurur ve eski şen şatır havası çevreyi hemen doldurur. Saray dulunun gözlerinde, her şeyin sabrı da, isyanı da birlikte yaşar... Hatıraları hoyrattır.

Aliye Hanım, Şehzade Burhaneddin Efendi'den boşanmış, bir kenarda yeni bir kader kısmet bekleyişi içine girmeksizin canlı bir hayat sürüyordu. Bir zamanlar çevresindeki yakınların güler yüzlü bakışlarında durgunlaşan sevgilerin yerini, şimdi kendisi, daha şen ve emin olduğu güzel bekleyişlerle doldurmayı öğrenmişti. Tek değişmeyen güler yüz, Maliye Nazırı Mehmed Cavid Bey'indi... Cavid Bey, Burhaneddin Efendi'nin şehzadelik günlerinde kurduğu yakın dostluk duygusunu devam ettirmiş, ilk tanıdığı gündeki gönül okşayan söz ve bakışlarını daima sıcak ve hazır tutmuştu.

Aliye Hanım, akşam ziyaretlerinde Cavid Bey'in nazik bir üslup ve ferahlık içindeki iltifatlarını hatırladı. Cavid Bey, söz sanatını, sevgi sanatına dönüştüren bir kıvraklığın sahibiydi. Bu sanatı ne zaman kullanacağını iyi bilmenin getirdiği bütün faydaları ve hakları almaya alışmıştı. Yahya Kemal, Cavid Bey'in öyle pek kolay teşhis edilemeyen bu özelliğini, iğreti bir tavırdan çok, kıskanılacak bir vasıf olarak görmüş ve gülerek kendisine hatırlatmıştı:

"Cavid Bey, sizde gıpta ettiğim en zengin kabiliyetiniz, kadınlar üzerindeki bu derin ve bereketli vasfınız olmuştur."

İri gövdeli şairin teşhis ettiği vasfı, Aliye Hanım da ilk gördüğü anda fark etmiş ve sanki Cavid Bey'in en hassas sırrına ortak olmuş bir yakını gibi bu hususiyetini kendisine saklamıştı. İçinde bu hissi taşımaktan mutluydu. Zaman zaman bu hissin eski hatıralarıyla tazelenen bir heyecan duyuyor, sonra vakti gelmemiş bir talebin haksız hükmünden korkarak bekliyordu. Eski bir dost, bir fırsatını bulup kendisini uyarmıştı:

"Aliye, hâlâ güzelsin! Eski cazibene kattığın bu güzel olgunluk sana öyle yakışmış ki, talihin kime güleceğini merak ediyorum."

Aliye Hanım'ın talihi Cavid Bey'e gülüyordu. Aliye Hanım, insanların gülerek bakan gözlerle kendisine güzel şeyler söylemesine alıştırılmıştı. Saraylı terbiyesinde gülmenin, sevinçten, hazdan, gururdan öteye, adeta yapılması mutlaka lazım gelen bir ibadet gibi vakti ve saati vardı. O vakit, o saat gelince, bütün çehreler, bir elin uzaktan işaretine bağlı olarak dudaklarını hafifçe ayırıp uzun süre öyle tutardı. Aliye Hanım'ın dudaklarındaki her tebessümde ya mahzun bir sabır, ya ince bir isyan görünürdü. Abdülhamid'in kendisine ilk iltifatını hatırladı. O kuşkulu yüz, biraz hatlarını gevşetmiş, o ürkek ses biraz canlanıp konuşmuştu:

"Sizdeki şahsî terbiyeyi, bu sarayda meslek haline getirmek için neler vermezdim, kızım..."

Aradan yıllar geçmiş, saray kendi terbiyesindeki huysuz tarafını pis bir şımarıklıkla ortaya koymuş ve Aliye Hanım'ı hudutlarının dışına çıkarmıştı. Bu sessiz sedasız ayrılışta kırgın olan yoktu. Aliye Hanım her bahsi açıldığında, Şehzade Burhaneddin Efendi'nin nazik bir zevce olarak, gösterdiği saygıyı hatırlar ve hangi şartlarda olursa olsun bu değerli itibarı çevresine aktarırdı. Aliye Hanım ile Şehzade Burhaneddin Efendi, sızıltısız şekilde ayrılmışlardı. Burhaneddin Efendi'nin eski göz ağrısına arka çıkmak isteğini anlatabileceği güzel bir lisanı vardı. İçinin titreyerek baktığı Aliye Hanım'ın şimdi saraydan ayrıldığı böyle bir günde söyleyeceği sözlerin ağır yükünü taşıdığı açıkça belli oluyordu. Elindeki mücevherleri kendisine sunmuş ve sesinin titreyişine aldırmadan sevdalı bir erkek gibi Aliye Hanım'a yüksek seviyeli bir saygı göstermişti:

"Bunları muhafaza ediniz lütfen! Sizdeki zarafete yakışacak değerde olmayışlarının beni nasıl üzdüğünü tahmin edemezsiniz..."

Belki de Burhaneddin Efendi, bu ebedî ayrılışın üzüntüsünü anlatmak ister gibi sevgilerini açıklamaya çalışmıştı. Saraylının daha fazla açık olması beklenemezdi...

Aliye Hanım, Cavid Bey'in nikâhına geçtiğinde gerçek mutluluk hissini tarif edecek değeri aramış ve bir türlü bulamadığı inandırıcı bir ifade için uzun süre huzursuzluk duymuştu. Aliye güzel kadındı.. Bakışlarında insanı rahata geçiren bir emir hissedilirdi. Boyuyla bosuyla, etrafına meydan okuyan güzeliğinin hakkını vermesini biliyordu. Peki, Cavid'in kısa, tombul vücudundan nasıl bir ışık çıkıp bu güzel kadını tesiri altına almıştı?

Şehzade Burhaneddin Efendi'nin az sayıda dostunu davet ettiği akşam yemeklerinde Cavid'in, Aliye Hanım'ı uzun ve serbestçe süzen bakışlarında nasıl bir tesir vardı ki insanın duygularını, düşüncelerini hatta sevgilerini altüst edebiliyordu? Uzun yıllar önce gıpta, sonra hayranlık, hatta terbiyeli sınırlar içinde lezzet duyduğu bu erkeğin hususiyetini kavramakta güçlük çekmiş ve kendisini adeta esir eden tesiri bir türlü yakalayamamıştı. Şimdi karısıydı; ama hâlâ Burhaneddin Efendi'nin sofrasındaki günlerden getirdiği duygularını açık seçik tarif edememekten rahatsızdı. En sıkıntılı anında Hüseyin Cahid imdadına yetişmişti. Yalnız kaldıkları bir anda Aliye Hanım'a fısıldadı:

"Hayatımda bir tek, senin bu bacaksız kocandan ürkerim. Ondaki cevherin korkutmadığı kudret yoktur. Bilir misin ki, iktidara talip olan herkesin kafasında Cavid bir korkudur... İttihatçısından Cumhuriyetçisine kadar bütün mevkilerin rüyasında bu kâbusun bastığı bir huzursuzluk duygusu yatar."

Aliye Hanım artık rahattı. Düğümü çözmüştü... Cavid kendisine derin bir huzur hissi ve nadir duyulan sıcaklıkta heyecanı aynı anda veriyor ve bıktırmadan bu derin lezzetin ömrünü canlı tutuyordu...

Kel Ali yorgundu. Kendisini Akdeniz'in ortasındaki o küçük ve kayalık adanın sıcak havasında yeniden kavruluyormuş gibi hissetti. Malta Adası'nın iri kemerli, kalın duvarlı, yontma taşlı mahpushanesinin uzun ayvanındaki samimi serinlik hissini yeniden duymak için neler vermezdi ki... Sürgün acısını tatmak, aynı kaderle bir araya gelmiş herkesi çok `çocuklu bir ailenin kardeşleri gibi birbirine bağlamıştı. Malta Yâranı'nın samimi sadakati her vesileyle acılı bir heyecan gibi hissedilmiş, bütün sürgünleri, tek bir dergâhın sevdalı dervişleri gibi kenetlemişti. Her biri tekbir getirir gibi vatan hasreti çekiyordu.

Kel Ali, Malta'daki sürgün arkadaşlarından çoğunu karşısına almış, başıboş bir selahiyet ve sertlikte yargılıyordu. Rauf, Kara Kemal, İsmail Canbulad, Midhat Şükrü, Hüseyin Cahid hep aynı kaderin ortakları gibi, Malta sıcağında sürgün terleri döküp rahatlamışlardı. Şimdi bunların çoğu, Kel Ali'nin karşısında yeniden terleyecekti... Ya Cavid? Ya Nâzım?

Doktor Nâzım, daha Mondros Mütarekesi'nin imzalandığı gün kayıplara karışmış, İttihatçıların yedi büyük başı bir günde kaçıvermişlerdi. Cavid, zamanında yapılmış bir ikazla ortalıkta görünmemiş ve kapağı İsviçre'ye atabilmişti...

Malta Sürgünü'nün her hatırasında, bu kaçışın, bir gün hesabı sorulacak ayıp duygusu kadar tamah lezzeti de vardı. Bir gün bunu, Nâzım'a, Cavid'e sormayı çok istiyordu. Övünmek bir lezzet gibi gelir... Bu lezzet yüzünü kapladı. Sesinin rengini değiştirdi. Kılıç Ali'ye döndü:

"Adaşım, biz Malta'dayken tıpkı bir hükümet gibiydik. Ahmed Emin'in sözlerini hiç unutmadım... Sadrazamıyla, şeyhülislamıyla, vekiliyle, paşasıyla, mebusuyla tam bir hükümet... Osmanlı, hiç böyle kenetlenmiş bir iktidara sahip olmamıştır."

O kenet kısa sürede gevşemiş ve sürgün günlerinin samimi sadakati, önce bir boşluk hissi, sonra ciddi husumetle yer değiştirmişti.

Kılıç Ali, Malta sürgünlüğünü büyük bir iftihar gibi her saniye teneffüs eden Kel Ali'nin bu sık tekrarlı hatırlatmasında, hafif alaycı havayı seziyor, ilk doğacak fırsatta bunun cevabını vermeyi özlüyordu. Doktor Reşid Galib'le göz göze geldi. İşte beklenen fırsat yaklaşmıştı. Bu fırsatı kaçırmak Kılıç Ali'ye yakışmazdı:

"Damat Ferid'e şükredin ki, sizi İngilizlere sürdürdü. Yoksa hepiniz İtilafçıların ipinde asılacaktınız."

Kel Ali açmaza düştü:

"Allah bizi, Nemrud Mustafa Divanı'na düşmekten korudu. Yoksa hepimizi, Boğazlıyan kaymakamı gibi keyfince ipe çekerdi. Böyle bir adalet divanından, bütün âlem utanmıştır..."

Kılıç Ali, ikinci fırsatı daha iyi kullandı:

"İnşallah kimse sana Nemrud Mustafa gibi sonradan lanet okumaz..."

Kel Ali hiddetlendi; ayağa kalktı. Elini beline atıp bir süre bekledi. Doktor Reşid, oturduğu yerden çok sakin bir sesle müdahale etti:

"Haydi otur yerine Reis! Kâhin dahi olsan, ne yapacağını sen bile bilemezsin. Böyle hiddet göstereceğin yerde, bu mahkemenin ispat edeceği iddiayı idrake çalış..."

Kel Ali oturdu. Baştan çıkarılmış bir evlatlık tecrübesizliğiyle teslim oldu.

Sabahın erken saatinde, Semih Naci'yi bir duvar dibinde buldular. Sert ayak, yine tökezlemiş, yağız gövdeyi hırsla yere sermişti. Kalkacak takatı yoktu. Derin bir öksürük içinde hıçkırır gibi zar zor nefes alıyordu. İlkin Kuyumcu Aznif Ağa gördü. Oturduğu kürsüden fırladı, sonra geri dönüp bağırdı:

"Biriniz daha gelin. Bu Kaymakam Semih Naci Bey..."

Semih Naci Bey sırılsıklamdı. Sabaha karşı boşanan yağmur bütün gece böyle ıssız bir köşede çaresiz kalmış adamı perişan etmişti. Ateşler içinde yanıyordu. Gözlerinin ışığı kısılmış, sesi bütün gücünü kaybetmişti. Doğru Berber Rüstem'in dükkânına götürdüler. Ocaktan bir çay getirdiler. Aznif Ağa, birkaç yudum içirdi.

"Biriniz koşsun; Doktor Fahri Bey'e haber etsin."

Birkaçı birden koştu. Semih Naci biraz dikilir gibi oldu. Sert ayağını uzattı. Doğrulmaya çalıştı:

"Boşverin, doktorluk işim yok benim..."

Sonra, berberin koltuğuna yıkılır gibi oturdu.

"Rüstem şu sakallarımı kes önce. Doktor beni böyle düşkün görmesin..."

Gediz Taburu'nun yiğit kaymakamı Semih Naci Bey, utançlı bir miras gibi her saniye yanından ayıramadığı bu aksak bacağın acısına bir son vermek istiyordu. "Buna bir çare bulmak gerekir" diye düşündü. Doktor'un, vereceği şifa yoktu. Her karşılaştıklarında yalvarır gibi sorardı.

"Doktor ! Ben, bütün bir ömür bu kötürüm ayağı taşımaya mecbur muyum ?"

Doktor Fahri'yle tabur arkadaşıydı. Büyük Zafer kazanılmadan önce Semih Naci'yi çürüğe çıkarmışlar, şerefli bir mücadelenin son lezzetini tatmaktan mahrum etmişlerdi. Göğsünü süsleyecek bir madalyası da yoktu. Gözlerini kapattı, hülyalara dalmış mahalle kızları gibi rahatlık duygusuyla gevşedi. Bir ılık rüzgâr, saçlarından başlayıp teninin bütün hücrelerine sinen esintilerle içini okşuyordu. Yüreğinin boşaldığını hissetti. Boşluk duygusuyla korkusu yeniden başkaldırdı. Bu isyan, bütün hızıyla vücudunu dolduruyor, kaslarını geriyordu. "Benim daha ölmemiş binlerce yanım var be!" diye gururlandı. Sesi, kendine yetecek kadardı:

"Haklarının teslimini isteyen her sesin yükseldiği yerde, benim de adım geçecek. İştirakiyun, bu heybeti bana verecektir..."

Sonra, bu gururu tek başına hissetmekten utanmış gibi teselli aradı. Başkalarının hakkını teslimde adil olması gerektiğini düşündü:

"İştirakiyun, bu memleketin nimetidir."

Ustura tenine değince, yorgun kemiklerinin çatırdadığını hissetti. Rüstem, mahir hareketlerle, temiz yüzün hatlarını dolaşıp sakallarını perdahlıyordu. İşinin ehliydi. Küçük bir bakır tasta yüzünü yıkadı, hafifçe kremledi, pudra sürüp havluyla sildi, kolonya serpti:

"Sıhhatler olsun Kaymakam Bey!"

Semih Naci'nin aynadaki aksi başkadır. Zümrüt kakılı bir sedef kutu gibi dik ve davetkâr durur. Belalı bir bakış, adamı çileden çıkaracak kadar derin ve sürekli inatlarla gülümser. Bu gülüş, bir ağlayıştır aslında...

Dizkapağının parçalandığı gün, saatlerce yalvarmıştı:

"Doktor! N'olur beni sakat bırakma; çaren yoksa öldür gitsin."

Doktor Fahri'nin tesellisini hatırladı:

"Günahı olmayanları da yıldırım çarpar. Takdiri ilahîdir bu..."

Tekrar aynaya yaklaştı, kendini seyretti. Mutlu oldu. Herkesin hayretli bakışları arasında dükkândan çıkıp uzaklaştı:

"Hayır! Bugünün adaleti, bugün teslim edilmelidir insana..."

Aksaray'a doğru yöneldi. Dar sokakların birbiri üzerine yıkılmış ahşap evlerinin pencerelerinde, küçük kafesler açılıp, keten perdeler çekiliyordu. Derin ve dinî bir hava teneffüs eder gibi köhne sokağa daldı. Bir tevekkül ve teslim ruhunun sindiği bu mahalleden aradığı cesareti bulamamış gibi kırgındı. Valide Camii'nin oymalarındaki süslere baktı. Kim bilir nasıl bir tahammül veya hiddet bu güzel oymaları yaptırmıştı ustalara... "Bu ustalar haklarını bilmiyorlardı ki, alabilsinler" dedi içinden... Birden kılıcını kuşanmış ve Ömer adaletini dağıtıyormuş gibi konuştu:

"Az kaldı. Bir hak, sahibinin istemesine hacet kalmadan kendisine verilecektir."

Simsiyah duvarlar ak yaldızlı aynalar gibiydi. Her adımda kendini daha büyümüş daha güçlenmiş bir gövdeyle seyretti. İki ayağı da yağız atlar gibi koşuyordu. Bu atın sırtında şefkat, bir sıcak yuvadır. Bu yuvaya sığındı. Gözbebeklerine bir ilkbahar değdi.

Cavid Bey, kapatıldığı dar ve karanlık hücrenin boğucu sıcağından bunalmıştı. Günlerdir kimseyle konuşmamış, bir tek ses, bir tek haber almaksızın ne yapacağını şaşırmış vaziyette bekliyordu. Bir ara, helaya gitmek için kendisine nezaret eden jandarmadan rica etmiş, yıllardır üzerinde çalıştığı "Malî Lügat" müsveddelerinin verilmesi istirhamında bulunmuştu.

Akşamın karanlığı artıyor, dar hücrenin içinde bu koyuluk sanki bir zifirî sıcaklık gibi her yeri kaplıyordu. Gece çökünce, yukarıdaki pencerenin sızdırdığı ışığın sessiz sedasız ayrılışından hüzne kapılıyordu. Bu pencere, ona zamanın nasıl geçtiğini gösteren tek vefaydı.

Kapı açıldı; bir ışık yanıp söner gibi oldu; önce içeri birini ittiler, sonra bir iskemle uzattılar. Demir kapının kalın kilidi yeniden döndü. Gelenin kim olduğunu anlamaya imkân yoktu. İçeri itilen, belki bu karanlıkta sadece kendisinin bulunduğunu sanabilirdi. Cavid Bey bir süre bekledi cebindeki tabakasını çıkardı; bir sigara yakıp uzattı:

"Sigara içer misiniz?"

Karanlıkta bir el uzandı. Korun ucunu tutup hızla kendine çekti. İlk derin nefesi, bir başka derin nefes izledi:

"Yüzünüzü göremiyorum; ama sesinizden tanıdım. Siz Cavid Bey'siniz... Mülkiye'de hocamdınız..."

Cavid Bey şaşırdı. Hücresine bir kimsenin daha geleceğine ihtimal vermiyordu. Şimdi bir mutluluk hissi duymuş gibi rahattı. Hiç olmazsa, konuşup dertleşecek bir ses bulmuştu. Yeni gelen kendisini tanıttı:

"Ben Münir Hüsrev! Erzurum mebusuyum."

Cavid Bey, kısa sürede gelişmeleri öğrendi. Terakkiperver'in bütün kıdemli paşaları, bir bir toplanıp Kel Ali'nin emriyle yargılanmak üzere Ankara'dan yola çıkarılıp İzmir'e getirilmişlerdi. Bütün bu adamlar gerçekten iddia edildiği gibi bir araya gelip Gazi Paşa'yı öldürmeyi planlamışlar mıydı? Bunun inandırıcı bir yanı bulunabilir miydi? Bir hırs, bir yaranma duygusu böylesine gemi azıya alıp her ahlakın üzerine saldırabilir miydi? Akıl bunu ne ölçüde kabul edebilirdi? Ahlak, subjektif bir değer yargısı olarak kabul edilecek kadar basit miydi?

Cavid Bey bu düşüncelerini, henüz hususiyetini bilmediği bir insanla tartışmaya hazırlıklı değildi. Birdenbire irkildi. Eski talebesi, şimdi bütün yürek açıklığıyla Cavid Bey'i sigaya çekiyordu:

"Neden kaçmadınız?"

Cavid Bey şiddetle cevapladı:

"Ne haysiyetsiz bir sual. Bana bunu sormaya nasıl cesaret ediyorsunuz?"

"Hiddetlenmeyiniz! Mütareke gecesi kaçtığınızı duyduğumda çok sevinmiştim. Davayı sürdürecek insanlar şükür ki, Nâzım Paşa Divanı'na düşmediler diye gururla gezinmiştim. Yalnız ben değil, daha birçok talebeniz... Efendim..."

Cavid Bey'in hiddeti henüz sükûnet bulmamıştı. Gözleri, karanlığa yavaş yavaş alışmış, çehreler, örtülü bir dostluk gibi bakan aydınlık hissi kazanmıştı. Cavid Bey talebesini canlandırmak istedi:

"Şu küçük pencereyi görüyor musun; yarın sabah gerçek bir dost gibi buraya ışık verecek. Camının biri kırık. En çok o kırık olanı seviyorum. Işıkla beraber hava veriyor, ses veriyor... Pencerenin arkasında bir meydan var; meydanın ortasında bir havuz. Havuzun dört yanında, dört iri kayın ağacı var; dallarında serçe kuşları ötüşüyorlar. Arada bir iskemleye çıkıp meydanı seyrediyorum..."

Cavid Bey, bir itiraf lezzeti tatmak istedi. Şimdiye kadar aldırmadığı bir eksikliğin hasretini çekiyor gibiydi:

"Boyumun kısa oluşuna çok yanıyorum. Meydanı tam görmek kısmet olmuyor. Yarın siz bakıp bana derinliğine anlatırsınız..."

Birden sesini değiştirdi:

"Unutuyordum söylemeyi; yarın ilk celseye çıkıyoruz. Metin olunuz..."

İzmir'de temmuz sıcağı...

Cehennemin bir başka tarifidir bu...

Millî Kütüphane binası tıka basa dolmuş, caddelere taşan kalabalık ürkek, pişman ve meraklı bakışlarla meydanı bir mahşer yerine çevirmişlerdi. Yaşlı bir Arnavut omuzunda taşıdığı kalın sopanın iki ucuna asılmış ciğerlerin peşinde koşan kedileri tekmeledi; yanındaki torununa övünür gibi jandarmaların arasındaki paşaları gösterdi:

"İşte padişahımızı yok eden Meşrutiyetçiler... Allah nasıl da insana yaptığının hesabını soruyor..."

Çocuğun anlamadan seyrettiği bu hengâmede eğleneceği hiçbir şey yoktu. Dede, Cavid Bey'i gösterdi:

"Şu önde giden bodur var ya, onun adı Cavid! Balkan Harbi'ndeyken yüzbaşı ona, "Meşrutiyetin hünkârı budur; Enver'i, Cemal'i boş verin" derdi...

Tutukluları içeri aldılar. Son İttihatçı girene kadar arkalarından baktı. Sonra torununa döndü:

“Haydi, biz işimize bakalım; bize mi kaldı Gazi’nin, mazinin hesabını sormak.”

Belinden kemik saplı bıçağı çıkardı, iri manda ciğerlerinin en ak yerinden bir parça kesip gerideki kedilere fırlattı. Bütün kediler, akciğere üşüştüler. Koyu bir kan yere damladı. Arnavut, intikam hissi alıyormuş gibi konuşuyordu:

“Ben gençliğimde, Hamidiye Alayı’nda onbaşıydım. Halifemiz Efendimiz’i beklerdik. İttihatçılar geldi, bizi işimizden etti. Allah belalarını versin...”

Sonra derin bir nefes aldı ve boşaldı:

“Manco! Manco, haydi manco...”

Küçük çocuk, dedesinin peşinden koşarken, durup durup geriye bakıyor, ufacık bir ciğer parçasına üşüşmüş kedilerin en canhıraş feryatlarla birbirlerinin canını yakıp bir parça kapmak isteyişlerindeki hoyrat ve doğal iştihayı merakla seyrediyordu.

Arnavutciğerci, vefalı bir teslim sesi gösterdi:

“Bunu babamdan öğrenmiştim. Onlar bir parça ciğer için didişirken, biz, bin adımlık yol alırız...”

Tekrar derin bir nefes aldı ve boşalttı:

“Manco! Haydi manco...”

O gün, savcının mütalaası istendi. Necip Ali, güzel cümlelerde kesin anlatımlar aktaran bir üslupla konuşuyordu:

“Muhterem hâkimler! Belli oldu ki, bu davanın iki yanı vardır; birincisi, Gazi Paşa Hazretleri’nin canına kıymak isteyen adi caniler; ikincisi, memlekete suikast hazırlayan hain İttihatçılar... Cumhuriyetimizi devirmek isteyen bu hain İttihatçıların teşkil ettiği kara çetenin, Ankara’da hesap vermelerinin muvafık olacağı kanaatindeyim...”

Cumhuriyetin fedaileri, Selanik makulesini başkentin hür ve mesut havasında yargılamayı kararlaştırdı... Duruşmalara Ankara'da devam edilecekti...

Günlük gazeteleri Aliye Hanım'a verdiler.

Cumhuriyet'in başmakalesinde Yunus Nadi, kaleminden kan kusturmuştu. Duruşmaya çıkarılmış bütün sanıkları "cife" diye tanımlıyor ve bu "sefiller kadrosunu nefretle seyretmekten doğan mesuliyetini, ancak Cumhuriyet'in muazzam mefkûresiyle temizleyebildiğini" açıklıyordu.

Gazeteyi Cavid Bey de okumuş, sonra bir teessüf hissiyle fırlatmıştı:

"Ben Yunus Nadi'yle bir firar kaderi yaşamış adamım. Bütün yol boyunca bana, 'Cavid, sen faziletin timsalisin' diyordu. Şimdi böyle bir cife kadrosuna beni de ithal etmesinden nasıl utandığımı suratına bizzat söylemeyi çok isterdim. Nemrud Mustafa Divanı'na çıkmanın ne cife bir kimya olduğunu benden öğrenmiştir."

Akşam gazetelerini Kel Ali'ye verdiler...

Kel Ali, arkadaşlarıyla görüşmüş ve savcının talebi doğrultusunda, İttihatçıların bir kısmını İzmir'de asmaya karar vermişti. Kemeraltı'nda dizilmiş sehpalarda asılan eski İttihatçıların akıbeti, bütün İstanbul'un merakını uyandırmış; herkes bir şeyler öğrenmek ihtiyacıyla akşam gazetelerine koşmuşlardı.

Kel Ali, Maarif Nazırı Şükrü Bey'in sehpayla birlikte devrilip dakikalarca yerde can çekişmesini büyük bir hazla anlatan Cellad Ali'nin sözlerini birkaç kere okudu. Selanikli Çingene, Şükrü Bey'in boynunu, ipten nasıl çekip çıkardığını, sonra sırtında taşıyarak bir başka sehpaya götürüp yeniden ipe çekişini anlatırken hayret ve gurur ifade ediyordu:

"Hiç böyle gövdeli bir adam asmamıştım..."

Şükrü Bey gövdeli adamdı; en yakın dostu İsmail Canbulad'ın ince, uzun bedeni yanında iri ve kalın bir çınar gibi dururdu. Kel Ali, her ikisini de uzun ve zahmetli Malta sürgünlüğünde devamlı seyretmiş, bazen gıpta, bazen hayret içinde bir vefalı dostluk görmüştü... Direnmek istemesine rağmen, kendisini eski günlere dönmekten alıkoyamıyordu.

İngilizlerin, hatırlı İttihatçıları, "Prenses Ena" şilebiyle Malta'ya sürdüklerini işittiği gün, Kel Ali, büyük bir hırsla dışarı fırlamış ve haykırmıştı:

"Bu milletin temiz evladını, İngiliz'e teslim edenlerin Allah belasını versin; bir gün bu hain hükmün sahibinden hesap soracağıma yemin ederim..."

Ertesi gün, Ayvalık'ta düşmana ilk kurşunu atan müfrezenin başındaki Yarbay Ali, yeminini tutmuş olmanın huzurunu duyuyordu. Düşman bağrına sıkılan ilk ordu kurşunu, Kel Ali'nin çektiği tetikten çıkmıştı...

Kel Ali, Malta'ya sürülenlere içinin nasıl yandığını hatırladı. Hepsinin kendisinde hatırı sayılır izleri vardı. Gün gelmiş kader, Kel Ali'yi de Malta'ya götürmüş ve sürgünlüğün derin tesirli macerasına ortak etmişti... Bekirağa Bölüğü'nden, Malta Limanı'na kadar uzanan sürgün günlerindeki acılar şimdi yeniden yüreğini sıkıyordu. Yarabbi ne sıkıntılı, ne acılı, ne utançlı günlerdi!.. Bir yandan Ermeni tazılarının kokladığı sokaklardaki İngiliz polisi, öte yandan padişah hafiyesi, bir ortak sefer için el ele vermiş, memleketin güzide evladını avlamaya çıkmıştı.

Şimdi Kel Ali, bir Cumhuriyet hafiyesi gibi sürgün arkadaşlarını, sert bir tabiat gösterisiyle muhakeme ederek asmıştı... Elindeki gazetede, bu hükmün infazından doğan acının feryadı okunuyordu... Nemrud Mustafa Divanı'nda bile, en azılı İttihatçılar yargılanırken, avukat tutmalarına izin verilmişti. Kel Ali, kendi divanında böyle bir hakkın verilmeyişini bile hoş görecek kadar hüviyet değiştirmişti.

İsmail Canbulad'ın avukat tutmak istemesi üzerine sinirlenip nasıl bağırdığını hatırladı:

"Ben avukatların canbazlığına gelmem!.."

İngilizlerin İstanbul'da asmaya cesaret edemedikleri Canbulad'ı Kel Ali İzmir'de asmıştı.

IV

"Hayallerimizde hangi rolü oynarsak oynayalım, o rolün yaratıcısı biziz; o bizim hayallerimiz ve biz onun sahibiyiz... Gerçekten de, hayal kurarken zaman ve uzay kanunlarının egemen olmadıkları bir dünyanın yaratıcısı olabiliyoruz..."

Erich Fromm

"Düşleyen birinin yanında muhakkak yorumlayan birisi bulunur."

Paul Ricoeur

Ankara...

Açık renkli bir kâbus!

Rekabetsiz bir hiyerarşi...

İdrakine tam varılmamış bir kültür ve sınıf farkı... Şiddetin, tesir ve mesuliyetteki kontrolsüz hissi...

Cebeci...

Köhne ve ürkek...

Her davanın seyrinde ve sonucunda korkak ve şımarık... İttihatçı kaderinin barındığı zor mekân...

Geceyarısı İzmir'den getirildikleri bu köhne hapishanenin kalın duvarları, artık insanı ürkütmüyor. Dışarıda ağustosun sıcak baskısı... Asılmış eski dava arkadaşlarının hazin hatırası. Emsalin getirdiği güvensiz bekleyiş... Korku ve umut!

Cavid Bey, yeniden sorgulanmak üzere bu vakitsiz çağırılışından endişeye kapılmış ve her şeyi sadece kendisine yönelmiş bir kastın açılmaya hazır perdeleri gibi görmeye başlamıştı. Arkadaşlarının yanında telaşlı bir hazırlık içinde görünmekten utanıyor, fakat bu çağırılışın gerisinde mutlaka bir tertibin varlığından kuşkulandığını bir türlü gizleyemiyordu. Böyle bir varsayımla müstantik önünde söyleyeceklerinde şaşırabilir, hatta kontrolsüz bir asabiyetle çevresine zarar verecek şeyler yapabilirdi.

Cavid Bey, endişesini ayyuka çıkaranlardan değildi; ama bir teselli ihtiyacı içinde olduğunu hissediyor, bir güzel söz bekliyordu. Doktor'un sezgiyle yakaladığı gerçek, belki avaz avaz yüzüne haykırılsa bu kadar etkili olmayabilirdi.

Doktor Nâzım, yıllarca bir mizaç çatışması içinde karşılıklı tavır aldığı Cavid Bey'in yakındığı tabiatı ve terbiyesi karşısında şimdi, değer verdiği bir hastaya yanlış teşhis koymuş hekim utancı duyuyordu. "İş bu kadarla kalsa iyi olacak" diye düşündü. Bu dilekte, erken duyulmaya başlanmış bir matem hissini andıran hüzün vardı. Sesindeki titreyişleri ustaca gizleyerek konuştu:

"Meseleyi yanlış değerlendiriyorsun. Hadiseye sadece şahsî bir hüviyet vermen isabetsiz. Bunun gerisinde çok büyük bir davanın muhasebesi yapılacak. Kel Ali'yi fazla tanımam; bir iki kere Enver'den dinlemiştim. Benim de bir tecrübem oldu. Kıyıcıdır..."

Cavid Bey Kafdağı'nda bir teselli penceresi açılmış gibi müstantik gözlerinde sükûnet aradı. Bu kadar sakat bir malzemeyle sağlam bir şey yapmanın mümkün olmadığını biliyor, fakat, bu ışıksız, havasız sorgu odasından bahtiyar bir zihinle çıkmak ümidini kaybetmemeye çalışıyordu:

"Bu sabah her şeyi anlattım. Beni, aynı mevzuda yeniden zorlamanıza bir mana veremiyorum. Ankara'nın, hakikati hızlı bir hisle kavrayacağını siz de fark ediyorsunuz değil mi?"

Kısa sürede insanların çöktüğünü, direnme güçlerinin kalmadığını görmüş, o sabırlı tabiatının sarı bir benizle bütün vasıflarını kaybedeceği endişesi içinde adeta erimişti... Müstantiğin kavradığı hiçbir şey yoktu. Cavid Bey, ağlayabilirdi... Sanki bütün mahkûmları mesut etmek göreviyle ruhuna tevdi edilmiş ilahî nezaketi elden kaçırmış gibi rahatsızdı. Müstantik, hikmetini anlayamadığı bir İttihatçı sabrının yakında kokusunun çıkacağını bekliyor, bu koca adamın böyle ağız birliği içinde yalan söylemesini nafile bir yorgunluktan başka hiçbir şeye benzetemiyordu. Bütün büyülü ve şiirli sözlerine rağmen, bu taklit edilmez heyecan, hamiyetli birkaç şahidin yeminiyle tükenecekti. Müstantik, giderek derinleşen tecrübesiyle hangi yüzde riya olduğunu kolayca görebildiğine inanmıştı. Şimdi karşısında çekirge gibi çevik bir sesle haykıran bu inatçı adamın, somurtkan ve korku verici gözlerindeki manzarada hiçbir şeyi teşhis edemiyordu. Müstantiğin sabrı tükendi. Cavid Bey'in başına dikildi:

"Siz kendinizi insandan mı sanıyorsunuz?"

Sonra, karantinaya alınmış bir vebalıdan kaçar gibi masanın öbür tarafına geçti. Hiçbir hayret veya durgunluk yaratmayacak kadar şahsiyetsiz bir sesle devam etti:

"Milletin ve memleketin hayatî varlığına kastedecek kadar seviyeniz var mı sanıyorsunuz? Sizi istintak etmek bile ahlaksızlığınıza iştirak etmektir. Cumhuriyetimizin bana tevdi ettiği bu kutsal görev için kendimden utanıyorum."

Cavid Bey hızla ayağa kalktı; kapıdaki jandarmalara döndü:

"Beni bu kadar seviyesiz bir cehalete muhatap etmeyiniz."

Sonra ekledi:

"Lütfen!"

Bütün vücudunu geriye çevirdi. Müstantik şaşırdı. Muteber bir adamı azarlama korkusu bütün vücudunu kapladı. Cavid

Bey'in sesi terbiyeli bir hiddeti tebliğ ediyordu:

"Biraz vicdanınız varsa, bunu bir meziyet gibi saklamanızı size tavsiye, hatta ihtar ederim. Çünkü sizde tedavisi imkânsız bir ahlaksızlık baş gösteriyor."

Müstantik bütün gücüyle bağırdı:

"Enezli! Al, götür bunu hücresine... Elimden bir kaza çıkacak..."

Koridor boyunca hiç konuşmadılar. Enezli Çavuş, hiçbir şeyin farkında değildi. Müstantiğin sert sesinden ürkmüş ve Gazi'ye kıymak isteyen bu çelimsiz adamı hayretle seyretmişti. Gazi'ye kıyacak adamın dağ gibi gövdesi olması gerektiğini düşünüyor, bu mütevazı bedenin böyle bir teşebbüsün hayali altında ezileceğine inanıyordu. Şaşkınlık içindeydi.

Cavid Bey koğuşa döndüğünde, bekleyenlerin korkulu yüzlerinden utandı. Fakir ve sefil bir manzaradan gözlerini ayırıp saf ve pürüzsüz bir tabiat boşluğu seyreder gibi etrafına baktı. Eski dava arkadaşlarından bir kısmı oradaydı. Geri kalanlarını ilk defa görüyordu. Enezli, Cavid Bey'i bir duvar dibine götürdü. Boş duran bir sandalyeyi uzattı:

"Otur beyim!"

Doktor Nâzım, yanına yaklaştı. Elini tuttu. Cavid Bey'in avuçları buz gibiydi.

"Neyin var Cavid? Titriyorsun!"

"Bu vehim, vahşete dönebilir."

Doktor Nâzım, Cavid Bey'in elini bırakmadı. Şekli ve cinsi tayin edilemeyen bir şefkat gösterir gibi birlikte köşeye çekildiler. Çevredekilerin hepsi, tembihlerin tesiri altında suskun ve korkulu halleriyle oldukları yerde kaldılar. Her rivayeti yalansız yeminlerle doğrulayacak kadar can korkusu içinde sinmişlerdi. Meçhuller arasında bilinen tek şey, Doktor Nâzım'la Cavid'in arasındaki bu sıcak görünen dostluğun gerçek olup olmadığıydı... Herkes, hayatı, kendi yaşadığı şekilden ibaret sayan masumiyet ve saadet içinde görünüyordu. Bu zorba tabiatlı doktorun zihnindeki şiddetle, yüzündeki şefkatin kolayca kaybolacağı günü beklemek nafile bir sabırdı.

Doktor Nâzım, Cavid Bey'in yüz hatlarını seyrediyor, bu terli, bu soğuk vücudun içindeki kuru ve sıcak isyanın, haksızlıktan çok ahlaksızlığa tahammül edemeyen terbiyesine hayran gözlerle bakıyordu. Sesi her zamanki gibi tok, sözleri düzgündü:

"Seni, ilk tanıdığım günden beri sevemedim Cavid! Üslubumuz farklıydı... Fakat içindeki o arif terbiyeyi bütün gayretimle takdir ettim."

Bunu, bu şartlarda ifade hissi içinde olmaya kendini zorladı:

"Sana karşı hiçbir husumetim olmamıştır, Doktor. Belki dostluğum yoktur; ama terbiyemle uyuşmayan hareketim de yoktur. Dediğin gibi, aramızda sadece üslup farkı vardır, o kadar..."

Doktor Nâzım, sarası tutmuş evlatlığın vakti gelince eski sağlığına kavuşup hiçbir şey hatırlamayacağını güvenle bildiren bir aile hekimi gibi konuşuyordu:

"Ben hiç kimseyi şüpheden muaf tutmadım; sense Cavid, herkes, hatta Talat'ı, Enver'i bile efsanevî kahramanlar gibi tartmadan aldın. Hatası olmayan meziyet düşünemem..."

Cavid Bey irkildi. Doktor Nâzım, gerçeği yüzüne haykırıyordu. İşin başında Enver'i, Talat'ı hakikaten efsanevî kahramanlar gibi görmüş ve güvenilir adamların dostluğuyla daima mutlu olmuştu. Zamanla değişen kanaatlerini önce kendine saklamış, sonra gerçek yargılarını bütün hiddetiyle herkesin bilgisine sunmuştu. Cavid için Enver, artık "ahmağın biri"ydi. Talat, her tertibin gerisindeki tuzağın sahibi olarak Cavid'in terbiyesini utandıran noktaya gelmişti. Şimdi bu iki eski dava adamının iyi ve kötü hatıralarıyla dar hücreye gelip oturmalarına ne gerek vardı? Doktor Nâzım, neden bu iki insanın hatırasını tazeleyerek Cavid'in can acısını artırıyor, neden şifa vermesi beklenen hekim, hastasının zihnini zehirliyordu. Cavid, içinden bir damarın yırtıldığını hissetti. Enver ve Talat'ın, kendisini sık sık aldatarak yaptıkları her yanlış harekette, bir tür adam yerine konmamışlık duygusuyla isyan ediyor; sonra, bütün bu oldubittilerin pisliklerini temizleyecek bir cesaret kazanıyordu.

Cavid, eski günlere dönmeye hiç niyetli değildi. Osman Şiar'ı gözlerinin önüne getirdi. Yumuşak yüzüne bukleler halinde dağılan saçlarını eliyle geriye atıp gözlerindeki sevimli kıpırdayışlarını seyrettiği oğlunun sürekli gülmeye hazır istidadını özledi. Bu tebessümün bir kader gibi bütün ömrü boyunca sürmesini yalvararak Tanrı'dan talep etmişti. Şimdi bu güzel çocuk kim bilir annesinin kucağında nasıl bir özlemle Cavid Bey'in akşam dönüşünü bekliyordu.

Geç yaşta çocuk sahibi olduğu zaman derin bir teşekkür hissiyle Aliye Hanım'ı kutlamış, "Artık soyumun devamı için Allah bana lütfunun en büyüğünü verdi" diyerek sevinçli bir iftiharla mutluluğunu etrafa yaymıştı.

Cavid Bey, kafasındaki rahatsızlıkları atmak, konuyu değiştirmek için sordu:

"Doktor, senin hayatında hiç sevgi diye bir şey olmadı mı?"

Doktor Nâzım, sanki bin yıllık bir ahde ihanet ediyormuş gibi isteksiz bir ses çıkardı:

"Körpeliğimde bir kadının peşinde koştum. Kefiliymişim gibi, o zamanlar diriliği olan her şeyin arkasında durur, bana geleceği günü beklerdim. Herkesin beni kaygısız sandığı yerde, utançtan ölecek kadar sabırlı bir terbiyeyle bu körpeyi bekledim. Aradan uzun yıllar geçti. Selanik Hastanesi'nde başhekimdim. Acil bir hasta için geceyarısı çağırdılar; gittim... Müşfik bakışlarının, ak alnının parıltısını yeniden seyrettim. O diri varlık, frengiden ölüyordu..."

Cavid, ortak bir anlayış içinde olmalarına imkân görmediği Nâzım'ı, şimdi yersiz ve yanlış yorumlarla değerlendirmek korkusuna kapıldı:

"Doktor! Senin bir insanı sevebileceğine asla ihtimal vermedim. Ayıp etmişim."

"Ben, her 'asla'nın mutlaka bir yedeğini bulundurdum."

Doktor Nâzım'ın sesi keskin bir usturanın son bir ihtiyaçla palaskada bilenmesi gibi kuru ve inceydi:

"Bendeki ketumiyet hissi meslekî bir taahhütten çok, zevkli bir zaaftır. Galiba vâkıf olduğum her sırda bir sevgi arıyordum..."

Sonra ekledi:

"Bilir misin Cavid, senin yüzlerce sırrına sadece ben vâkıfım..."

Gazi Paşa, Ali Çavuş'la karşılıklı oturmuş sohbet ediyordu. Bu küçük taş binanın en sıcak günlerde bile serin bir havası vardı. Geceler daha serin olur ve insanın teninde duymak istediği bir sıcaklığı hep özletirdi. Gazi'nin sesinde özlediği sıcaklığın acısı vardı:

"Ali Çavuş, ne günlerdi değil mi buradaki hayatımız?"

"İyi günlerdi, zor günlerdi; ama hep emindik Paşam!"

"Üzerimde hakkın vardır."

"Estağfurullah Paşam!"

Ali Çavuş'un Gazi'nin üzerinde hakkı vardı. Bu hakkı ödememişlerdi. Ali Çavuş'un hayatını renklendiren tek incelik, tek yumuşak ses, tek güler yüz, şimdi çok uzak bir hatıra gibiydi. Gözlerinin önüne her gelişinde ince bir hüzünle sarsılıp, hıçkıracak kadar acıyla doluyordu.

Gecenin yarısında, garın yanındaki küçük konağın kapısını açtırmışlar, Ali Çavuş'a bu hazırlıksız ziyaretin sahibini merak ettirmişlerdi. Çavuş o geceyi hatırlıyordu. İri kilitli kapının anahtarını çevirirken telaşa kapılmış, gelenin kim olduğunu sormayı unutmuştu. İçeri girdiler. Ali Çavuş lambayı yakıp, gelene yaklaştı. Bu dal gibi ince güzellik, oydu.

"Hoş geldiniz Fikriye Hanım."

Akaretler'deki küçük evin beslemesi, şimdi iddialı bir kadın güzelliğiyle Ankara'nın hakkını veriyordu. Doğru yukarı kata çıktı; odasına girdi. Pirinç bir karyola odanın tam ortasına yerleştirilmiş, üzerine pembe işlemeli bir örtü atılmıştı. Komodinin üzerinde geniş ağızlı bir sürahi ile bardak duruyordu. Tavandan sarkan tunç avizenin ışıkları Fikriye'nin yüzüne yansıyınca, bir aynada aksini bulup etrafa daha gür renkler veren mumların titreyişi gibi seyrine doyulmaz bir güzellik sergiliyordu. Fikriye, kaç geceler bu yatağa uzanmış ve bu ışıkların yüzündeki titreyişini seyrettirmenin lezzetini tatmıştı.

Fikriye doğru yatağa gitti, örtüyü açtı. Pembe çarşaflardan serin bir lavanta kokusu etrafa yayıldı. Günlerdir kapalı duran odanın ağırlaşmış havasına kolayca sindi.

Yatağın içinde başka bir şey yoktu. Fikriye, sabırsızdı:

"Ali Çavuş! Git neredeyse bul, iki tane yastık getir buraya."

Gecenin yarısı her yerde aynıdır... Pisliği, acıyı, kötüyü gizler.

Zaptiyeler, köşeyi tutmuşlardı. Birkaç koldan yaklaştılar. İkisi, cami duvarının arkasına geçti. Komiser, son bir kere tarif verdi:

"Bodurdur, toparlaktır; hep öksürür, Allah'ın belası... Sakın kaçırmayın. Polis müdürü, Gazi'nin gözüne girmek istiyor..."

Trabzonlu zaptiye bir sigara yaktı. Komiserine uzattı:

"Buyur!"

Sonra ekledi:

"Derdi ne Gazi Hazretleri'nin, bu adamla?"

"Bilmem! Kel Ali, 'İaşecisiz olmaz' diyormuş."

Sert basış sesini uzaktan belli eder. Bir iki kısık öksürük, birkaç derin nefes gecenin sessizliğinde hemen belli oldu. Köşeyi dönünceye kadar beklediler.

Komiser'in sesi tekrar yükseldi:

"Dur! Sakın kıpırdama..."

Öksürükler durdu; nefes alışları sıklaştı. Sert ve beceriksiz adımlar uzaklaşmak için çırpındı. Cami duvarının arkasındaki iki el tetiğe bastı. Koyu karanlık bir iki çırpınışla tükendi; sert sesle devrildi:

"Ah..."

Komiser yaklaştı, yerdeki gövdeye esefle baktı; yüzünü çevirince duruldu, titredi, sesi rengini kaybetti:

"Eyvah! Bu bizim Kaymakam Semih Naci... Bir çuval inciri bok ettik..."

Gecenin yarısında Cavid Bey'i tekrar götürdüler. Burası biraz daha ferah, temiz ve ışıklı bir odaydı. İçerisi boştu. Köşede bir küçük masa, gerisinde iri bir koltuk, ortalıkta gelişigüzel bırakılmış bir iki sehpa ve sandalye dikkat çekiyordu. Perdeler ardına kadar kapatılmış, sanki, gözden kaçırılmak istenilen bir şeyin sırları bu kalın kadifelerin arkasına saklanmıştı. Duvarda iri bir çerçeve içinde Gazi Paşa'nın profilden çekilmiş resmi asılıydı. Bu resmi, üst üste çıkarıldığı celselerde, mahkeme salonunda da görmüştü. Gazi Paşa, bir derin hayale dalar gibi gözlerini kısmış ve canına kastettiğine kesin inanç içinde olduğu eski dava arkadaşlarına açıkça sırtını dönmüştü.

Enezli Çavuş, Cavid Bey'i ortadaki sandalyelerden birine oturttu. Etrafı bomboş kalmış koca odanın ortasında Cavid Bey tek başına bırakılmıştı. Şöyle duvara yaslanmış iskemlelerden birine ilişse, hiç olmazsa sırtını birine dayamış gibi hafif bir emniyet hissiyle rahat edecekti.

Kendisini ne amaçla davet ettiğini bilmediği bir müstantiğin gelişini beklerken gerçek bir yalnızlık duygusu içine girdi. Dudakları kurumuş, ince deri, bu iri ağzın üzerinde yarılmaya hazır bir yorgunlukla çatlamaya başlamıştı. Köşede bir damacana duruyordu. İri bir maşrapayla ağzını örtmüşlerdi. Enezli maşrapayı doldurup Cavid Bey'e uzattı:

"İç biraz beyim!"

Cavid Bey, irkilerek Çavuş'a baktı. Bu genç adamın esaslı unsurlarından hepsini bir anda gözlerinde seyretmek mümkündü. Doğuştan gelen bir erken gelişme, genç çavuşu isabetle akıl yürüten yetişkin yapmış, saygılı olan her şeyin o zengin canlılığını ürkmeden bu adamın yüzüne yerleştirmişti. Cavid Bey, maşrapayı dudaklarına götürdü:

"Teşekkür ederim."

Çavuş'un yakınlığından mutlu olmuş, yalnızlık duygusunu paylaşmaya hazır bir eski dost bulmuş gibi sevinmişti. Acaba, her zamanki gibi yine, telaşlı bir sevinçle her karşılaştığı insanda iyi bir şeyler bulup bağrına mı basıyordu? İnsanların, gerçek vasfını ortaya çıkaracağı, hazırlıksız anlarını beklemeye hiç mi sabrı yoktu ? Bu sabırsızlık neden içinde böylesine yer etmişti. Biraz daha az sevimli bir hissiyatla beklemeye alışkanlık kazanmış olsaydı, iyi değerler verdiği insanlar hakkındaki hükümlerini değiştirmek zorunda kalmayacaktı. Geçmişin getirdiği her şeyi, haklı haksız olduğu gibi muhafaza etmek isteği bu durumun hazırlığında hiç mi pay sahibi değildi?

Cavid Bey, birden Hüseyin Cahid'in sert sesle kendisini ikaz ettiği Mülkiye günlerine döndü. Hüseyin Cahid, Cavid'in içindeki nimet ve serveti cömertçe dağıtmasına içerlemiş ve sert sözlerle adeta azarlamıştı:

"Yettin artık Cavid! En basit hüneri deha sanarak yüceltiyorsun. Bu meziyet değil, zaaftır; aldanmaktan iğrendiğin gün, iş işten geçmiş olacak..."

Hüseyin Cahid'in kibirli ve zalim ifadelerini tam kırk yıl sonra, Doktor Nâzım başka bir üslupla tekrarlamıştı. Nâzım, Cavid'in meziyetlerini ve zaaflarını çırılçıplak bir vücudun otopsiye hazır haliyle neşterlemiş ve bütün mevcudunu ortaya dökmüştü. Nâzım'ın sesinden, ürkmekle sevinmek arasında bocalayan bir haz duydu.

"Sende, bir çeşit sıkılma duygusu var ki, bunu bir terbiye gibi görüp, seni atlayanlar çıktı. Aslında bu sıkılma duygusu hodbinliğin hoş bir çeşididir. Eğer Merkezi Umumî bu vasfını görebilseydi senden korkup boyun eğerlerdi. Kendi nefsine bile açıklayamadığın bu gurur, senin en büyük zaafın oldu..."

Nâzım, Cavid'in hayretle açılan gözlerine bakmadan konuşmasını sürdürdü:

"Hodkâm olmayı ayıp saymıyorum. Bir davaya sahip çıkmak isteyenlerin böyle bir vasfı olması gerektiğine inanırım. Bende de vardır. Çok fazla sevilmeyişim bundandır. Bizim gibi insanlarda, bildiğini okuma dediğimiz o cesur tavır kendini çok sık gösterir. Biz, aslında sakin bir aklın sesini yükseltiriz o kadar..."

Hüseyin Cahid de aynı şeyleri söylemişti:

"Cavid, senin İttihatçılığının en mümtaz yanı bencilliğin! Herkesin gözünde senin kadar egoist bir insan yoktur. Onlar senden hep ihtilalci bir zekâ beklediler. Sen, inatla sakin bir akıl kullandın. Henüz tarifini bilmediğim bu sanat başına öyle bir iş açacak ki, eğer o günü görürsem, kahretmekten çok utanacağım."

Cavid Bey, Selanik dönüşünde, İstanbul'da kendisini karşılayan dostu Hüseyin Cahid'in gerçeğe daima bir başka açıdan bakmayı meslek edinmiş meziyetini görüyor; özlediği bu buhranlı adamı derin bir şükran ve saygıyla kucaklıyordu.

Birlikte, Düyunu Umumiye binasına doğru yürürlerken, Hüseyin Cahid aralıksız konuşuyor ve Cavid Bey'e takınması gereken tavır ve üslup hakkındaki nasihatlerini sıralıyordu:

"Herkeste bir ebedîlik iptilası vardır. Çoğunun gösterdiği fedakâr manzaraya aldanmanı hayretle karşılıyorum. Kültürünü kavramadığım hiçbir ahlakı kabul etmem."

Hüseyin Cahid Bey, Cavid Bey'e boy farkının getirdiği yukarıdan bakışla son sözlerini tamamlayıp konuyu kapatmak istedi:

"Unutma Cavid! Senin için her şey bir yalanın arkasına kolayca sığınabilir."

Cavid Bey, Hüseyin Cahid'in dostluğunu gözlerinin önünden kaçıramıyordu. Hiç kimseyi Hüseyin Cahid kadar sevmemişti. Cavid Bey, bütün gizli ve açık ruh hallerini sükûnetle kaynaştırarak bu pervasız dostunu seviyordu. Hüseyin Cahid Bey'in karakterinde kolayca mutlu olmayan bir direnme vardı. Vatan ve millet için sözü bol olanları, çıkarcı ve laubali bulan acımasız bir teşhir hastası gibi görürdü:

"Bunlardaki vefayı da, ihaneti de hep sızlandıkları heves gördüm. Mensup oldukları irfanı da yoz ve seviyesiz buluyorum."

Sonra, önemli bir tembihte bulunuyormuş gibi ekledi:

"Yarınki *Tanin*'i iyice oku. Başmakalemde önemli bir teşhisim var. Mustafa Kemal'in fikirlerini takdir ediyorum."

Cavid Bey, elindeki maşrapadan birkaç yudum daha aldı. Uzun süredir beklediği bu odaya henüz kimse gelmemişti. Yarım saati aşkın bir süredir bekliyor ve tek bir kelime konuşmaksızın kendisini seyreden Enezli'nin sabrını hayretle karşılıyordu. Zaman, sanki baş döndürücü bir hızla geçmiş ve günlerdir çaresiz kalmış gibi yorulmuştu.

Gülerek Çavuş'a baktı. Yumuşak huylu delikanlının yüzündeki en olumsuz varlık, ölçüsünü artırmış itaat duygusuydu. Bu duyguyu iyi biliyordu. Önceden kurulmuş gibi belli bir ton ve eda içinde verildiğinde her sesi emir saymaya alışmış Osmanlı askeri gibi bu delikanlıyı şimdi esas duruşa geçirebilirdi. Şöyle yukarıdan bir bakış, ağırlığını koyan bir ses, çatılmış bir iki kaş darbesi ve suçlayan bir ifadeyle bağırsa Enezli Çavuş, elindeki silahı omzuna koyup selam verebilirdi.

Enezli, köşede oturmuş, bacakları arasına sıkıştırdığı tüfeğine sıkıca sarılmıştı. İçinde bulunduğu bu yeniliği meraklı gözlerle tespite çalışıyordu. Cavid Bey'in varlığı Çavuş'un üzerinde kuvvetli ve uyarıcı bir acı hissi yaratmıştı. Bu sabırlı adamın yerli yersiz tedirgin edilerek alınıp getirilmesini, sonra hiçbir şey olmamış gibi geri götürülmesini yakışıksız buluyordu. İlk karşılaştığında, vatan haini gibi tiksindiği Cavid Bey'den zamanla hoşlanmış, ilk filizini veren acıma duygusu çok kısa sürede değişmiş, neredeyse hayranlığa dönüşen bir takdir hissi içinde boy atmıştı.

Enezli, biraz daha cesaretlenip Cavid Bey'i açıktan açığa seyretmeye başladı. Bu yuvarlak başın dökülmeye yüz tutmuş saçları, çocukluğunda kim bilir ne kadar güzeldi. Annesi nasıl bir şefkatle okşar, sonra, dudaklarının en hassas titreyişini bu başın üzerine koyarak öperdi. Enezli, Cavid Bey'in çocukluğunu hayal etmeye başladı. Bu çocuk, hırçın ve haşarı olabilirdi... Birinden bıkınca ötekine atlayan şımarık çocukların arasında, herhalde dikkat çekse bile sevgi davet etmediği muhakkaktı. Çavuş içinin ısındığını fark etti:

"İster misin sana koğuştan sigara getireyim? Ben içmem de..."

"Olduğun yerde kalmanı isterim."

"Neden?"

"Bana bir rahatlık hissi veriyorsun. Bu hissime dokunma..."

Çavuş, yanlış bir şey yapmış gibi azarlandığını zannetti. Doğruldu. Vahşi sayılabilecek bir sesle, töresine sadık kalarak kendisini savundu:

"Ben ayıplı birisi değilim Bey!"

"Ben de Çavuş!.."

Cavid Bey'in bu nidasında, günlerdir tekrarladığı inancı vardı. Dar bir arkı sonuna kadar açmış ve suların gürül gürül aktığını görmüş Ferhad gibi sevinçle elindeki gürzü gökyüzüne doğru fırlattı. Düştüğü yerde Şirin gelip, kendisine sarılacaktı. Elli yıllık ömrü içinde sadece birkaç defa böylesine sevinçler duyabilmişti. Kendini kontrol edemedi; tekrar gerilere döndü.

31 Mart gibi, kanın gövdeyi götürdüğü, irtica şeytanının yanılıp Hüseyin Cahid Bey zannıyla Lazkiye Mebusu Emin Bey'i öldürdüğünü kahırla öğrenmiş, daha sonra Hüseyin Cahid'in kurtuluşundan tarifsiz sevinç ve saadet duymuştu.

Bu duyguyu yıllar sonra Hüseyin Cahid'e anlatırken ne bir yücelik duygusu ne de gereksiz bir tevazu göstermişti:

"Suikasttan kurtulduğuna delicesine sevinmiştim. 'Allahım şükürler olsun!..' diye bağırdım. Sesim ilk defa, insiyakî ve beşerî olarak bu kadar yüksek çıktı; seni her kucakladığımda, Emin Bey'e bir Fatiha okurum."

Hüseyin Cahid Bey, böyle sıcak sevgiler işitmesine rağmen, meselenin özünü önemsemeyen kim olursa olsun sinirleniyor ve en yakın dostunu bile kıracak şiddette kelimelerle hatayı kınıyordu:

"Bu hareketin mahiyetini hiç beğenmiyorum. Belki başını ezdik, fakat hâlâ endişeliyim. İyi de olsa, kötü de olsa hiçbir fikir, olup bitmiş, nihaî şeklini almış değildir. Her şey sürekli şekilde değişiyor. Bir gün bu fikrin çok daha habis bir ruhla karşımıza çıkacağından korkuyorum."

Cavid Bey, dostuna sarıldı. Bir çınarı kucaklamak isteyen çocuk gibi kollarını iki yana açmıştı:

"Bu feyizli tesirini hep takdirle karşıladım, kardeşim..."

Kapı birdenbire hızla ardına kadar açıldı. Hayal ile tecellisi aynı anda el ele içeri girdiler...

Bir baş işaretiyle iki jandarma, Cavid Bey'i alıp tekrar koğuşuna götürdü. Hâkimler heyeti arkadan gidişlerini seyrediyordu. Cavid Bey koğuştan içeri girdiğinde, hiç kimsenin kılı kıpırdamadı. Doktor Nâzım, kalkar gibi oldu; sonra kime kalktığı anlaşılamadı. Ardına kadar açık bırakılmış kapıda, hâkimler heyeti duruyordu.

Kel Ali ve arkasındakiler bir süre Cavid Bey ve arkadaşlarını seyretti. Terakkiperver Fırkası'nın önde gelenleri ayağa kalktı. En güçlü oldukları sanılan paşalar bile, Kel Ali'nin karşısında dimdik duruyor izlenimi vermek için nefessiz beklediler. Bu güngörmüş paşalar kadrosu, kapı kapanınca, eskisinden daha büyük bir takatsizlik içinde çökecekti.

Kel Ali'nin gür kaşları, gözlerinin üzerine geniş bir saçak gibi yerleşmiş, bu kumral tente ip gibi incelmeye meraklı bakışlarına etraflı bir gölge düşürmüştü. Burnu uzun bir boru gibi aşağı sarkıyor, iri deliklerle genişleyen bir yassılıkta yüzüne yapışmış gibi duruyordu. Bu yassı deliklerle ağzı arasındaki geniş alanın tamamı bıyıkla örtülüydü. Dudakları gergindi ve gür bıyıklarını ürkütmemek için incelip uzamıştı. Kel Ali'nin bakışlarında, en az kendi kadar iddialı bir düşman seyrederken takınılan böbürlü rahatlık hissi vardı. Uzun süre Cavid Bey'i seyretti. Cahillikle iğfal edilmiş beslemesini seyreden varlıklı bir köy ağası gibi acıma duygusu ile şehvetli arzuyu bir arada sergiliyordu. Önce ortaya konuşur gibiydi; tecrübesizlikle fazla cesaret bir arada şaşırtıcı bir hüviyet kazanmış, herkes gülmemek için kendisini zor tutmuştu:

"Az kaldı beyler! Rauf ile Adnan da gelince cemaatiniz tamam olacak."

Kel Ali, Cavid Bey'e doğru yaklaştı. Tam konuşacağı sanılan anda yanından geçti. Cavid Bey'i önemsiz biri gibi ciddiye alınmadığını göstermek istiyordu. Sonra geri dönüp, ismi bilinmeyen birine yöneldi. Boş inançlar korkusuyla uğursuz günleri sayan ihtiyarlara benzer bir şüpheyle kıvrılmış yaşlı adamın elini tuttu. Küçük bir çocuğun bileğini bükmüş kabadayı gibi böbürlüydü. Sesi yüksek tondan çıkıyordu:

"Sen kimlerdensin?"

Adamın cevap vermesine fırsat tanımadan ekledi:

"İttihatçı mısın, Terakkiperverci mi?"

Yüzündeki tebessümü gerdi:

"Ne olursan ol!"

Adamın elini bıraktı. Eliyle birlikte adam da çöktü. Cavid Bey'in ayaklarına doğru serildi. Bu küçük mahalle esnafının takati, bu barbarlığı kaldıracak kadar dayanıklı çıkmamıştı. Kel Ali kapıya doğru yürüdü; geçerken Cavid Bey'i süzdü:

"Benim hesap adamlarına hürmetim vardır. Yakında tekrar görüşeceğiz."

Geldiğinden daha sert adımlarla çıktı. Cavid donup kalmıştı. Herkeste bir yozlaşmış sabır ve eyvallah hissi yerleşmişti. Doktor Nâzım, korkudan çökmüş ihtiyarın bileğini tuttu:

"Korkak birine benzemiyorsun, ama nasıl oldu da böyle hemen çöktün?"

Aliye Hanım, geceyi sıkıntılar içinde geçirdi. Günlerdir Cavid'den bir türlü haber gelmeyişini haksız bir cezaya çarptırılmış gibi hazmedememiş ve yorgun bir zihnin getirebileceği bütün kötü ihtimalleri birbiri ardına sıralamıştı. Sabırsız bir insan telaşından çok, çaresiz bir kadın dağınıklığı içinde bocalıyordu.

Hallaçyan Efendi Konağı'ndan ayrılması gerektiğini düşünmüştü. İstanbul'a inmeyi ve Şişli'deki eve yerleşmeyi tasarlıyordu, ama kötü günler için bir kenara konulmuş üç beş kuruşun yokluğu ağır bir utanç gibi üzerine çökmüş, gırtlağını sıkmaya başlamıştı.

Hallaçyan Konağı, Büyükada'nın en hâkim mevkiinden İstanbul'a bir çapkın kadın gibi bakar. Bu bakışta, bazen sonsuz bir emel, bazen ayıplı bir perişanlık duygusu görülür. Bu konağın pencerelerinden hiçbir vakit kindar ve kıyıcı bir çehrenin İstanbul'u seyredeceği düşünülmemiştir. Her sabah şefkatli ve cömert bir yüz, harap İstanbul'a bakar, sonra, bu lütufla yetinerek kendi zengin dünyasının gözalıcı sıcaklığına döner...

Aliye Hanım, Hallaçyan Konağı'nın tepe penceresinden İstanbul'a bakıyordu. Artık yavaş yavaş tertipli bir kadın tavrıyla derlenip toparlanması ve şehre inmesi uygun olacaktı... Yazın sıcaklığı şiddetini artırmış, çam serinliğinin estiği geniş kamelyalı bahçenin tadına doyulmaz güzelliği bütün hırsıyla etrafı sarmıştı. Bu güzellik öyle kolay bırakılacak cinsten değildi; ancak kısa sürede tükenmiş tasarruflar bu hayatı sürdürmeye izin vermiyordu. Gecenin yarısında aşağı inmiş ve küçük kasaya kilitlenmiş kutuyu çıkarıp yarı karanlık salonda bir bir elden çıkarılacak eşyanın sıralamasını yapmıştı... Bunlar, Burhaneddin Efendi'nin boşanırken Aliye Hanım'a zengin bir iltifat cümlesiyle birlikte verdiği değerli takılardı... Abdülhamid servetinin bir kısmı şimdi Cumhuriyet'in adliyesinde hesap veren eski bir Meşrutiyetçi'nin karın tokluğunu sağlamak için, kuyumcu esnafının insafına bırakılacaktı.

Eline ilk geleni şöyle kantarlar gibi tarttı. Bu yeşil gerdanlık, düğünlerinin yıldönümünde Şehzade Burhaneddin Efendi tarafından itinayla gerdanına takılmış ve uzun bir süre o pembe beyaz tazelik üzerinde iddialı bir ömür sürmüştü. Cavid Bey, davetlisi olduğu bir akşam yemeğinde bu güzel gerdanlıkla süslenmiş Aliye Hanım'ı uzun ve manalı bakışlarla seyretmiş ve kendini tutamayarak saray kâtiplerini andıran bir üslup içinde iltifatta bulunmuştu. Bu iltifatta, Şehzade Burhaneddin Efendi'nin nikâhını tehlikeye düşürecek bir açıklık görülmese bile, bir ima hissedilirdi. Aliye Hanım, bu imayı hemen fark etmiş, önce gözlerini, sonra gönlünü cesurca güldürmüştü.

Mürebbiyesi, Osman Şiar'a beyaz bir tulum giydirmiş, askılarını sırtında çapraz bağlamıştı. Yuvarlak yüzlü çocuk, ilgiden mutlu olmuş, bu sevinçli haliyle önce mürebbiyesini, sonra yukarıdan bakan annesini mesut edecek tek görevli hissiyle koşuyor, şakrak bir iki ses çıkararak bu görevin bütün sorumluluğunu idrak ettiğini ispata çalışıyordu. Hangi dili konuşacağını şaşırmış gibiydi. Bir yandan annesinin ağdalı saray dilinin nezaketi, öte yandan Cavid Bey'in Meşrutiyetçi lisanındaki hışım ve mizahı; işin en kötüsü, mürebbiyesinden becerikli bir Fransız dil terbiyesiyle henüz kıvamını bulmamış bir hamur gibi yoğruluyordu.

Mürebbiye, neredeyse çıkışır gibi Aliye Hanım'a seslendi:

"Madam, kaç gündür Osmancık'ı yanınıza almıyorsunuz. Üstelik söz verdiğiniz halde elbiselerini de getirmediniz."

Mürebbiyenin dünyadan haberi yoktu. Aliye Hanım, yavaşça bahçeye indi. Tarlalar arasında koşuşan küçük yaramazı yakalayıp bağrına bastı. Yanağını öperken kulağına fısıldadı:

"Bugün mutlaka sana söz verdiğim şeyi alacağım."

Cavid Bey, yarı çığlığı andıran bir sesle uyandı. Yattığı yerden doğrulmaya çalıştı. Sanki kaba ve güçlü bir kol göğsüne bastırmış, kalkmasına fırsat vermiyordu. Gözleri yorgun ve ümitsiz bir şekilde karanlığın içinden bir ışık aradı. Bazı geceler üzerine çöken bu derin tesirli kâbusu bir kere daha yaşamıştı. Aliye Hanım'ın ilk lohusa çığlıklarında da böyle bir korkuya kapılmış ve felaketli bir haber gelecekmiş gibi içi titremişti. Nihayet, büyük sevincin heyecanlı bekleyişi ve daha sonra o küçük ve sevimli çığlığın boşalttığı taze nefes...

Aliye Hanım, Şehzade Burhaneddin Efendi'ye verdiği Ertuğrul Osman'dan sonra, şimdi de Cavid Bey'e bir Osmancık veriyordu: Osman Şiar... Saltanat nesebinin şehzadesi ile Meşrutiyet hünkârının veliahdı aynı döl yatağının bereketinden kardeşliği tadıyordu...

Cavid Bey'in beklediği ışık göründü. Doktor Nâzım, bir sigarayı ikiye böldü, yarısını Cavid Bey'e uzattı:

"İç bunu! Rahatlarsın..."

İlk derin nefesle yarım sigara hemen tükenmiş, neredeyse Cavid Bey'in elini yakacak hale gelmişti. Doktor, yelek cebinden çıkardığı yasemin ağızlığı Cavid'e uzattı:

"Bunu kullan! Hiç olmazsa bir işe yarasın..."

"Sen ne yapacaksın?"

"Bende yüzlercesi daha var..."

"Yüzlercesi mi?"

Doktor Nâzım'ın bavulunu verselerdi, koğuştaki herkese yüzden fazla ağızlık dağıtabilirdi.

Çarşıkapı'da bir han girişinin kuytuluğuna sığınmış utangaç yüzlü kadının gelene geçene uzattığı ceviz tabladaki yasemin ağızlıklarda bir zarafet vardı. İnce bir işçiliğin sabır ve hüzünle batırdığı kızgın çelik, bu zevkli ağacın bağrında narin dehlizler açmıştı. Yüzlerce ağız bu dehlizden duman teneffüs ediyordu. Doktor Nâzım, kadını görünce ürküp uzaklaşmak yerine aceleyle yaklaşmış, elindeki torbayı açıp uzatmıştı:

"Hepsini buraya boşalt Nevber Hanım! Arkadaşlara ağızlık sözüm vardı. Allah senden razı olsun."

Nevber Hanım, ceviz tabladaki ağızlıkları torbaya boşalttı. Gözleri ıslanacak kabiliyetlerinin hepsini kaybetmişti:

"Teşekkür ederim Nâzım Beyefendi! Allah asıl sizden razı olsun."

Sonra hâkim bir sesle ekledi:

"Küçük kız rejide çalışıyor. Fazlaca üşütmüş. Kötü ve devamlı öksürüyor. Yolunuz düşerse gelip bir dinleseniz ne iyi olur. Rahmetlinin size hürmeti büyüktü."

Nevber Hanım, gözlerinin bütün dikkat ve ricasını Doktor Nâzım'a çevirdi. Bu sert yüzlü doktorun sessizliğinden ürkmüş, gelmeyeceği şüphesine kapılmıştı. Sesi titriyordu:

"Gel Doktor! Korkmadan gel, Allah rızası için gel... Kız elden gidiyor..."

Nevber Hanım tablasını koltuğunun altına sıkıştırarak hızla uzaklaştı. Babıâli Baskını'nın gözü pek fedaisi Yakub Cemil'in heybetli karısı Nevber Hanım, şimdi bir harabe gibi Gedikpaşa'ya doğru yöneldi. Kadının sürüklenir gibi uzaklaşmasını seyretmek Doktor Nâzım'ın soğukkanlılığını terletiyordu. Yakub Cemil'in palabıyıklı değirmi yüzünü hatırladı.

En son Merkezi Umumî'nin merdivenlerinde karşılaşmışlardı. Tümen kumandanlığı talebinin Enver tarafından reddedilmesi üzerine Yakub Cemil, Doktor Nâzım'ın elini alaycı bir gülüşle sıkmış ve ilk ikazını yapmıştı:

"Minnetim, yalnız Allah'adır Doktor... Ama seni severim; hürmetim vardır..."

Yakub Cemil'in cüretkâr tabiatındaki gevezelik gerçeğin çok ötesindeydi. Yakub Cemil, ne kadar gözü pek olursa olsun Doktor Nâzım'ı ürkütecek kadar dehşet, hatta heybet bile kazanamıştı:

"Yakub! Hırsız dediğin adamlar arasında benim de adım geçmiş, ne tecellidir ki hâlâ yamalı potinle geziyorum. Bunca yıllık hekimlik, bunca yıllık vekillikten sonra bu potinle övünmek sana da ağır gelmiyor mu?"

Doktor Nâzım, sağanak halindeki yağmurun altında potinini

sakınan çocuklar gibi taşlar üzerinden sekerek Nevber Hanım'a yetişmeye çalışırken huzursuzdu. Bir iç hesaplaşması yapar gibi sesi ağlamaklıydı:

"Tütün, adamın ciğerine işler. Allah vere de, kızı elde tutabilsek..."

Doktor Nâzım, böyle bir hatıradan rahatsız oldu. Kendinden emin bir şekilde her şeyi hatırladı: Yakub Cemil'i sevmişti... Onun yüreğindeki pervasızlık, her İttihatçı'nın içindeki isteklerden daha mütevazı bir ödül ya da akıllıca yapılmış bir iki öğütle gemlenebilir, ancak herkesin ürküp kaçmaya hazırlandığı yerde Yakub Cemil, dizginleri bırakılmış bir kısrak gibi koşturulabilirdi. Sesini kontrol edemedi. Boşlukta bir yankılanma oldu. Doktor Nâzım hükmünü vermişti.

"Yakub Cemil kadar cinayette dengesi olan bir başkasına rastlayamazsınız."

Cavid Bey şaşırdı. Doktor'u anlamakta yeniden zorluk çekiyordu. Yoksa Doktor, şimdi bir şiddetin savunmasına mı hazırlanıyordu? Yoksa o çok çabuk içini saran erken duygularla yeniden yanlış yargılara mı varacaktı? "Yooo! Olmaz Yarabbi; bu kadar kısa sürede, bu kadar çok değişiklik olmaz" diyebildi.

Nâzım, bir sigara daha çıkardı. İkiye böldü, yarısını Cavid'e uzattı:

"Yakub Cemil, kıydığı insanların ailesine yaptığı yardımları, eğer çocuklarına miras diye bıraksaydı, şimdi bu yasemin ağızlık dudaklarında olmayacaktı..."

Cavid Bey, Yakub Cemil'i hiç sevmemişti. Onu, Enver'in bir tehdit işareti gibi parmağının ucunda oynatmasından rahatsızdı. Yakub'un, meseleyi anlayıp dinlemeden hiddetlenen tabiatı, çok kişinin canını yakmıştı... Bir keresinde Cavid Bey, bu şiddetli silah için Talat'ın kapısını zorlamış ve ağırbaşlı sadrazamı gövdesine yakışmayacak hızla yerinden kaldırmıştı:

"Bana doğruyu söyle Talat! Bu pislikte parmağın var mı?"

Harbe girmemek konusunda ısrar eden herkesin üzerine Yakub Cemil'in gönderilip susturulmak istendiğini duymuş, aylardır mücadelesini verdiği bir fikrin aksini, şiddet kullanarak kabul ettirmek isteyenleri en çirkin yüzleriyle ortaya sermek istemişti.

Talat Paşa çalımlı bir dilber bakışı karşısında kendinden geçmiş kasaba eşrafı gibi bir süre suskun durdu. Daha fazla sessiz kalışı kendisine yakıştıramadı. Bir taşla her zaman iki kuş vurmaktan hoşlanırdı. Makedonya Locası'nda tekris edildiği gece Emanuel Karasu'nun sözlerini hatırladı. Bir dost şakasını andıran latifeden alınacak payı iyi çıkarmış ve iyi saklamıştı. Emanuel Karasu sözlerinin daima edebî bir sanat taşıdığına inanırdı:

"'Tek bir nimet için silah sıkmam. Dokunduğum tetikten, bin kuş düşmezse eğer, parmağımı bile oynatmam..."

Talat Paşa, bu fırsatı iyi kullanmak istiyordu:

"Bunların hepsi, o Deli Kılıç'ın başının altından çıkıyor. Geçen gün çağırıp nasihatler ettim. Bana gülerek, 'Bizim Yakub Cemil tıpkı Osmanlı maliyesine benziyor. Dışarıdan bakınca içinde çok şey var sanıyorsun, ama kapağını kaldırınca, kof olduğunu görüyorsun; Yakub Cemil, Cavid'in maliyesi gibidir; ikisinden de fayda gelmez' dedi."

Talat Bey'in "Deli Kılıç" dediği Enver'di... Güya samimi bir iltifat gibi söylediği bu benzetmenin ardında üçüncü kuş vurulmaya hazırdı. Cavid Bey'e yaklaştı:

"Biraz ayağını denk al. Sağda solda, ileri geri konuşmanı muvafık bulmuyorum. Bu harbin felaket getireceğini her söylediğin vesilede senin için korkak diyeceklerdir. Cavid, senin yürekli birisi olduğunu iyi bilirim. Aman Enver'e dikkat et. Nâzım'a dikkat et..."

Talat Paşa, yarım yamalak bir tesellinin, bütün kollarını hazır tutan bir ahtapotu avına yönlendirmekten daha acı verici olduğunu biliyordu. Saray paşalarının tutuklandığı Meşrutiyet gecesi, mallarına elkonularak geri gönderilmeleri teklifine Cavid'in nasıl karşı çıktığını ve "Bunun eşkıyalıktan ne farkı var?" diye İzmir Valisi Rahmi'nin üzerine yürüdüğünü işitmişti. Bu fırsatın kapısını aralamakta yarar gördü :

"Unutma Cavid! Rahmi, Nâzım'ın adamıdır..."

Doktor Nâzım, bu olayın bütün ayrıntısını hatırlıyordu. Mondoros Mütarekesi'nin imzalandığı gün kaçarlarken Rahmi Bey anlatmış ve bu şenlikli gasp olayını, sanki bir tuluat tiyatrosunun final sahnesini taklit eder gibi alaya almaya çalışmıştı:

"Meşrutiyet'in ilan edildiği gece, Serasker Rıza Paşa başta olmak üzere Abdülhamid'in bütün paşalarını toplattım. Varlıklı olanlarını seçtim. Hepsine 'İstibdadın Enkazı' diyordum. En babayiğit görüneni Rıza Paşa'ydı; en çabuk o çöktü. Bayram sabahı kurban fiyatı keser gibi hepsiyle el tutuşup kolumuz çıkıncaya kadar sallayarak anlaştık. Rıza Paşa, Osmanlı Bankası'ndaki yüz otuz bin lirayı hemen verdi. En cimrisi Memduh Paşa'ydı. Bu şair tabiatlı paşanın o hayran olunan nazik lehçesinin böyle nekes bir dille ağlayacağını hiç ummuyordum. Ölüm korkusu taşıyan paşalar yüklerinden kurtulmuş bir hafiflik ve fakirlik içinde kendilerini bekleyen çocuklarına geri verildi. Eğer ödemeselerdi, hepsinin yüzüne 'Enkazı İstibdat' diye mühür vurdurup, sokağa dökecektim..."

Rahmi Bey anlattıktan sonra uzun süre gülmüş ve eklemişti:

"İttihatçılar, Cavid'den çektiğini kimseden çekmemiştir. Cavid, bu hareketimi eşkıyalık gibi görmüş, ama parayı kullanmaktan da geri kalmamıştı. Eğer biraz daha bastırsaydım, istikraza gerek kalmayacaktı..."

Cavid Bey, Hazine'ye gelir yazılan bu yüklü serveti kullanmış ve istemese bile Enver'in baskısına dayanamayarak bir kısmının Meşrutiyet paşalarının elde tutulması amacıyla harcanmasına göz yummuştu. Abdülhamid'in serveti vâris değiştirmişti.

Cavid Bey, o günlerin ruhunda derin bir tesir bıraktığını daha sonra Aliye Hanım'a anlatırken ağır bir dil kullanmış, kendini kontrol edememiş bir taze damat heyecanıyla aklına gelen ilk sözü söyleyivermişti:

"İttihatçılar, hanedandan daha çabuk soysuzlaştılar..."

Cavid Bey, bu sözlerinde uzun süren baskıların ağır yükünü hatırlıyordu. Harbe karşı çıkmak için bütün gücüyle direnmiş ve İttihatçıları kızdırmıştı. Yakub Cemil'in kendisini nasıl tehdit ettiğini ve savaşa girmememin bir vatansızlık olduğunu anlatmaya gelmiş gözü kara fedainin elini devamlı silahının üzerinde tuttuğunu hatırladı.

Bunda mutlaka Enver'in tesiri vardır diye düşünmüş ve bu fikri zihninde hep canlı tutmuştu. Daha sonra Yakub Cemil'in ısrarla savunduğu "münferit sulh" isteğinin kızdırdığı İttihatçı başlarının komplosuyla harp divanına gönderilip en ucuz yoldan kurşuna dizilişini hatırladı.

Cavid Bey, bütün İttihatçı simalarını gözlerinin önünden geçirdi. Sevda hülyalarına benzeyen ince yapılı yüzlerden masal devlerinin şiddetini takınmış sert çehrelere kadar hepsinin bakışlarında yaldızlı hayallerin ani ve ayıplı kayboluşu vardı. Dalgın bakışlarının yeni bir hüviyet verecek gücü kalmamıştı.

Doktor Nâzım, bu çevreyi daha önce de seyretmişti. Bir yıkıntı hissinin getirdiği ağır yük, insanın bütün saadetini elinden alsa bile vicdanını rahat bırakabilirdi. Frenginin alıp götürdüğü o diri güzellik son nefesinde Doktor Nâzım'ın elini tutmuş ve fısıldar gibi konuşmuştu:

"Bir insanın mesut ölmesi ile müsterih ölmesi çok farklı şeydir, Doktor... Ben, hem mesut, hem müsterih gidiyorum..."

İnsanın sevmediğine acımasını beklemek yanlışlıktır.

Cavid Bey, doğru olmakla övünürdü...

V

> "Hayvanlar dehşet içinde bekleştiler. Sığındıkları binalardan çıkmaya cüret artık imkânsızdı. Birkaç dakika sonra adamların etrafa dağılıp uzaklaştıkları görüldü. Akabinde kulakları patlatan bir gümbürtü koptu. Güvercinler havada uçuştular. Napoleon hariç bütün hayvanlar yüzüstü karınlarının üstüne kapandılar. Ve başlarını kaldırdıkları zaman değirmenin olduğu yerde muazzam ve kesif bir duman bulutu gördüler. Yavaş yavaş rüzgâr bulutu dağıttı; artık değirmen yerinde yoktu."
>
> George Orwell / *Hayvan Çiftliği*
> (çev. Halide Edip Adıvar)

İsmet Paşa bir mutluluk duygusu içindeydi. Uzun ve zahmetli gecelerden sonra ilk defa derin bir uykuya dalmış ve sabahı zinde bir yüzle karşılamıştı. Kâzım Karabekir Paşa'yla buluşacak ve belki de şimdiye kadar hiç yapmadığı şekilde çok derin bir "oh" sesi ile kucaklayacaktı. İnsanların geriden getirdiklerini bir yana bırakması kolay değildi. Kâzım Paşa'yla köklü bir geçmişi vardı ve bu geçmiş, sıcak bir kuşak gibi ikisini de sarıp ısıtıyordu. Kâzım Paşa, yüzünde bir bebek güzelliği ve ara sıra bu güzelliğe yakışmayan bir asık maske taşırdı. İçeri girdiğinde bu maske, hemen dikkat çekmesi için biraz abartılmıştı. İsmet Paşa kollarını açtı:

"Yıllar var ki, hiç böyle bir hasret hissi taşımamıştım. Bu hissin bana bir heyecan verdiğini yeni yeni fark ediyorum."

Kâzım Paşa'nın asık maskesindeki hatlar yumuşadı:

"Ahlak, bir insanın en fazla cesaretini artırır. Sende gördüğüm cesaretten çok sevgiydi, İsmet. Bu beni sevindirdi; ama, o kadar övünülecek şey olmadığını da söylemeliyim."

İsmet Paşa şaşırdı. Kâzım Paşa'nın bu imalı sözlerle neyi kastettiğini tam çıkaramadı. Boşlukta kalmaktan hoşlanmayan bir tabiatı vardı. Kelimeleri gereksiz şekilde zorlayıp manalar çıkarmak yerine, açıkça sormayı uygun buldu:

"Bana söylemek istediğin bir şey var, ama bunu kâfi cesaret ile ortaya koyamıyorsun. Aramızda her bahsi görüşecek samimiyet ve ciddiyet vardır."

Kâzım Paşa, tekrar İsmet'e sarıldı.

"Birbirimizi ne kadar sevdiğimizi ikimiz de iyi biliyoruz. Seni arada bir ikaz etmek ihtiyacı duyarım. Böyle bir ihtiyaç seni kırmamalıdır."

İsmet Paşa sözün nereye uzanacağını artık merak etmiyordu. Neredeyse Kâzım Paşa'nın söyleyeceklerinin tamamını zihninden geçirmişti. Yine de belli bir sabır göstermek gerektiğini düşündü. Bir sevgi gösterisiyle konuşmanın üzücü bir yöne dönmemesine özen gösteriyordu:

"Seni her mevzuda mutlaka dinlerim; ancak önce hasret giderelim..."

Kâzım Paşa, sözlerini tamamlayacak fırsatı bulamamış olmaktan rahatsızlık duydu. Sırası gelmiş veya gelmemiş hiç fark etmeden bütün söyleyeceklerini ortaya koymayı düşündü. Yenilgiye alışmamış bir tavır içinde İsmet'in hassas davranabileceği bütün ihtimalleri bir yana bıraktı:

"Baş olmayı isteyenlerin, başlarından vazgeçmeyi bilmeleri de gerekir. Öyle bir vahşeti etrafa saldınız ki, senin bu tertipte yer almana bir türlü mana veremedim. Yüreğin hiç mi sızlamadı?"

Kâzım Paşa söylediklerinin etkisini artırmak ihtiyacını duydu, tam sırasıymış gibi konuşmasını sürdürdü:

"Tek emre dayanan her devlet zayıftır. Bunu şimdiye kadar hiç fark etmemiş olmanı hayretle karşılıyorum."

İsmet Paşa'nın hasret dediği, Edirne'deki kurmaylık günleriydi. Yüzbaşı Kâzım'la yakın arkadaşlığın bütün hukukunu kullanmayı alışkanlık haline getirmiş ve sıkıntılı günlerin hemen hepsini bu rahat dostluğun sohbetlerinde feraha çıkarmayı başarmıştı. Şimdi Kâzım, eski günlerin hesabını soran birisi gibi karşısına dikilmiş, geçmişin terbiyesinde kendi hakkının teslimini istiyordu. Kâzım'ın sesi, İsmet'in hiç işitmediği kadar dikti:

"Evsafı olandan korkmak yerine onun hizmetinden istifade etmeyi bilmeliyiz. Bir insanın muvaffak olması için iddiası olmasını anlayışla karşılarım. Fakat sizdeki, sabırsız bir zorlamayla liderlik etmek ihtirasına dönüşmüştür."

İsmet Paşa, kendisini böyle bir tartışmanın havasına sokmaya niyetli değildi. Birkaç küçük gönül alıcı cümleyle işi yumuşatmak istedi:

"Seni bu kadar çok özleyeceğimi hiç düşünmemiştim. Bu benim sana yaptığım tek haksızlık. Demek ki, hasretimin ölçüsünü bilmiyormuşum..."

Kâzım Paşa ayağa kalktı. Gitmeye hazırlandığını açıkça belli ediyordu:

"Mevhibe Hanım'a teşekkürlerimi söyle. Hapisteyken evime uğrayıp, cesaret ve sabır telkin etmiş. Bunu yapmak büyük yürek isterdi... Senden yürekliymiş İsmet..."

İsmet Paşa hüzünlendi. Gerçekten Kâzım'ın evine gidip bir iki gönül alıcı sözle cesaret verebilirdi. İsmet Paşa alttan alıyordu:

"Akşama bize gidelim. Mevhibe sevdiğin yemekleri hazırladı."

"Sadece Mevhibe Hanım'a şükranlarımı söyle."

"Estağfurullah!"

Kâzım Paşa bastırdı:

"Başına bir iş gelmeyeceğinden emin misin İsmet? İçeri tıktıklarınız bizim kardeşlerimizdir. Hep aynı yeminin sahipleriyiz. Osmanlı'nın kardeş katlindeki terbiyeden utanarak büyüdük. Şimdi siz, Cumhuriyet'in terbiyesine bu zaafı yeniden kattınız. Korkarım ki bu zaaf, sizi de bir gün, en güçlü sandığınız yerde tökezletecektir."

İsmet Paşa gerildi. Sabırla tahammül arasında gidip gelen bir terazi ibresi gibi sallandı. Geçmişin eski dostuna geleceğin sıcaklığını hissettirmek kadar Cumhuriyet'in hakkını da teslim ettirmek istiyordu:

"Hiç kimse sana olan sevgimi elimden alamaz, Kâzım... Fakat bilmeni istediğim bir şey var: Cumhuriyet'in bekasına tesiri olacak harekette bulunma. Ben, Kel Ali'yi kullanmam, kendim asarım seni..."

Hırpani kılıklı bir adam polis müdürlüğünden içeri girdi. Çevredekiler iki yana çekilip yol verdiler. Birisi koşturup kapıyı açtı; hırpani adamın üniformasını getirip emir bekledi:

"Başkomisere söyle hemen gelsin."

Sonra telefona sarılıp amirini aradı. Sesindeki saygı görülmeye değer bir lezzetteydi. Soluyan bir tazının, burnundaki sürekli titreyişe benzer bir hızla konuşuyor, her kelimenin sonunda burun delikleri, bıyıklarını daha zengin gösteren bir hırsla enine boyuna genişliyordu:

"Hayır efendim, eminim. Bu sefer ihbar doğru... Cenazede istihbarat yaptık. Müsaadenizle baskına geçelim..."

Semih Naci'nin cenazesinde bu hırpani kılıklı adam, acılı bir tahammül sergilemiş, vefası ödenmemiş bir dostun hesabını sorar gibi bağırmıştı:

"Kara Kemal ayıp etti, beyler... İnsan yakınının cenazesinden hiç kaçar mı?"

Sonra, tek tek İştirakiyûnculara başsağlığı dileyip sesine manalı bir vaaz üslubu katmıştı:

"Sonu ölüm de olsa, davadan dönmeyeceğiz..."

Aliye Hanım, Sarraflar Sokağı'na saptı. Kapalıçarşı'nın hafif serinliği içinde, utançlı birisi gibi başını önüne eğmiş yürüyor, çevreden kimseye görünmemek için gösterdiği özen, taşınması ağır bir yük gibi vücudunu aşağı doğru çekiyordu. Bildik bir sarrafın meslek namusuna sığınıp bu sırrı saklayacağı ümidindeydi. Hallaçyan Efendi'nin bir yakını salık vermiş ve emniyet içinde elindekini çıkarabileceğini söylemişti. Kapalıçarşı'nın kemerleri adamı şaşırtır. Bir yolun ucundan hiç istemediğiniz bir yola çıkarsınız. Sonra dönüp yine bilmediğiniz bir sokağın başında bulursunuz kendinizi...

Aliye Hanım, aradığını bulmakta zorluk çekti. Çevredeki birine sormak ihtiyacıyla kıvranıyor, öte yandan bunun getirebileceği bir utanç içinde çökebileceği korkusuyla ne yapacağını şaşırıyordu. Yüreklenip bir kuyumcuya sordu:

"Selanikli Nesim'in dükkânı hangisidir acaba?"

Kuyumcu önce uzun uzun Aliye Hanım'ı seyretti, sonra dükkândaki adama baktı ve sanki hiçbir şey bilmiyormuş gibi öyle sessiz kaldı. Şaşırmış, gelenin kim olduğunu anlayınca, korkuyla sinmişti. Kim bilir daha önce gelseydi nasıl bir itibarla karşılayıp yaltaklanabilirdi. Aliye Hanım'ın terbiyesi, korkusuna ağır bastı:

"Efendi! İnsan nezaketen bir cevap verir, biliyor veya bilmiyor olabilirsiniz. Bunun ayıp tarafı yoktur. Ama bu tavrınızın terbiyede yeri yoktur, biliniz..."

Aliye Hanım, dükkândan hışımla çıktı. Geride ne bıraktığının farkında değildi. Kuyumcu bir süre daha sessiz kaldı. İçerdeki adam sesini yükseltti:

"Tanıdın mı?"

Kuyumcu cevap vermedi. Yanlış bir şey söylemek korkusu yüreğini adamakıllı sıkmış, adeta nefes almasına imkân vermemişti. İçerdeki adam sözünü tamamladı:

"Bir zamanlar istibdadın geliniydi. Sonra Meşrutiyet'e nikâh kıydı... Bir ara Cumhuriyet'e göz kırptı, ama nafile..."

Kuyumcu ilk defa rahat bir nefes aldı:

"Hanımefendi Cavid Bey'in refikalarıdır. Müdafaai Hukuk'ta bir kere kendisinden söz açılmıştı. Hakikaten güzelliği kadar terbiyesi de aşikâr..."

İkindi ezanı okundu. Esnafın çoğu, dükkânlarını kapatmış camiye doğru gidiyorlardı. Kuyumcu, Aliye Hanım'ı tekrar gördü, yanaştı:

"Hanımefendi! Lütfen affediniz, maksadım terbiyesizlik etmek değildi. Cahilliğime veriniz. Dükkândaki adama güvenemedim. Malum, herkes tetikte şimdi..."

Aliye Hanım, bu pahayı hak etmek için katlandığı sıkıntılı günleri ve arkasından gelen tatlı hayatı hatırladı. Henüz çocukluğunu bile kavrayamadığı bir günde babası elinden tutup saraya götürmüştü. Bahar çiçeklerinin yeni filizler vermeye başladığı ılık bir ikindi vaktiydi. İri çınarların gölgelediği yolu yürüyerek geçip sarayın kapısına varmışlardı. İçerden bir süslü payton geliyordu. Kenara çekilip yol verdiler. Muhafızlar koşuşmuş, bu küçük çocukla babasını biraz itelemişlerdi. Paytoncu, meşin kırbacı yağız atların sağrısında keyifli bir delikanlı rahatlığıyla şaklatıyor, sonra bu sevimsiz sesin çığlığında, gururla verdiği hizmetinin takdirini bekleyen bir ihtiyaç içinde kıvranıyordu.

Gök mavi, etraf yeşildi...

Kandilli tepelerinden İstanbul, her zaman bu kadar sevimli görünmez. Güneş koca bir yuvarlak halinde ışıklarını Boğaz'ın sularına dökmüş, kıpırtılı denizin üzerinde her an çılgınlıklar yapmaya meraklı bir kadın gibi oynaşıp duruyordu. Bu gözalıcı güzellikte, istense de kolay fark edilmeyen bir hüzün, bir sabır, hatta ayıplı bir korku vardı.

Bu korku, tepelerden, ağaçlardan, sulardan önce yükselip başını kaldırmış, sonra el ele vererek tek bir güç halinde Adile Sultan Sarayı'nın iri gövdeli ağaçlarına asılmıştı. Uzun yolu yürüyen herkesin, dallardan sarkan bu korkulu histen kendini sıyırması imkânsızdı. Küçük kız, bütün korkular sadece kendi başına düşecekmiş gibi sinmiş, ikiye katlanmış gibi eğilmişti. Babasının elini sımsıkı tutmuş, bütün heyecanlarını bu terli avucun içine hapsetmişti. Birden paytondaki delikanlının yüzünü gördü. Bu çehre, ürküntüsünü alıp götürdü. Hülyalı bakışlarla süslemeye çalıştığı yüzünde, sinik bir sevimlilik ile açık seçik bir melankoli delikanlıyı güvenilir birisi gibi kolayca kabul ettiriyordu.

Baba kız, yan kapılardan birinin önüne doğru itildiler. Baba, bir an evvel aradığını görmek isteği içinde telaşlı hareketlerle ne yapacağını şaşırmış gibiydi. Küçük merdivenlerden sonra koca bir salona girdiler. Acemi gözlerin heyecanıyla etrafı seyrettiler. Küçük kız ömründe görmediği bir genişlik içinde buldu kendisini. Babasının elini bırakıp boy aynasına doğru koştu. Uzun ve memnun bakışlarla vücudunu seyretti. Gelişmeye yüz tutmuş bu bedeninin içindeki sevimli çocukluk, kim bilir nasıl bir talihle serpilip, kime yâr olacaktı. Hülyalı bakışlarla yüzünü süslemeye çalışan delikanlının güven veren sevimliliğini hatırladı. Sanki o melankolik gözler, serpilip gelişmeyi hemen istiyormuş gibi, bütün gücüyle küçük kızın üzerinde yoğunlaşmıştı.

Teşrifatçının elini öptüler. Önce babası eğilip iri siyah eli dudaklarına götürdü, bir süre öyle eğik durdu ve başını kaldırmadan geri çekildi; sonra küçük kız babasının yaptığını tekrarladı ve başını kaldırıp teşrifatçıya baktı. Bu yüzün hışmına uğramaktan korktu...

Harem kıdemlisini içeri çağırdılar. Kalfa kadının ilk bakışta malını anlayan tecrübesi vardı. Küçük kızı elinden tutup kapının kenarına götürdü. Teşrifatçı bir küçük keseyi babasına teslim etti:

"Seninle işimiz bitti Hüseyin Efendi. Bir daha buralarda görünme. Kızın, talihliymiş..."

Babasının geri geri gidişinde bir hüzün, bir umut, bir teselli vardı, ama gözlerinde aradığı hasreti, sevgiyi bulmakta zorluk çekti... Teşrifatçı seyrediyordu. Hayretle seyrettiği yüz kendine yaklaşıyordu. Sert çehrenin hatlarında hiçbir değişiklik yoktu. Sesi, haksız bir hüküm tebliğ eder gibi ayıplıydı:

"Çerkez soyundandır, haris ve sert olurlar... Adını, Aliye Nazlıyâr koyalım."

Aliye Hanım rahattı. Yoluna devem etti. Babıâli'ye karanlık çökmek üzereydi. Paytondaki melankolik yüzü hatırladı; her zaman sıcak ve cömertti. O yüz, ilk gerdeğinde, hatlarından hiçbirini değiştirmeden bütün yumuşaklığını korumuş ve bunu en saygılı biçimleriyle daima hissettirmişti. O hatırda bugün, Aliye Hanım'ın, eliaçık bir şehzadeye duyulan şükranları da gizliydi. Çantasında, Şehzade Burhaneddin Efendi'nin gerdanlığına biçilmiş pahanın ağırlığı vardı. Akşama Osman Şiar'ın yeni elbiseli fotoğrafını çektirecek ve Ankara'ya yollayacaktı. Nuruosmaniye Kapısı'nda iki zabıta bir kadını köşeye sıkıştırmış hırpalıyordu. Kadının çarşafı başından sıyrılmış, sert bir elin çektiği elbisesi yırtılmış, göğsü görünüyordu. Utanç, yüzüne istemediği bir renk vermiş, gergin derinin hatlarına sinmişti. Kadının sesi yüksekti:

"Çalmadım efendiler, sadece istedim."

Zabıtanın biri elini kaldırdı, bütün şiddetiyle kadının yüzüne indirdi. Burnundan kan boşandı; boynundan göğüslerine doğru kaydı ve orada durdu. Kadın hiçbir acı duymamış gibi direniyordu:

"Sadece yalvardım, birkaç dilim versin diye..."

"Pis orospu! Sus..."

"Ayıptır efendi. Ben şehit karısıyım. Hakkım seninkinden büyüktür."

Zabıtanın eli yine havadaydı. Aliye Hanım son gücünü kullandı:

"Dokunma o kadına!"

Zabıta durdu. Bu iyi giyimli kadının, hatırlı bir Cumhuriyetçi ailesi olabileceği endişesiyle geri çekildi. Hareketini haklı gösterecek bir şey bulmak istiyordu:

"Çalarken yakaladık."

Kadın yerinden fırladı:

"Yalan söylüyor. Hâşâ! Elimi harama hiç sürmedim. Çoluk çocuk açız sadece..."

Yavaşça zabıtaya yaklaştı. Gözlerinin içine derin bir nefretle baktı:

"Kara Kemal kadar bile olamadınız. Onun iaşeciliğinde hiç olmazsa kocam eve tayın getirirdi, kavurma getirirdi..."

Aliye Hanım, birine arka çıkmanın verdiği huzuru hissediyor, bu saadet veren tesadüf içinde işin tadına varacak rahatlığın yokluğuna esef ediyordu. Mendilini çıkarıp kadının yüzündeki kanı sildi. Çantasını açtı, Şehzade Burhaneddin Efendi mirasının bir bölümünü saymadan çekip çıkarıp, kadına uzattı:

"Bununla çocuklarınıza güzel elbiseler alınız lütfen..."

VI

"Aynı türün bireyleri her bakımdan
birbirleriyle sıkı bir yarışa girdikleri
için, en zor yaşama mücadelesi,
onlar arasında olacaktır."

Charles Darwin / *Darwin Kuramı*
(çev. Cem Taylan)

Sofrayı Çankaya'da kurdular...

Gazi, pantolonunu dizlerine kadar sıyırmış, çoraplarını çıkarıp ayakkabılarının içine tıkıştırmıştı. Havuzun kenarına oturmak istedi. Koşup bir yastık getirdiler. Oturdu, ayaklarını suya soktu. Derin, biraz da hayran gözlerle ayaklarını seyrediyor, serin suyun içinde parmaklarını oynatarak hoşuna giden dalgalar yaratmış bir mutlu çocuk gibi sevinçler gösteriyordu. Masanın etrafına dizilmiş misafirlerini uzun süre seyretti. Hepsinin çehresinde yalnızlık korkusu görüyordu. Bu korkunun, insanı nasıl yiyip bitirdiğini acı anılarla yaşamış ve adamı pis bir panik içinde aşağılara çekip götürdüğünü fark etmişti. Gazi'nin bakışlarını kestirmek imkânsızdı. Yumuşak baktığına inandığınız anda umulmayan bir hızla parlayıp, etrafına şiddet gösterir, bazen de en sert sandığınız dehşetin içine, şaşırtıcı bir incelik katarak insanları rahatlatırdı. Anlaşılan Gazi, böyle davranmaktan hoşlanıyordu. Sessizlik, herkeste bir huzursuzluk yaratmış, sonunun nasıl biteceği kestirilmeyen bir korkuya dönüşmüştü.

Gazi, ayaklarını sudan çıkardı. Yalınayak çimenlerin üzerinden yürüyerek masanın başına geçti. İlk kadehi kaldırdı; bir süre havada tutup herkesi seyretti ve sonuna kadar içti. Gözleri, bir mavi buğu gibi etrafına baktı ve sonra Nuri Conker'in üzerinde yoğunlaştı. O buğu, bir hüzün damlası gibi birikip göz çukurlarını doldurdu:

"Yonyo'daki gibi içelim Nuri, bir sen, bir ben. Erken pes eden hesabı ödesin."

Nuri Conker, Gazi'nin gözlerindeki ne dehşetten korkan, ne de şefkatten medet uman bir ilgisizlik içindeydi. Bu başıboş vermişlik, herkesi kıskandıran bir cesarete dönüşmüş, hatta, sınırı tayin edilemeyen bir patavatsızlık halini almıştı. Kadehini doldurup başına dikti:

"Ben sıramı savdım Paşam! Şimdi Fethi ile Ali Fuad olmalıydı ki, Yonyo'daki oyun tamam olsun."

Sofraya bir başka korku daha geldi. Gazi'nin birden parlayarak bu densizi azarlayacağı bekleniyordu. Bu bekleyişte, birinin açmaza düştüğünde duyulan mutluluğun sinsi sabrı vardı. Gazi, ayağa kalktı. Kudreti elinde tutanın yumruğu serttir:

"Sofrayı dağıtın!"

Nuri Conker'e döndü:

"Arada bir insanları, bekleyişlerinin dışındaki noktalara götürmek gerekir. Bunu Ali Fuad'dan öğrenmiştim."

Boş bir şey söylemiş gibi rahatsız oldu. Derdini anlatacak kadar yakın hissettiği bir dostuna bu sıkıntısını teklifsizce aktarmak istedi:

"Nuri, gel seninle dertleşelim!.."

Bahçeye çıktılar. Gözlerindeki o mavi nem inatla olduğu yerde duruyordu. Önünde boz bir Ankara akşamı uzanıp serilmişti. Akşam sıcak ve kuruydu. Gazi'nin içi kavruluyordu:

"İkisini de çok özledim, Nuri."

"Rahatla! Ne anlatırsan anlat seni sonuna kadar dinlerim."

Gazi, rahatlamak istiyor, ancak nereden başlayacağını kestiremiyordu. Yonyo'nun gazinosunda birlikte içtikleri dostları artık yanında yoktu. Başarıya varınca yolların ayrılacağını önceden görmüştü, ama bu yolların böyle bölük pörçük hale gelmesinde kendi payının da önemli olduğunu hissediyordu. Hepsi bir bir dağılıp gitmişlerdi.

"Tabiat boşluktan nefret eder" diye düşündü. Şimdi etrafını saran bu kalabalık, boşluğa tahammülü olmayan tabiatın bir teselli gibi doldurduğu haksızlıktı. Gazi, eskilerden kimsenin kalmadığı etrafında dostlarını arıyordu. Ali Fuad , İzmir'de paçayı kurtarmıştı, ama dostlukları hayli yıpranmış, adeta lime lime dağılmıştı. Bu netameli macera aralarında kapanmaz bir yara gibiydi. Kabuğu her kaşındığında, altından kanla irinin karışık çirkinliğindeki renk kendini daima gösterecekti.

Nuri Conker, hayretle Gazi'yi seyrediyordu. "Bu kanla irinin acı rengini ilk gören Gazi'nin kendisi olmalı" diye düşündü. Bir kadeh rakıyı beraberinde getirmişti. Uzattı:

"İç Paşam ! Sıra senindi."

Gazi içindeki her şeyi anlatmak istiyor, fakat bir gurur kıskacıyla kelimeler ağzından çıkmıyordu. Kadehi alıp yarısını içti; kalanı Conker'e uzattı. Kıskaç gevşemiş, birkaç kelime usulca sıvışan kurnaz çocuklar gibi dudaklarından dökülmüştü:

"Paşaları sırf Ali Fuad için affettirdim..."

Ali Fuad'ın yüzüsuyu hürmetine kurtulan paşalar gerçekten bir vefanın nekes bahşişi gibi değersiz miydi ? Ya da onca paşayı affettirecek kadar Ali Fuad değerli miydi ? Gazi, Ali Fuad'ın pahalı olduğu günleri hatırladı. Ölümün burnunun dibinde soluduğu facia günlerinde Ali Fuad'la tehlikeli macera heyecanlarını paylaşır, sonra kendilerini tutamayıp, katılarak gülerlerdi:

"Nuri, biliyor musun, beni rakıya Ali Fuad alıştırdı."

"Biliyorum, Paşam ! Büyükada'daymışsınız. Çabuk sarhoş olmuşsun; sonra Ali Fuad'a sarılıp 'Adamın şair olası geliyor' demişsin. Üstelik oturup ağlamışsın."

Nuri Conker, istediği kıvamın yaklaştığını fark etti. Bu kıvamı kaçırmak istemiyordu:

"Ali Fuad'ı gidip görsene Paşam!"

"Ankara'da değil ki!.."

"Öyleyse İstanbul'a git."

"Saçmalama Nuri!"

"Demek ki, vicdanın hâlâ rahat değil Mustafa..."

Bir sessizlik oldu. Bahçenin üzerine basmış sıcak ve kuru hava ağırlığını bütün ölçüleriyle hissettirdi. Gazi, gömleğinin düğmelerini çözdü; göğsünde serin bir rüzgâr istiyordu. Belli ki, o rüzgâr bu akşam çıkmayacaktı.

Nuri Conker sessizliği bozdu:

"Tadı kalmadı bu akşamların artık... Ben evime gidiyorum."

Elindeki yarım kadeh rakıyı Gazi'nin eline tutuşturdu. Sesi, çocukluk günlerinin eski şakacı ve sevinçli tonlarını bir yana atmış, mat ve dengeli bir çığlığa dönüşmüştü:

"Dediğimi unutma Mustafa! Üzerinde Ali Fuad'ın hakkı vardır, emeği vardır..."

Gazi, Nuri'ye hak veriyordu. Ali Fuad'la geçmişleri zengin ve renkliydi. Gazi'nin de Ali Fuad üzerinde hakkı vardı, emeği vardı. İnsan emeğine, hakkına sahip çıkmayı bilmeliydi.

"Dur! Gitme, burada kal bu gece. Dertleşmeye ihtiyacım var."

İttihat ve Terakki'ye katıldığı gece duyduğu gurur ve hazzı hatırladı. Toplantıdan sonra Olympos Gazinosu'nda Ali Fuad'la doyasıya içmişlerdi. Ona, ince hayallerini sert sesle aktarmış ve İttihat ve Terakki'nin bir ordu gibi gidip iktidara elkoyması gerektiğini anlatmıştı. Gerekirse parti, bir ihtilal yapıp saltanatı müstebidin elinden almalıydı. Gazi, kendini bu iş için biçilmiş kaftan görmüş ve bu hoyrat hazzı açıkça ifade etmişti:

"Parti, gidip iktidar olmalıdır. Ben bunu yapacağım. Benimle var mısın Fuad?"

Gazi'nin, Ali Fuad'dan başka kimsesi yoktu. Bu haz birkaç hafta sürmüş, İttihatçı kinini davet edecek kadar hızla kılık değiştirmiş, hatta bir gözü pek fedai, Gazi'nin içine ölüm korkusu bile getirmişti. İttihat ve Terakki'nin namlusu karşısındaymış gibi titredi:

"Yakub Cemil'i sever miydin, Nuri?"

"Ben severdim!"

"Ben de!"

"Sen de mi?"

"Biliyor musun Nuri, Yakub Cemil isteseydi, Selanik'i bana zindan ederdi..."

Selanik!..

Kıyısından köşesinden geçmiş hiçbir İttihatçı yoktur ki, bu isimle titremesin! Gazi, Selanik akşamlarından hep hüzün kapmıştı. Her hatıra, bu hüznü bir yeni şekle sokup karşısına çıkarıyor, tam alıştığı sırada, bir yeni yüzle görünüp bir başka hüznün kapısını açıyordu.

Yakub Cemil karşısındaydı. Önce korkuyla karşılamış, sonra içinin ısındığını fark etmişti. Başka şartlarda sevmesine imkân görmediği bu fedaiye şimdi sıcak bir ilgi duyuyor, hatta ölçüsünü artırabileceği bir yakınlık hissiyle saygı göstermesi gerektiğini fark ediyordu.

Yakub Cemil, doğrudan konuya girmiş ve Mustafa Kemal'i "tetikte durmaya" davet etmişti. İttihat ve Terakki'nin her emrini gözünü kırpmadan yerine getiren bu güler yüzlü cellat, soğukkanlı bir sesle konuşmuştu:

"Seni öldürmek için bana ve Hüsrev Sami'ye emir verdiler. İkimiz de reddettik."

Mustafa Kemal, Yakub Cemil'in sesindeki sadelikten ürktü. Gerçekten ölüm burnunun dibinde duruyordu. Hoyrat fedai, uysal bir çocuk gibi çömelmiş sakin bir sesle hatıra anlatır gibi konuşuyordu:

"Sende dinmek bilmeyen bir yükselme hırsı var. Bu hırs, sonunu getirebilir. Galiba Enver'in dediği doğru, gözün hiçbir şeyle doymuyor, Mustafa..."

Yakub Cemil'in son sözlerinde bir samimi ikaz itinası kadar, gıpta hissi de dikkati çekiyordu:

"Kim senden korkuyorsa, sen ondan daha çok korkmalısın. Teşkilatı Mahsusa'da öğrendiğim tek doğru şey bu oldu. Doktor Nâzım, ne kadar azılı mahpus varsa hepsini Teşkilat'a alırken sinmiş korkularla, açık hayranlıkları arayıp durdu. Doktor, kullanacağı kumaşı avucunda okşamaya meraklıdır."

Gazi, tek bir hareket göstermeksizin dinliyordu. Sonuna kadar sessiz kalıp, bir sevgi gösterisiyle ağzı açılmış bu sır küpünün içindekileri bilmek istiyordu. Yakub Cemil, ayağını denk atacağı noktayı iyi öğrenmişti. Sözlerini tamamlamak ihtiyacını duydu:

"Halil ile Abdülkadir'e dikkat et. Bu vazifeyi onlar üstlendi. Halil, gürültülü fakat zayıftır, kolay boyun eğer. Abdülkadir sessiz ama serttir. Doktor'un seçtiği kumaştır. Parmağın hep tetikte olsun, köşeleri açıktan dolaş, Mustafa."

Halil'i gerçekten iyi tanıyordu. Böyle bir cinayeti üstleneceğine ihtimal vermemişti, ama Enver'in amcasıydı ve yakışıklı seraskerin her emrine itaat etmeyi meslekî meziyet haline getirmişti. Abdülkadir ise, ürkülecek birisiydi. İki gazeteci vurmuştu. Hasan Fehmi ile Ahmed Samim'in kanı, bu gözü kara valinin eliyle akmıştı.

Yakub Cemil'in ikazı doğru çıkmış, Mustafa Kemal, açıktan dolaştığı bir köşenin başında iki gölge görüp silahına davranmıştı. Karanlık, kurşun sesi gibi tiz ve haindi...

Gazi Paşa, bu hatıraları yarı hüzünlü bir sevinç gibi hep canlı tutmuştu. Halil şimdi sofrasında yumuşak başlı bir yandaştı, ama Abdülkadir'in Ankara valisi olduğu gün gözlerindeki sertlik ve dik başlılık, hiç değişmeden Mustafa Kemal'e bakmış durmuştu.

O bakışı hâlâ üzerinde hissediyordu. Titredi. Bu titreyiş yüreğini burdu. Kimsenin görmesini istemediği bir ayıbı varmış gibi korunmak istedi. Nuri kendisine bakıyordu. Gazi, vakti tayin edecek yere gelmişti ve tayin etti:

"Haydi git evine Nuri. İşin tadını gerçekten kaçırdık galiba..."

Mevhibe Hanım, kendi pişirdiği kahvesini Paşası'na sundu; yanı başına oturdu:

"Sıkıntılı bir haliniz var, Paşam!"

"Yorgunum!"

"Sayenizde çok gördüm, geçirdim Paşam; yorgunlukla sıkıntıyı fark edecek tecrübedeyim."

Paşa, kahvesinin ilk yudumunu aldı. Yüzünün bütün hatları gerginliğini koruyor, bu gerginlik, bir vicdan ve ahlak düsturunu kaybetmiş gibi çıkık alnının ince derisini terletiyordu. Mevhibe Hanım, şuuraltına itilmiş bir kaçışın paniğe dönüşmesinden kuşkuluydu. Sıkıntılı bir hayatı sürdürmek, şüphe içerisinde yaşamak, en dayanıklı dediğimiz insanları bile güvensizlik hissiyle yıkabilirdi. Hayat üstünkörü bakılmayacak kadar acı geçmişti. Mevhibe Hanım, Paşası'nın katlandığı bütün sıkıntıları paylaşmış, hatta çoğunu tek başına üstlenmişti. Şimdi, bir hiç uğruna her şeyin yok olup gitmesine razı olamazdı. Gerekirse Paşası'nın yakasına sarılıp, "Bizi böyle bırakamazsın; biz buraya öyle kolay gelmedik; sen sıkıntılar içindeyken, biz acılarla kıvranıyorduk; ama hep arkandaydık. Şimdi de yalnız değilsin, bir ailen var" diye haykırabilirdi.

Mevhibe Hanım, Paşası'nı iyi tanıyordu. İnatçıydı... Bu zaafını, "ısrarcı" gibi göstermeyi başarıyordu ama, bu üstünlük iddiası birdenbire ani ve tehlikeli kin duygularına dönüşebilirdi. Menfaatleri kesin olarak çatışmadığı sürece ufak tefek tavizler vermenin ne sakıncası olabilirdi? Bu teşhisini Paşası'na söylemenin tam sırasıydı:

"Aslî bağlarınızı hiç kaybetmeyiniz Paşam. Buna hem siz, hem biz muhtacız."

Paşa bir sigara yaktı, derin bir nefes çekip küçük salonun ortasına doğru savurdu. Duman, ölgün ışıklar altında uzun ve yumuşak bir konu gibi uzadı, sonra sevimli bir dağınıklık içinde yayılıp mütevazı eşyanın üzerine çöktü. Paşa, uzun süredir kafasını dolduran sıkıntıların özetini vermek ihtiyacını duydu:

"Olanlardan rahatsızım, fakat inzivaya çekilmeyecek kadar da vasıflıyım."

"Elbette Paşam. Elbette!.."

Paşa'nın sıkıntısı kolay giderilecek cinsten değildi. Bir gayya kuyusu açılmış, meraklı meraksız herkesi başına toplamıştı. Biri, diğerini aşağı itmek için ilk fırsatın doğacağı anı bekliyordu. Pislik, alıp başını yürümüştü. Güvenler, sevgiler kaybolmuş, yerini, ayağa düşmüş bir tıynet pazarına bırakmıştı. Sevdikleri farklı yakalara geçmiş, birbirlerine ters duygularla bakıyorlardı. Arada bir bu derin uçurumu kapatacak köprü gibi uzanmak istiyor, sonra üzerine basıp geçeceklerin, bir daha geriye dönmeyeceği korkusu içinde bu görevi yüklenmekten uzak kalmaya çalışıyordu. Yalnızlık korkusunun gücü, kim olursa olsun eteğine yapışıp avını kaçınılması imkânsız bir girdabın içine çekebilirdi. Paşa böyle bir köprüyü kurmayı düşünmüş, dehşete düşmüş gibi titremişti. Kendisini yalnızlıktan koruyacak bir sığınağa ihtiyacı vardı. Hislerini gizleyemiyor, aklından geçenlerin hepsini, Mevhibe Hanım ilk bakışta okuyordu. Mevhibe Hanım'ın sesindeki uysallık, Paşası'nın hoşuna gidiyordu:

"Her insan, kendisiyle aynı kaderi paylaşan bir arkadaş arar. Allaha şükür ki siz, Gazi Paşa'yla aynı kaderin cennetindesiniz."

Paşa, Mevhibe Hanım'ın terbiyeli üslubundaki korkulu sezişleri fark etmişti. Aynı kaderin cennetinde olmak güzeldi ama, gayya kuyusunun etrafında ak maskelerle gizlenmiş kara yüzlerin nasıl bir cehennem yaratmaya hazır olduklarını çok iyi biliyordu. Çevredekiler de boş değildi. İnsanın içinde neler kıpırdadığını kolay kestiren bir meziyete sahiptiler. İttihatçı görgüsünden aldıkları tuzak terbiyesi her tertibin kalıbına kolayca uyacak noktaya gelmişti. Her biri kaynatılmış mum gibi gevşemiş, dökülece ği kabın şekline, vurulacak mührün hükmüne boyun eğmeye hazır hale gelmişti. Gazi'nin kesin itaat istediği aşikârdı. İstediğinin üzerine mührünü vuruyor, dik durmak isteyen çıkarsa deviriyordu. Sıranın kime geleceğini kestirmek imkânsızdı. Kâzım'ın, Fethi'nin, Rauf'un, hele Ali Fuad'ın gittiği yere, İsmet'in de yolu sapabilirdi. Her ihtimal, İsmet'te bir endişe halini almıştı.

Böyle bir endişeden kurtulmanın ilk yolu belki boyun eğmek ve Gazi'nin lütfuna sığınmak olabilirdi. Böyle bir çare, kendi güçsüzlüğüne ve önemsizliğine dönüşecek diye derin korkular içindeydi.

"Bugün Gazi'yle münakaşa ettim."

Mevhibe Hanım'ın yüreği titredi. Şimdi kötü günler yaşanıyordu. İnsanoğlu ayağa düşmüş, herkesi suçlayarak önünü açmaya çalışıyordu. Gazi Paşa'nın itaatsizlik fikriyle itham edilen her şeye karşı şiddet gösterdiğini yakından görmüştü:

"Sıkıntınız bu mudur Paşam?"

İsmet Paşa bu yaştan sonra karısına yalan söyleyecek değildi:

"Hayır!"

Bir sessizlik daha başladı. Mevhibe Hanım ile Paşası bir süre öyle kaldılar. Paşa, konuyu bir başka yöne aktarıp, kendi derdine kendi çaresini bulacağı zaman arıyordu:

"Bugün Kâzım'la görüştüm. Öyle özlemişim ki... Gözlerini öptüm. Bana kırgın olduğunu hissettim. Üstelik gözümü de korkutmak istedi."

"Kâzım Paşa sizi kardeşi gibi sever."

"Bana, 'Kendinden emin misin?' diye telaşlar gösterdi."

Mevhibe Hanım, yüreğini sıkan korkuların bir yakını tarafından söylenmiş olmasından rahatsızlık duydu. Kâzım Paşa'nın İsmet'e böyle bir ikazda bulunmasının mutlaka bir sebebi olmalıydı. Kâzım Paşa'ya saygısı büyüktü. Onun, ince imalı sözlerle büyük şeyler söylemeye meraklı birisi olduğunu biliyordu. Çocuklarla bile böyle bir üslup içinde konuşurdu. Gazi'nin nikâh şahitliğini yapan Kâzım Paşa, Mevhibe Hanım'ın yanında Latife Hanım'a "Kızım huzurun asıl kaynağı evdedir. Erkeğin sert adamdır. Sende hırçın bir tabiat görüyorum. Eğer Gazi'ye boyun eğmezsen, ne sende, ne bizde huzur kalır. Kendine örnek arıyorsan Mevhibe Hanım'a bak. Ben Mevhibe'deki bu saadet serinliğini hep gıpta ile seyrederim" demiş ve Mevhibe Hanım'a da bir nasihatte bulunmuştu: "İsmet'i iyi tanırım. Evinde huzuru varsa, dünyayı yıksalar başına, mutlaka bir yerden bir yol bulup tekrar gösterir gövdesini..." Şimdi İsmet'in dünyası mı yıkılıyordu yoksa? İsmet yıkılmış da, başını kaldıracak bir yol mu arıyordu? Mevhibe Hanım, "Lafı uzatmanın manası yok" diye düşündü. Sesi, en yumuşak yerinden titredi:

"Kendinizden eminsiniz değil mi, Paşam?"

İsmet Paşa, Mevhibe Hanım'ın yüzünü avuçladı, yukarı kaldırdı; gözlerindeki açık renkli şefkati seyretti... "Koca adamların bile şefkate ihtiyacı vardır" diye düşündü. Eğilip alnından öptü. Mevhibe'nin gözleri boşaldı, utanmış gibi başını eğdi, Paşası'nın elini yüzüne sürdü ve saygıyla öptü. Dudakları, söyleyemediği her şeyi bir anda Paşası'nın yüreğine boşaltmış gibi rahatladı... İsmet Paşa ayağa kalktı. Garp Cephesi komutanı dimdikti ve tekmil alıyormuş gibi esas duruştaydı:

"Ben hep Cumhuriyet'ten yana oldum. Hiç gözümü kırpmadan..."

Mevhibe'nin yüzü hâlâ elini ısıtıyordu. O eli tutup yukarı çekti, gözlerine en derin şekliyle baktı:

"Bizim akıbetimiz Cumhuriyet'tedir. Başka hangi rejim gelirse gelsin bana hayat hakkı tanımaz. Ben Cumhuriyet'e sahip çıkmaya mecburum. Başka çarem yok. Ben çaresiz kalamam..."

Kel Ali'nin yüzü gülüyördu. Gazi Paşa'nın iltifatlarıyla bütün endişesi kaybolmuş bir tüy gibi hafiflemişti. Çankaya'nın merdivenleri uzun ve geniştir. Her defasında bu merdivenlerden sekerek inerdi. Kapıda Salih Bozok'la karşılaştı. Şapkasını çıkardı, selamladı. Sonra hareketinden utanmış gibi yanına gidip kucaklaştı:

"Gazi'nin keyfi yerine geldi, Salih."

"Senin de korkun kaybolmuş. Baksana gözlerinin içi gülüyor. Bu kahkahayla artık her hükmü verirsin."

Kel Ali, usta bir pişkinlikle bu imayı duymazlıktan geldi. Şimdi kimseyle çatışmanın sırası değildi. Salih, yavaş yavaş palazlanmaya başlamış ve Gazi'nin gözüne girmişti. En yakın sırlarına vâkıftı: Salih'e yakın olmakta fayda vardı. Sesinin alttan alan tavrında pusuyu bekleyen tilki kurnazlığı gizliydi:

"Gel seninle biraz gezelim Salih, eski günleri yâd ederiz."

Salih Bey, şaşırdı. Kel Ali'nin böyle bir teklifte bulunacağını hiç ihtimal vermemişti. Eski günleri yâd etmenin bir ihtiyaç olduğunu hissediyor; ancak dertleşecek kimsenin yokluğundan yakınıyordu. Bu fırsatı kaçırmak istemedi. Fakat görevinin zorluğu üzerine basmıştı. Böyle bir günde Gazi'yi kızdırmanın hiç âlemi yoktu:

"İyi olurdu ama, birazdan Gazi Paşa'nın misafiri gelecekler. Paşa bekliyor."

Kel Ali fırsatı kaçırmadı:

"Olsun, beklerim! Spora gideriz."

Talihin insana ne zaman güleceği hiç belli olmaz... Misafiri getiren Mercedes önlerinde durdu. Salih Bey, koşarak kapıyı açtı. Kel Ali kenara çekilip şapkasını çıkardı ve Gazi Paşa'ya yakın bu güzel kadının önünde saygılı bir şekilde başını eğdi. Sanki bir hünkâr haremine bakmaktan korkarmış gibi başını öylece eğik tuttu. Akşam güneşi, en kızıl rengiyle bu başta yansıdı; sonra rahatsız olmuş gibi yeşillerin üzerine doğru koşuştu. Salih Bey, misafirin elini tutup inmesine yardım etti, merdivenlerden yukarı çıkardı.

"Aman Yarabbi! Ne kadar da Fikriye'ye benziyor" diye düşündü. Fikriye'nin Çankaya'ya gelişlerinde Salih Bey, Gazi'nin bu sevdalı güzelini derin bir hoşgörüyle karşılardı. Fikriye, sanki al ipekten bir gelin bohçası taşıyormuş gibi itinalı bir tecrübe içinde hep gülerdi. Fikriye'nin sarı saçları, kırmızı elbise üzerinde düğün telleri gibi dağılmış, kendini rüzgâra bırakmıştı. Salih Bey, bu hatıranın yarattığı lezzetli telaş içinde şaşırdı. Hangi yüze baksa bir Fikriye hasreti hissediyordu:

"Hoş geldiniz Fikriye Hanım. Gazi Paşa Hazretleri teşrifinizi bekliyorlardı."

Hatırlı misafir, genç yaşta gün görmüş bir edayla güldü; merdiven başında Salih Bey'in elini bıraktı:

"Daha fazlasını zahmet etmeyiniz Salih Bey. Gidebilirsiniz! Paşama kendimi ben takdim ederim."

Salih Bey, Kel Ali'nin arabasına bindi. İkisi de koltuklara yayıldılar. Kel Ali şapkasını giydi. Gazi Paşa'nın bu sırrına vâkıf olmuş gibi gururluydu. Şoförüne seslendi:

"Bağlara doğru gidelim!"

Akşamın yorgun ışıklarında yeşilin rengi koyulaşıp katrana döner. Siyah bir kor gibi insana korku ve ateş bastırır. Çankaya'dan ayrılınca bu kor, suya düşmüş gibi ikisinin de yüreğine serinlik getirdi.

Mercedes, Ayıcı Arif'in evinin önünden geçiyordu. Kel Ali, eliyle şoförün omuzuna dokunup arabayı durdurdu. Öbür ağaçların arkasına sığınmış bu ak yüzlü konağın bütün pancurları örtülmüş, ayıplı bir içe kapanışla siyaha dönüşmüştü. Havuzun fıskiyesi kırılmış, başıboş akan su, yolları çamura çevirmişti. Dalların diri yeşilliğine rağmen, etraf sanki bin yıl süren bir kızarıklık sarmış gibi bitkindi. Asmalardaki iri salkımlar koruktu...

Kel Ali yüzünü ekşitti.

Bu çardağın altına toplanıp Ayıcı Arif'in sohbetlerini dinlemekten ne kadar mutlu olur, nasıl bir güleç yüzle evine dönerdi. Ayıcı'nın yürekli bir tarafı vardı. Bu yüreği hep kıskanmıştı. Bu yürek, gözü peklikten, vurup kırmaktan çok farklı bir cesaretin meclisiydi. Ayıcı Arif, Gazi'yi yakından tanımanın getirdiği gençlik maceralarının her birini sanki iştirâk etmiş gibi yayarak anlatır, bu nadir hatıraların heyecanına sahip tek kişi gibi görünmekten gurur duyardı. Gazi'nin hoş gördüğü bu cesaret, bir gün bütün talihini kaybedivermişti.

Ayıcı'nın ölüm emrini verdiği zaman aklına bir türlü gelmeyen anılar, şimdi olanca hızıyla Kel Ali'nin iri kafasının içini doldurmuş ve tek bir boş nokta bırakmamıştı.

Salih Bey, sessizliği bozdu:

"Sen kırlangıçların yolunu şaşırıp nasıl düştüklerini hiç gördün mü?"

"Kırlangıçlar mı? Ne alakası var şimdi bunun?"

Salih Bey'in sesi hatıra anlatmaya müsaitti. Kelimeleri istediği sertlik veya yumuşaklık içine sokmakta üstün bir beceri sahibiydi:

“Selanik’in kırlangıçları biraz iri olur... Körfezden tepelere doğru uçarken gelip konak çatılarına konarlar. Alatini Köşkü’nün çatısında yüzlerce kırlangıç dinlenirdi. Birinin düşüşünü seyrettim. Sabırsızdı. Hepsinin önüne geçmek, kendini göstermek istiyordu. Geridekiler kanatlarını çırpınca, aralarında ezildi.”

Kel Ali şaşkınlık içindeydi. Salih Bey, karşısındakinin dinleyip dinlemediğini önemsemeyen bir tavır içindeydi, ama Kel Ali’nin tek bir kelimeyi kaçırmadan bütün dikkatini bu sözlere verdiğinden emindi. Övünmek ihtiyacı duydu:

“Ben ilk dersimi onlardan aldım Reis! Hangi çatıda dinlenirsen dinlen, ilk kanat çırpan sen olma...”

Kel Ali, Alatini Köşkü’nün muhafız subaylığını hatırladı. Abdülhamid’in tahttan indirilerek yerleştirildiği Selanik’teki köşkün muhafız taburunda Salih Bey’le görevliydi. Padişah eskisinin kaderine böyle bir hizmetle iştirak etmekten önce hoşlanmış, sonra Balkan Harbi çıkınca bu hizmetin telaşında epey terlemişti. Bu huzursuz telaşın anlatılacak bir hatıra olmayışından rahatsızdı. Boş bir sandık taşıyormuş gibi bu yükü sırtından nasıl atacağını bilememişti. Durup dururken bu hatıraları tazelemenin ne âlemi vardı?

Salih Bey, başladığı konuya ayrıntı katmadan kapatmayı sevmezdi. Açtığı kapıyı örtünceye kadar her şeyi anlatmaya meraklıydı. Bu merak bir iptila gibi içine girmiş bir daha da çıkmamıştı. Kaldığı yerden devam etti:

“Bu kırlangıçlar garip mahluklardır... Kondukları her yeri şenlendirdiklerini sanırlar. Her şeyin gelip geçici olduğunu bir bilseler, binlerce yanlışı işlemeden hayata lezzet katarlar. Aslında bütün canlılar böyledir.”

Küçük serçeler, yığınla gelip asmanın dallarına kondu. Korukları gagaladılar... Biri sabırsızdı, uçmak istedi; kanatları asma dallarına dolaştı, kurtulamadı, çırpınıp yere düştü. Ötekiler uçup gittiler; geride delik deşik sahipsiz salkımlar bıraktılar...

Doktor Nâzım, sırtını duvara dayamış, dizlerini karnına doğru çekmişti. Sıkıntısı vardı. Biraz ileri gittiğini kabul ediyor, fakat kendini kontrolden çıkaran bu huysuz adamın vasıflarını da görmezlikten gelmeyi hakiki bir ayıp sayıyordu. Cavid'le tartışmış, galiba bu defa ikisi de sesini yükseltmeyi çözüm gibi görmüştü.

Nâzım'da pişmanlık duygusu yoktur, iyi düşünür, dört yanını sekiz defa hesaplar. Nâzım bir kere karara vardı mı, korkuyu da, sevgiyi de gözü kara bir saygısızlıkla elden çıkarır.

Hücresinde yalnızdı. Çubuklu pijama, üzerinde bir üniforma gibi duruyordu. Her gece aynı şeyi giymek, her sabah yeniden çıkarıp katlamak, yatağın ayak ucuna yerleştirmek, itaati gerekli bir talim gibi Nâzım'ın canını acıtıyordu. Hırsla kalkıp üzerinden bu pijamaları atmak, elbisesini giymek, kravatını takmak, hatta gerekirse başına şapkasını geçirip öyle uyumak istedi. "Bir haksızlığa başkaldırmanın yolu, bazen delice davranmaktır" diye düşündü. Hücresi giderek koyulaşıyordu. Birazdan ölgün ışığın takatı tükenip, etrafı tamamen karartacaktı.

Önce pijamanın altını çıkardı, pantolonunu giydi; sonra, gömleğini üzerine geçirdi, kravatını bağladı. Ceket düğmesi kopmuştu, önü öyle açık kaldı...

Hücre kapısı zor açılır. Ağır ve gıcırtılı bir tonla etrafa dolar, hamam kubbesinden yankılanan ses gibi tok ve dokunaklı etkisini hissettirir. Bütün korkusuna rağmen içeriye bir ışık, bir serinlik getirir.

Işığın, serinliğin gerisinde genç bir teğmen duruyordu. Arkasında Enezli, tüfeğini omzuna asmış, emniyetini açık bırakmıştı. Elindeki tepsiden sıcak ve baharlı bir koku hücrenin boşluğunu doldurmuş, Enezli'yi bir başka güzelliğin sahibi yapmıştı.

Teğmen, Doktor Nâzım'ı selamladı:

"Size göndermişler, efendim."

"Kim göndermiş? Niçin göndermiş?"

Kuşku, insanın hasretindeki güzelliği bile öldürür. Teğmen saygısını koruyordu. Enezli tepsiyi getirip Doktor Nâzım'ın masasının üzerine koydu, suyunu doldurdu; sonra dışarı çıkıp, haznesi dolu bir yeni fener getirdi. Odayı taze bir aydınlık bürüdü. Teğmenin sesindeki saygı büyüktü:

"Yemeğinizi bitirdikten sonra isterseniz sizi görüştürürüm. Yalnız kalmanızı bekledim. Bütün mesuliyeti ben alırım üzerime."

"Hemen görmek isterim."

"Sofranız soğuyacak ama..."

Doktor Nâzım, birden İttihat ve Terakki umumî valisi olduğu günlerin sert ve kararlı sesini takındı.

"Enezli, yemeği sıcak tut! Soğutursan, hesabını senden sorarım."

Teğmen hiçbir ürkeklik hissetmeden hücrenin kapısında Doktor Nâzım'a yol verdi. Dar ve uzun koridora sıralanmış hücrelerin kapıları iyice örtülmüş ve üstlerine ağır kilitler asılmıştı. Bir odaya girdiler. Köşede sinmiş gölgenin izlerinde tazelik hissi vardı. Teğmen lambanın ışığını yükseltti:

"Ben dışardayım, efendim. Görüşmeniz bitince haber veriniz."

Doktor Nâzım'a döndü:

"İsterseniz sofranızı burada kurdurayım."

Doktor Nâzım, "ne münasebetsiz sual" der gibi teğmene baktı. Teğmen daha sert bir bakışla Doktor'u süzdü:

"Zannederim, sizde mesut olma kabiliyeti kalmamış, Doktor. Belki de yokmuş..."

Doktor Nâzım sarsıldı. Bu bacaksızın bir yabancı yanında kendini azarlayacak şekilde hareket etmesindeki cesareti hayra yormadı. Hücredeki saygılı teğmen gitmiş, sanki bir okul mubassırı gelmişti. "Ben öyle sertliklere pabuç bırakmam" diye güvenini tazeledi ve rahatladı. Olduğu yerde durup gölgenin yanaşmasını bekledi. Yaklaştıkça ışık yüzünü aydınlatıyor ve gelenin çehresindeki sevgiyi yavaş yavaş hissettiriyordu. Doktor Nâzım yanılmamıştı; bu gölgede fark ettiği yakınlık duygusu nihayet karşısındaydı. Cesaretli bir sesle irkildi:

"Hoş görün onu Doktor! Kötü günlerde insanların önce güvenleri kaybolur."

Nâzım, ceketinin düğmesinin kopmuş olmasına esef etti. Saygıyla eğilip, karşılamayı çok isterdi. Demek ki, Doktor'un içindeki her şey ölmemişti. Teğmen yanılıyordu. İçinde gerçekten mesut olma kabiliyeti vardı; ama, fırsatını bulamamıştı. Nâzım, hayret etmekten hoşlanmazdı. Kendini kontrol edemedi:

"Nevber Hanım! Ne işiniz var burda? Bu ne cüret böyle?.. Başınıza iş mi açacaksınız?"

"Ben, Yakub Cemil'in koynunda terbiye gördüm Doktor. Enver bile gözümü korkutamadı."

Nevber Hanım, dağ gibi duruyordu. Karanlığın bütün perdeleri birdenbire yırtılmış, etrafı bir beyaz aydınlık sarmıştı. Derin koyuluklarda gizlenmiş bakışların kadınsı inceliğinde, eşi bulunmaz zevklerin varlığını anlatmaya hazır hırslı bir saygı yerleşmişti. Bu saygı, vakti gelmiş gibi başkaldırdı. Nevber Hanım, Doktor'a sarıldı:

"Allah senden her zaman razı olsun Nâzım Bey. Sırf seni görmeye geldim. Yarın dönüyorum; bir emrin varsa çekinmeden söyle. Halktan bir kadınım; hiçbir yükün bana ağır gelmez..."

Doktor Nâzım'ın gözleri neredeyse ıslanacaktı. Nevber Hanım, nemi önceden fark etti:

"Sakın ıslatma gözlerini Doktor; senin şanına yakışmaz. Sen Cavid değilsin..."

Nâzım, biraz önce en ağır tonlarda münakaşa ettiği arkadaşını savunmak gereğini duydu:

"Cavid'in keşfedilmemiş meziyetleri vardır. Biraz burnu büyüktür; hep bu yüzden yanlış anlaşılmıştır. Bakın siz bile Cavid'i tanımamışsınız. Doğrusu buna üzüldüm. Cavid, çok değerli bir İttihatçıdır."

Nevber Hanım, vaktin darlığını biliyordu. Bütün sıkıntıları bir çırpıda çözüp bitirmeye niyetliydi:

"Küçük kız, rejide şef oldu. Kısmetse sert bakışlı bir teğmene nikâhlayacağım. 26 ağustosta düğünü var. İnşallah o güne kadar çıkarsınız da, siz olursunuz şahidi."

Nevber Hanım, bu temennideki kuşkusunu hissettirmeden devam etti:

"Eğer izin verirseniz, gelip elinizi öpsün. Babası sayılırsınız..."

Doktor Nâzım, yorulduğunu fark etti. Hiç böyle sıcak ve duygulu gün yaşamamıştı. "Hiç kimseye şahsî bir kinim olmamıştır; ama ben bir dava adamıyım ve bu dava için gözümü kırpmadan her şeyi yapmaya hazırım" diye düşündü. Nevber Hanım'ın yüzünü seyrediyordu. Nevber Hanım, bu bakışları bilirdi. Gözünü kırpmayan pervasızların bile bakışlarının yumuşadığı anlar olurdu.

Nevber Hanım elindeki küçük keseyi uzattı. Utanıyordu:

"Yakub Cemil'e maaş bağlamışlar. Yarısını size getirdim. Böyle günde insanın mutlaka paraya ihtiyacı olur."

Doktor Nâzım, artık gözlerini tutamadı. Nevber'in o yakışmaz dediği yaşlar gelip sert bakışlı gözlerini buğulamıştı. Kadının elini kapattı, sonra kucakladı:

"Nevber Hanım, hayatımda ilk defa Yakub Cemil'i kıskandım. Sen ne mübarek bir şeymişsin..."

Doğru kapıya yöneldi; ardına kadar açtı. Teğmen karşısında duruyordu.:

"Talihli adamsın Teğmen; ama sakın bu talihi zorlama... Bu kızın üzerindeki hakkını, Allah'ın elinde bile olsa, yakasına yapışıp alırım..."

Taze yasemin ağızlıklardan birini dişlerinin arasına koydu; olanca gücüyle ısırdı; içindeki bütün şiddeti nazik ahşabın tenine işledi. Hücre kapıları kilitliydi. Her hücrenin kilidini kırıp bütün mahkûmları affetmiş gibi mutlu duygularına bir ahlak düsturu katmak istedi. Hepsinin duyacağı tonda bağırdı:

"Yakub Cemil Babıâli'yi eğer basmasaydı, Enver Merkezi Umumî'de hâlâ çene çalıyor olacaktı..."

VII

"Başkaldıranlar geldi. Ey kanlı tasarı!
Gece, bütün kötülükler kol gezerken bile,
Göstermekten utanmıyor musun
Ölüm yüklü kaşını, gözünü? Ya gündüz,
Gündüz nerede bulacaksın öyleyse
Canavar suratını
Saklayacak kadar karanlık bir mağara?
Boşuna arama, ey İhanet! Sakla kendini
Güler yüz, tatlı sözler arkasında
Yoksa en derin Gayya kuyuları bile
Saklayamaz seni kuşkunun gözlerinden."

Shakespeare / *Julius Ceasar*
(çev. Sabahattin Eyüboğlu)

Ali Çavuş, Gazi'nin istediği her şeyi büyük bir sandığa yükleyip, Çankaya'ya getirmişti. İçinde Fikriye'nin de eşyası vardı. Acılı bir hatıra sahibi gibi hepsini Gazi'nin önüne serdi:

"Hepsi bu Paşam! İzninizle bir resmini kendime sakladım."

"Mezarını yaptır Ali Çavuş; sade bir şey olsun. Sonra, uzak bir camide mevlit okut ara sıra."

Ali Çavuş sadece başını salladı. O hüzünlü gün hiç aklından çıkmıyordu.

Fikriye, Gazi'nin yüz vermediği bir gün canına kıymıştı. Küçük silahta üç kurşun vardı. İlki Fikriye'ye yetti. Kimisi, öteki kurşunlardan birinin Gazi'ye, diğerinin Latife'ye ayrılmış olduğunu söylüyordu. Ali Çavuş, hep gülüp geçti.

Selanik sabahlarının sıcak döşeklerinde kumral baharı andıran Fikriye, artık yoktu. Bir küçük hela aralığında, en sevdalı haliyle uzanmış ve Gazi'yi basmak istediği bağrından akan kanların kızarttığı bembeyaz entarisi üzerine düşen saçlarıyla, Çankaya merdivenlerini çıktığı o al gelin bohçası haline bürünmüştü. Ali Çavuş'un gözleri yaşlıydı. Bütün cesaretini toplayıp ağzını açtı:

"Bir bahardı Fikriye, Paşam! Hele bir rüzgâr esmeye görsün."

Gazi, Fikriye'yle son gecesini hatırladı. Sanki odanın içindeydi; sanki o geniş karyolaya uzanmış, kendisiyle konuşur gibiydi.

O rüzgâr, Fikriye'nin saçlarından esmeye görsün, Gazi, saçların tel tel dağılıp coştuğunu hisseder ve dayanılması imkânsız bu büyük lezzete derin bir hasret ve kıskançlıkla bakakalırdı. Tazelik, en diri ihtiyaçları bu ak tene öylesine yerleştirmişti ki, Mustafa'nın zihni, zor çözülen bir muammada kaybolmuş gibi bocalardı.

Mavi ayrı yakışırdı Fikriye'ye, beyaz ayrı...

Kırmızı Fikriye'de, utancından öylesine allanırdı ki, ten başka türlü yorulurdu, ruh başka türlü...

Her renk, omuzlarından aşağı uzanırken, göğüslerinin üzerinde dinlenir, tıpkı güneşin kollarına asılmış ıtır damlalarının kaynaşıp kıvrıldığı bir gökkuşağı gibi serin ve tatlı bir maceraya dönüşürdü.

Mutluluk başka güzeldi Fikriye'nin gözlerinde, hüzün başka...

Fikriye'ye dokunmak bir imtiyazdı...

Dokunulduğunda bu umman, bir damla iksir olurdu Gazi için...

Ömre bedel bir hazzın yorgunluğuna hazırlar ve rahatlatırdı...

Son gece, Gazi Paşa yorgundu.

Salih Bey, akşam sofrasına kimlerin davet edileceğini sormak için Fikriye'nin çıkmasını bekliyordu. Vakit yaklaştıkça huzursuzluğu artıyor, kalabalık bir sofranın bu saatten sonra yetişmeyeceğinden ve Gazi Paşa'nın boş yere sinirleneceğinden korkuyordu. Haftalardır Gazi'nin yüzünün güldüğü yoktu. Zaman nasıl da hırslanıp geçiyordu.

Akşam tam çöktü. Salih Bey tecrübeliydi. "Bu saatten sonra sofra kurulmaz" diye teselli aradı. Yanılmamıştı. Gazi Paşa, odasında yemek yiyecekti. Rakısının iyi soğutulmasını istiyordu. Soğuk rakının lezzetini birlikte tatmışlardı. Selanik'te, şerefe kadeh kaldırmanın dostluğu, bir iki küçük kanat çırpışıyla gelip Ankara'nın sıcağında yüzüne oturmuştu. Bu yüzü Gazi, hep latifeli sözlerle tarif eder; sonra, Salih'in itirazsız gözlerindeki hüzne takılırdı. Bu yüzün bugün değişen hiçbir çizgisi yoktu. Kalın ve koyu kaşları, göz kapaklarını örtecek kadar aşağılara çökmüş ve iri beyazlığın bütün ürkütücülüğünü alıp götürmüştü.

Salih Bey kadar hiç kimse, meyus bir kadın portresini yakından seyretmemiştir.

Ankara, karanlığa gömülmüş haliyle hatırdan çıkmış bir akraba eskisi gibiydi. Balkona uzanmış ağaçların yapraklarındaki o tozlu yeşilliğin kokusu kaybolmuş, yerine heyecanlı bir maceranın teri basmış gibi küçük damlalar düşmüştü. Fikriye balkona çıktı:

"Paşam! Bakınız dallardaki her damlada bir umman birikmiş gibi genişlik var..."

Gazi duymamış gibi daldığı derinliği sürdürdü. Fikriye'nin gözleri gülüyordu. Mutluluk, her zaman güzeldi Fikriye'nin gözlerinde... İçini saran bu sevdalı saadet, her nefes alışında büyüyor, kendisine emsalsiz bir akıl ve ruh üstünlüğü verilmiş gibi her şeyi küçümseyen kahkahalara dönüşüyordu. Dünya artık Fikriye'nindi...

Gazi Paşa, balkona çıktı. Bütün yaşadıklarını geride bırakmış gibiydi. Elini, Fikriye'nin omzuna koydu. Her rüzgâr esişinde Fikriye'nin saçları, bir ipek demetinin dağılışı gibi yüzüne değiyordu.

Gazi Paşa rahattı, ama mutlu değildi. Sesi, istese bile bu mutsuzluğu gizleyemezdi:

"Tabiatın kanunu, zarurettir. Her şey insanı zorlar. Tesadüf diye bir şey yoktur benim hayatımda... Bu söz, insanların kavrayamadığı gerçekler için uydurdukları bir şeydir. Ben her şeyi bilerek, düşünerek taşınarak yapmışımdır. Karşıma çıkan fırsatlar ise, benim hep bu düşünceli bekleyişimin sonuçlarıdır. Tıpkı, bugün gibi; tıpkı yarın ve öbür gün olacaklar gibi..."

Fikriye, birden şaşırdı. Birkaç dakika öncesinin mutlu adamının hazları kaybolmuş, yerine sanki yeise kapılmış bir derviş gelmiş ve kendisinin kolay kavrayamayacağı şeyleri söylemeye başlamıştı. Hayretle Paşa'ya baktı; açık mavilikler kapkara bir fırtınayla rengini koyulaştırıp ürkütücü bir girdap gibi gözlerine yerleşmişti. Korkuya kapıldı:

"Bir şey mi oldu Paşam? Birden çok değiştiniz..."

"Şu söyleyeceklerimin manasını anlamanı çok isterdim, Fikriye..."

Fikriye'nin bir hovarda tavrı vardı. Bu tavır, alayı bile çapkınlaştırır; kadınlığının sıcak ve özgür yapısında günahsız bir kurnazlığa bürünüp, en aklı başında insanı dize getirirdi:

"Siz söyleyin Paşam; ben bir çocuk gibi anlattıklarınızı dinlerim; rahatlarsınız."

Paşa, sanki Fikriye yokmuş gibi konuşuyordu. Üslubunu ve ağırlığını değiştirmeden fikrini açıkça anlatmaya devam etti:

"Devletin sağlam bir temelde yükselmesi için insanların önce kendilerini, sonra görevlerini bilmeleri gerekir. İnsanlar bilmedikleri zaman kötüdürler. Her tehlike bu cehaletten gelir..."

Fikriye'nin saçları hâlâ yüzünü okşuyordu. Bir süre bu lezzeti tattı. Bu kızın insanı rahatlatan bir yanı vardı, ama o kadardı...

"Eve mi gitmek istersin Fikriye, yoksa burada mı kalırsın?"

"Siz bilirsiniz Paşam"

Gazi sustu. Fikriye, Gazi'yi avucunun içi gibi biliyordu; üstelemek istemedi:

"En iyisi eve döneyim Paşam; ne zaman emrederseniz gelirim..."

Gazi Paşa, balkondaki hasır koltuğa oturdu. Ayaklarını üst üste atıp balkon demirlerine dayadı. Fikriye giderken bir küçük sehpa getirip yanına koymuş ve bir paket sigara bırakmıştı. Bir tanesini yaktı. Kibrit sönünceye kadar bekledi. Sanki bu küçük ışıkla birdenbire istediği bütün aydınlığı bulmuş gibi sevindi. Koşup, Fikriye'yi çağırmak arzusunu duydu. Balkondan aşağı baktı. Fikriye, Ankara'nın karanlığına doğru yürürken sevimli bir çocuk gibi sekiyordu. Birden geri döndü, hasretli gözlerle Paşa'ya el salladı. Gazi, bu hasreti paylaşır gibi gerindi. "Herkes şu Fikriye gibi görevlerini tam bilse ve onunla yetinse ne iyi olurdu" diye düşündü. Bıraktığı yerdeki düşüncelerine döndü.

Paşa, bir kere açıldı mı kolay tutulmazdı:

"Ben elimden geleni yaptım. Fazilet bir nimetse bu nimeti de sundum onlara... Ama, ihtirasları bu büyük nimeti bekleyecek sabrı köreltmişti..."

Gazi, "onlar" dediğinin kolay adamlar olmadığını biliyordu. Başa çıkılması zor bir kadroyla savaşa girerken kendisine etraf aramasının tabiî bir ihtiyaç olduğunu iyi kavramıştı. Bu kadro kolay kurulmazdı. Zamana ihtiyacı vardı. Her nimet beraberinde bir de külfet getirecekti ama, bu külfeti yüklenmeye hazırdı. Yavaş yavaş istediği kimseler çevresinde birikip kenetlenmeye başlamıştı. "İşte, Halil Paşa'ya bak! Enver'i bırakıp bana yanaştı. Dün yol ortasında alnımı hedefleyen silahını şimdi benim istediğim yüreğe yöneltecek kadar yakınım oldu" diye düşündü.

Odaya geçti; yatağına uzandı. Fikriye'nin bahar esmiş saçlarındaki kokuyu andıran bir rahatlık duygusu içindeydi. Nuri'nin "rahatla" dediği şey bu olmalı diye aklından geçirdi. Sonra rahat olduğunu hakikaten fark etti:

"Ben faziletin köprüsünü uzattım; onlar geçmesini bilmediler..."

Bu köprüyü uzattığına gerçekten inanıyordu. Kara Kemal'i İzmit'e çağırmış, esnaf felsefesini iyi bilen bu adamla her ihtimali konuşmuştu. İttihatçıların kolay yutulur lokma olmadığını biliyordu. İttihatçıların gözünü hep kendi üzerinde hissetmiş ve bu bakışlardan daima huylanmıştı.

Kara Kemal'in İttihatçılar üzerindeki etkisini yakından tanımıştı. Kara Kemal öyle gözü korkutulacak birisi değildi. Tehdit etmek yerine her şeyi açık seçik ortaya koymak daha kolay bir anlaşma zemini yaratabilirdi. Gazi açık seçikti:

"Aramızda gittikçe derinleşen bir uçurum beliriyor. Bunu halletmek için her imkânı kullanalım. Cumhuriyet rejimi, sizin tahmin edebileceğinizden çok daha yüksek bir fazilettir. Kavrayamadığınız husus budur. Gelin bu fazilette birlik olalım. Zaten yola birlikte çıkmadık mı?"

Sonra, imalı bir sesle ekledi:

"Vatanperverlik budur."

Kara Kemal, büyük bir sabırla dinliyordu. İttihatçıların "Küçük Efendi"sinin o tombul ve canlı yüzünde hiçbir hareket yoktu. Olanca dikkatini Gazi'nin sözlerine vermişti. Perdenin gerisinde bütün ipleri oynatan büyük kudretin sahibi işte bu uysal görünüşlü devdi... Doktor Nâzım:

"Selanik'te korkulacak tek gökgücü Kemal'dir; ama, sarısı değil, karası..." diyerek çekindiği bu adamı hafif latifelerle takdir etmişti. Şimdi Sarı'sıyla, Kara'sıyla, Nâzım'ın ürktüğü iki gökgücü karşı karşıyaydı.

Gazi de, Nâzım'dan ürkmüştü.

Balkan Harbi sırasında, istediği iaşe tahsisatının verilmeyişi nedeniyle Gazi, Cavid Bey'e ve onun arkasındaki Nâzım'a sinirlenmiş ve yüksek sesle bağırmıştı:

"Bunların ikisini de ipe çekmek gerekir..."

Gazi, Kara Kemal'e bir sigara daha ikram etti. Kara Kemal, sigarasını iri bir mercan ağızlığa yerleştirdi; dudaklarını örtecek kadar gür ve dağınık bıyıklarının arasından bir yol bulup ilk ve derin nefesi çekti. Artık konuşmak zamanı geldiğini hissettirerek dinlediklerinin özetini verdi:

"Söylediklerinizi anladığımı sanırım, Paşam! Lakin terbiyem, meseleyi etrafımla görüşmemi gerektiriyor. Vaziyeti görüşüp neticesini arz ederim. Faziletinizi takdir ederim. Ben de kesinlikle inanıyorum ki, hepimizin akıbeti artık Cumhuriyet'tedir. El ele buna sahip çıkmalıyız."

Kara Kemal ayağa kalktı. Biraz önce Gazi'nin imalı sesine açık bir cevap vermek istedi:

"Vatanperverliğe gelince Paşam; İttihatçılığınız sırasında sizden çok şey öğrenmiştik..."

Gazi, bu alttan alışa bir hinliğin sindiğini fark etmişti. Derinleşmek istedi:

"Ne zaman görüşebilirsiniz, nerede buluşabilirsiniz? Bir yardımım dokunabilirse çekinmeden söyleyiniz."

Kara Kemal, boş değildi. İttihatçı kuralı, müzakerenin yerini daima saklı tutardı. Sarı Kemal, hiç boş değildi. Üstelemedi...

Şimdi bu hatıra çok gerilerde kalmış, Kara Kemal, Sarı'nın uzattığı köprüye bakmadan geçip gitmişti. Aradan geçen zaman hangi kinleri bilemiş, hangi sevgileri köreltmişti, pek bilinmiyordu, ama ihtirasın kılıçları kınlarından çekilmiş bekliyordu.

Gazi, hayıflanma duygusuna kapılır gibi oldu. "Eğer teklifimi kabul etselerdi bunlarla ne güzel bir Cumhuriyet kurardım" diye aklından geçirdi. Zorlukları, inançlarını henüz değiştirmemişti. Bir hakkı teslime hazırdı: "Bu millete benliğini kazandıran ilk heyecanı hep İttihatçılar verdi. Onlar olmasaydı ben yolu bu kadar kolay yürüyemezdim."

Millete ilk benliğini kazandıran kadro şimdi, Cumhuriyet'in sigasına çekilmek üzere bir hücreye hapsedilmişti.

Gazi Paşa, kütüphaneye indi. Alışık bir tavırla raflara uzanıp, aradığı kitabı buldu. Sanki ezberindeymiş gibi istediği sayfayı açtı; altını çizdiği satırları bir kere daha okudu: "Asıl olan şey, iyi ile kötünün ortasında, dünyayı olduğu gibi gören; iyi yanları kadar, kötüsünü de kabul eden akıldır." Kitabı alıp odasına yöneldi. Merdivenlerde Salih Bey'le karşılaştı:

"Salih, sen hiç *Candide*'i okudun mu?"

Gazi, Voltaire'i ilk defa Harbiye talebesiyken okumuş ve Candide'in bön tarafını sevimli bulmuştu.

Necib Ali, merasimli bir konuşmaya sahipti. Cazibeli ibadetlerin telaşlı imamlarının vaazlarına benzer tavırlarla derin nefesler alıp dinleyenleri meraklandırmaktan hoşlanırdı. İddianameyi hazırlarken kelimeleri itinayla seçmiş, yazdıklarını sık sık yüksek sesle okuyarak etkisini ölçmüştü. Necib Ali'ye göre bu iddianamenin kaleminden kan damlamıştı.

Evin hizmetkârı, misafirlerin geldiğini bildirdi. Vakit geceyarısını geçmişti; bu saatteki ziyaretçiler artık Ankara'da hayra yorulmuyordu. Telaşla aşağı indi ve rahatladı.

Kel Ali başlarında olduğu halde İstiklal Mahkemesi'nin hâkimler heyeti tam kadrosuyla Necib Ali'yi ziyarete gelmişlerdi. Necib Ali, iddianamenin boş bırakılmış bölümlerini dolduracak kadroyu bağrına bastı.

Kel Ali, elindeki sepeti evin hizmetkârına uzattı:

"Üstü üzümdür; altında karpuz var."

Hâkimler heyeti, Necib Ali'nin çalışma odasına sere serpe uzandılar. Kel Ali, Gazi'nin direktiflerini iyi hazmetmişti; hiç teklemeden hepsini bir bir açıkladı. Sıra kendi hükmünü vermeye gelince sesinin tonuna bir hâkimiyet kazandırmak istedi:

"İzmir'de Terakkiperver'in soluğunu kestik; Ankara'da da İttihatçıların gırtlağını sıkacağım..."

Kılıç Ali, adaşının bir siyaset mesihi gibi bol hareketli konuşmasını bazen hayret, bazen hayranlıkla izliyor ve bu dengesiz nutkun nereye varacağını merak ediyordu. Son cümlede, bu hazin sesli vaazın hedefi belli olmuştu. Kel Ali'yi kontrol etmek imkânsızdı. Oynak kıvam içinde istenilen kalıba dökülebilirdi. Kılıç Ali'nin adaşına takılmak merakı bir süre sonra ciddi bir istihzaya dönüşmeye başlamıştı. Bu kıvam, artık döküleceği kalıp belli bile olsa, belki daha sevimli bir şekle dönüşür diye beklemiş, umduğunu bulamayınca o da işin ucunu bırakmıştı:

"Cumhuriyet bir idealler rejimidir. Bunu Gazi Paşa'ya borçluyuz. Ama unutmayalım ki, bu fazileti idrak için İttihatçı mirasına vâris olmamız gerekiyordu. Hepimiz o terbiyede büyüdük."

Kel Ali, imayı fark etmedi. Eski tempodaki konuşmasını sürdürdü:

"İttihatçıların bir kısmı demagog, bir kısmı komitacıydı. Böyle ruhlarda Cumhuriyet'in fazileti barınmazdı zaten. Demagogla komitacının kimyasında siyaset, hile ile silahı aynı anda kuşanır."

Kılıç Ali ile Reşid Galib göz göze geldiler. Bu sözün bir başka biçimini yine Kel Ali'den dinlemişlerdi. Geçen yıl Meclis koridorunda Deli Halid Paşa'yı vurduğunda, yine Cumhuriyet'in faziletine sığınmış ve sesini yükseltmişti:

"Cumhuriyet'in hakkı için bu silahı herkesin alnına dayarım. Hatta kendi alnıma bile..."

Kel Ali'nin alnı iriydi... Elinde silahı, şişman gövdesi, edası ve tavrıyla Meclis koridorlarını gururlu adımlarla geçmiş ve sanki Cumhuriyet'in Yakub Cemil'i gibi yüzüne mutlu bir mana vermek için dudaklarının sınırını zorlayacak genişlikte bir tebessüm takınmaya çalışmıştı.

Reşid Galib o günleri iyi hatırlıyordu. Fısıldar gibi konuştu:

"Biz İttihatçılara hem şükran borçluyuz, hem kırgınız..."

Evin hizmetkârı, geniş bir bakır tepsiye serilmiş üzüm salkımlarını, karpuz dilimlerini Reis'in önüne koydu. Kel Ali en iri salkımı seçti ve ısırdı. Tepsiyi ötekilerinin önüne sürdü. Bozulmuştu:

"Neymiş bu şükranımız Doktor; anlat da öğrenelim?"

Reşid Galib, elindeki karpuz dilimini ısırdı; uzun uzun çiğneyip yuttu. Söyleyeceklerini bir bir aklında sıraya dizdi. Reşid Galib fazlaca filozof görünmeye meraklıydı :

"Bir siyasetin muhasebesini yapmak öyle kolay değildir. Dünya görüşü ister; ufuk zenginliği ister, adalet ister. Biz bunlara sahip miyiz diye etraflı düşünmeliyiz. Unutmayınız ki, en vatanperver nesli biz İttihatçı ruhuyla yetiştirdik. Gazi Hazretleri bile bu ruhun azmiyle çıktı yola. İptidada ilk kafa tutan onlardı. Hepsinde bir efsane tesiri, hepsinde bir halk tevazuu vardı."

Kel Ali sinirlerini kontrol edemez noktaya yaklaşıyordu. Bir salkım üzüm daha aldı, bir önceki gibi ısıra ısıra yemeye başladı. Dolu ağızlı konuştu :

"Laf ü güzaf bunlar, Doktor... Boş konuşuyorsun. Onlar ihtilalciydi, biz inkılapçıyız. Aradaki farkı kavrayamayan Cumhuriyet'e sahip çıkamaz."

Kel Ali'nin sözünde ince tehdit vardı. Gazi ile son görüşmesinden sonra yüzündeki tebessümü, abartılı ölçüleriyle arkadaşlarına gösterdiğinden beri konuşmasının şeklini değiştirmişti. Hareketlerinde, sözlerinde, Halid Paşa'nın peşinden koştuğu günlerdeki atak ve hazır heyecan görülüyordu.

Kılıç Ali, küçük bir latifenin başlattığı tartışmanın hırçınlaştığını fark etti. Böyle giderse bu tartışma, kendi başlarını da yiyebilirdi. Fakat başlattığı tartışmada taraf olmak istemese bile görünür gerçeği açıklamaya kendini mecbur hissetti:

"Her davanın edebiyatı güzeldir. Ama, önemli olanı ona sahip çıkacak karakterdeki zarafet ve sabırdır. Cavid'e bak, Nâzım'a bak... Bunların İttihat Terakki'ye sahip çıktığı kadar Cumhuriyet'e sahip çıkacak kaç adam bulunur bu memlekette?"

Kel Ali, çığırından çıkmaya hazırdı. Sırtından bir ter boşandığını hissetti. Yoksa, kendi arkadaşları bile davaya sahip çıkacak kadar yürekli değil miydi? Yoksa, sırtını yanlışa mı dönmüştü? Kimin ne zaman arkaya dolanacağını kestirmenin güç olduğu günlerde kendisini bu kadar gevşek mi bırakmıştı? Toparlanmak ihtiyacını duydu. Sırtını Gazi'ye dayamak, kendisine yeni bir güven duygusu kazandırmış ve içini rahatlatmıştı. Yerli yersiz kullandığı cesaretini artık her yerde gösterecek kadar pervasız bir teşhirin sahibiydi:

"Misal verecek başka adam mı bulamadınız? Yazıklar olsun size!.. Cavid'miş... Nâzım'mış..."

Reşid Galib, sindi:

"Telaşlanma Reis, lafın gelişi öyle..."

Kel Ali, köpürdü:

"O Nâzım değil mi, uluorta Gazi Paşa Hazretleri ile alay eden; 'Gazoz Paşa', 'Eli göbeğinde Napolyon' diye her yerde Cumhuriyet'i küçük düşüren?.. O Cavid değil mi Cumhuriyet'in iktidarına ecnebiyi ortak etmek isteyen?.. Efendiler, gördüm ki, Cumhuriyet'i idrakte acziniz var. Sizinle bir davanın peşine düşülmezmiş."

Necib Ali, kıyıda köşede kalmış bir insan rahatsızlığı duydu.

Bir yerinden meseleye girip tarafını belirtmekte fayda vardı. Şimdi, yıldızlar Kel Ali'nin başının üzerindeydi:

"Reis Bey haklı, beyler! Masonların, varlıklı Yahudilerin baskısını unuttunuz mu Cavid'in serbest bırakılması için? Neyse ki, başımızda yedi düvele meydan okumuş Gazi'miz var..."

Kel Ali, tartışmaya uluslararası bir nitelik kazandırmak istedi. Sesindeki kaba alay, artık cesaretini bile aşmaya hazırdı. Yüzündeki tebessüm, biraz ekşimiş, fakat verdiği gururu korumuştu:

"Cavid'i serbest bırakırsak İngilizler Musul'u bize verecekler-miş. İnandınız mı buna?"

Ayağa kalktı. Belindeki tabancasını özenle düzeltti. Emniyetini açtı. Tekrar yerine koydu. Bir iki kere çekme provası yaptı. Oturanlara döndü:

"Ben İzmir'de, bu adamların cambazlığına gelmedim; şimdi sizin cambazlığınıza mı geleceğim? Mademki bu kadar seviyorsunuz bunları, ben astıktan sonra oturup arkalarından ağlarsınız."

VIII

"Tanrıların bize verdiği bütün nimetlerin hiçbiri katıksız ve kusursuz değildir; onları bin bir dert pahasına alırız."

Yunan atasözü

Üsküdar'ın akşamları daha fakirdir...

Biraz sofu, biraz tevekküllü, fakat daima ciddi ve az konuşan bir kadın tertibiyle kurulmuş sofraya benzer. Bereketini ve şükrünü uzaktan hisseder ve biraz utanırsınız. Harem'den, Salacak'tan, Kuzguncuk'tan, yaslı insanlar görünür. Bir yokuşun başında buluşurlar. Hayatın ağır yükünü omuzlamış bu tahammüllü kadronun daima derin bir teselli ihtiyacıyla çırpındıkları fark edilir. Gönlünü mürüvvetle birleştirmiş insanların her işte tek yardımcısı Tanrı'dır...

Özbekler Tekkesi'nde her akşam iri kandiller yanar. Ölgün ışığın meclisinde, aklın ruha duyduğu derin bir saygı hemen hissedilir. Yürek sağlamlığınız varsa, bu tekkede çeliğinize başka su verirler...

Tekkeden dağılanları kapıda ufak tefek bir kadın karşılıyor ve gelenlerin hepsine yer gösteriyordu. Esmer kadının gözlerinde bu akşam, hem sevinç, hem hüzün birlikteydi. Yüz hatları sert ve acımasız, tavırları biraz böbürlü ve her haliyle itaat bekleyen bir kararlılık içindeydi. Başı siyah bir ipekle örtülmüş ve yüzünün sertliğine ölüm hissettiren bir koyuluk vermişti.

Gelenlerin en yaşlısı, esmer kadın oturuncaya kadar ayakta bekledi:

"Yorgun görünüyorsunuz Halide Hanım!"

Halide Edib, yorgun olmaktan çok, huzursuzdu: "Adnan Bey'in başını Kel Ali'den kurtarmanın bir yolu muhakkak bulunmalı" diye düşünüyordu. Adnan Bey, henüz Kel Ali'nin önüne çıkarılmamıştı ama, hiçbir tertibin içinde bulunmadığına emin olduğu kocasının, böyle bir iddiayla karşı karşıya bırakılmasını tahammül edilmez bir ayıp görüyordu. Kafasına koyduğunu yapmaya kararlıydı. Sert karakteri, bazen öylesine şirret bir dile dönüşür ve etrafını azarlardı ki, seçtiği kelimelere dayanmak imkânsız olurdu:

"Gerekirse gider Gazi'nin yüzüne haykırırım! 'Cinayeti meslek edinmiş insanların arasına Adnan'ı katmak kimin haddine? Bu ne taşınmaz bir ayıptır; bunu, bilmiyorsunuz Paşa' derim..."

Sigarasından derin bir nefes çekti, bıraktı. Bir daha çekti ve uzun süre içinde tuttuktan sonra boşalttı:

"Ne sanıyor sanki; Adnan, bir Bahaeddin Şakir mi, bir Nâzım mı? Mücadeleye başladığında yanında kimler vardı; bir kere hafızasını tazelesin, sonra verdirsin hükmünü."

Halide Edib, en çok Bahaeddin Şakir'den nefret ederdi. Cemal Paşa'nın emrinde eğitim programı uygulamak üzere Suriye'ye gittiğinde, trende Falih Rıfkı, ince bir dille Bahaeddin Şakir'i tanıştırmış ve bu emrivakiden adeta iğrenir gibi rahatsız olmuştu. Falih Rıfkı'nın yakasına nasıl sarıldığını hatırladı:

"Sen Falih! Nasıl olur da beni bir katilin elini sıkmaya mecbur edersin?"

Halide Edib, Cavid için aynı heyecanı göstermedi. Cavid'in de, Adnan gibi Anadolu'ya geçip mücadeleye katılmak isteği içinde olduğunu biliyordu. Fevziye Mektepleri'nin müdiresi Nakiye Hanım aracılığıyla Cavid'in, Sıvas Kongresi'ne İstanbul temsilcisi olarak katılmasının söz konusu olduğunu öğrenmiş, bunun doğruluk derecesini, işin başındakinden öğrenmek istemişti. Birkaç gün sonra, Nakiye Hanım, Halide Edib'in aracılığıyla aldığı notu okuyunca durulmuştu: "Cavid Bey! Meseleyle alakadar kişiler, sizin Sivas'a murahhas gitmenizi şimdilik muvafık bulmuyorlar."

Halide Edib, bir hatıranın hakkını vermek istedi:

"Cavid açıktaydı. Anadolu da istemiyordu, İstanbul da istemiyordu... Lozan bu mevsimde daha güzeldi..."

Halide Hanım, misafirlerinin en yaşlısına döndü:

"Hocam! Yunanlı balıkçının hikâyesini bilirsiniz değil mi?"

Yaşlı adam, nazik bir dille mazeret belirtti. Halide Edib, bu cevabı bekliyordu. Kendisini daima aranan bir kadın seviyesinde tutmak için her fırsatı kullanır, en az ihtimal içinde gördüğünü bile en mümkün hale getirecek kapıyı mutlaka zorlardı. Böyle bir fırsat şimdi önündeydi. Etrafa bir fazilet dersi vermenin tadını çıkaracaktı:

"Denizin ortasında fırtına zalimdir; korkarsanız zulüm artar. En iyisi Yunanlı balıkçının yaptığını yapmaktır. Balıkçı diyor ki, 'Allahım, ister beni batır, ister kurtar; ben, bildiğimden şaşmayacağım, dümeni kırmadan dosdoğru rotamdan gideceğim.'"

Yaşlı adam, kaygılıydı. Halide Hanım'ı ikaz etmek ihtiyacını duydu:

"Halide Hanım! Dikkat ediniz; Kel Ali'nin size bir fenalığı dokunmasın..."

Halide Edib köpürdü; Sultanahmet Mitingi'ndeki iddialı jestlerini yeniden takındı:

"Üç Aliler Divanı ne anlar bu işlerden? İhtilalci ile inkılapçı hesaplaşması deyip duruyormuş; belli ki, Cumhuriyet'i bile kavrayamamış, zalim... Hayır, hayır zavallı..."

Yaşlı adam, etrafındakilere işaret etti; kalkma vaktinin geldiğini hatırlattı. Halide Edib, hepsini tek tek itibarla yolcu etti.

Gece de olsa, Üsküdar üzerinden İstanbul hep güzel görünür.

Bu akşam bir başka güzellik gelip yerleşmişti. Yokuşun sonunda herkes kendi yoluna ayrılacaktı. İki kişi, Kuzguncuk tarafına yöneldi. İkisi de birbirinin sabrını ölçüyordu. Genç olanı dayanamadı:

"Halide Hanım'ı bu gece çok asabi gördüm."

"Bu onun tabiî halidir."

"Sözleri çok zalimdi."

"Sinirlenince gözü hiçbir şeyi görmez; karşısındakine köpek muamelesi yapar, üstelik de çok sık sinirlenir..."

Aliye Hanım, mektubunun son satırlarına gözyaşı dökülmesini istemiyordu. Elbisesinin manşetine sıkıştırılmış mendille gözlerini sildi ve imzaladı: "Bin hasretle efendim. Hayatımda sizin kadar temiz kalpli bir insan tanımadım Cavid Bey... Osman Şiar ellerinizi öpüyor, efendim..."

Mektubu katladı, Osman Şiar'ın resmine bir kere daha baktı ve zarfın içine yerleştirdi. Dili, zamkın üzerinde uçarı bir ada kızı çevikliğiyle dolaştı ve artık göz çukurlarının saklayacağı hiçbir şey kalmamıştı.

Ayaklarının altında büzülüp korkuyla sinmiş köpeğini kucakladı. Bol tüylü beyaz kaniş, küçük ayaklarını Aliye Hanım'ın göğsüne dayadı ve âciz kaldığı her şeyde sığındığı sevgiyi bulmuş gibi yüzünü uzattı. Aliye Hanım, bu siyah burunlu, kestane gözlü beyaz yumağı tek vefakârı gibi okşayıp öptü:

"Biz bize yeteriz değil mi yavrum?"

Masanın üzerinde mesut günlerin resimleri duruyordu. Hepsi gümüş çerçevelere yerleştirilmiş ve bir kıdem sırası içinde yan yana konulmuşlardı. İlkinde Cavid Bey'in gençlik resmi vardı. Maliye nazırı olduğu gün çekilmişti. Bir masanın kenarında ayakta durmuş, elini yumruk yaparak kitapların üzerine koymuştu. Öteki eliyle ceketini biraz geriye çekerek cebine sokmuş, bileğinin görünmesine özen göstermişti. Bütün vücudunu saran yeleğinin cebine bir altın zinciriyle bağlı saatinin şişkinliği hemen fark ediliyordu. Fesini biraz sola yatırmış, kaşlarının tam üzerine gelecek şekilde alnını kapatmıştı. Burun delikleri soluyor gibi açıktı. Bıyıkları, abartılı biçimiyle yüzüne bir sertlik getirmişti, ama bakışlarındaki dalgın hava bu sertlikten ürkmeksizin kendini gösteriyordu.

Aliye Hanım, Osman Şiar'ı kucağında tuttuğu resmi eline alıp hangi manaya yorumlanacağı kestirilemeyen bir boşlukla baktı:

"Bu çocuk babasız kalırsa, Allah'a isyanımda her hak benim olur."

Resmi öptü. Osman Şiar, babasının kucağına atlarken top gibi yuvarlanmış, bir elden ötekine uçuşun zevkini duyan bütün sevinçleri yüzünde sergilemişti. Bu resmin çekildiği günün telaşı aklına geldi. O gece, verilecek bir suare için yeni elbiseler diktirmiş, ipek taftadan bir beyazlık içinde Markiz de Savigny kıyafetine bürünmüştü. Kaşlarını biraz koyulaştırmış, dolgun yüzünde iri elmacık kemiklerinin görünmesine epey emek vermişti. Başında, eski Fransız asilzadelerinin hayranlıkla seyrettiği saray kadınlarının taktığı peruk vardı. Boynunda iri incilerden bir kolye bu peruğun omuzlarına düşen bukleleri arasından hemen seçiliyordu. Kor gibi bir ağız sevimli ölçülerde açılmış, yanaklarında küçük gamzeler meydana getirmişti. Gözlerinde sevinçli bir heyecan, gülmek için sırasını beklemekteydi.

Cavid Bey'in gönderdiği mektubun son satırlarını okudu: "Aliye, daha birçok geceler geçecek ve sonunda şüphesiz bizi birbirimize kavuşturacak sabah gelecektir. O saat gelince, gecenin yarısı dahi olsa, sabaha kadar aydınlık olacaktır."

Birden irkildi. Yukarıdan telaşlı sesler geliyordu. Koşarak odasına çıktı. Belçikalı mürebbiye, hızla Osman Şiar'ın odasına koştu. Aliye Hanım'ı görünce duraladı.

"Endişe etmeyiniz Hanımefendi; sabaha az kaldı..."

"Bu dava ağırıma gidiyor, Nâzım! Adam beni suçlamadı, açıkça hicvetti. Ta İzmir'den beri bu alayı içime sindiremiyorum. Necib Ali'yi fazla tanımam; hususiyetim yoktur. Neden böyle yapmak istediğine mana veremiyorum..."

"Aldatmak, insanlar için zevk verici bir duygudur; delice bir taraf vardır bu zevkte. En tehlikelisi insanın kendini aldatmasıdır. Bu delilik değil, aptallıktır. Yüzlerce deliyi tedavi ettim, ama tek bir aptala tahammül edemedim."

Cavid Bey, böyle bir cevap beklemiyordu. Duruşmalarda Kel Ali'nin, Necib Ali'nin sürekli küçük düşürmelerinden yakınırken, birdenbire hücre arkadaşı daha acı bir alayla karşısında duruyordu. Fırsatını kaçırmak istemedi:

"Hatırşinaslık veya ikiyüzlülük; kurnazlık veya dürüstlük; tek başlarına bir mana taşır. Birlikte bulunması mümkün olmayan şeyleri bir araya getirmek maharet değildir. İkimizin birlikte olması böyle bir zaaf taşıyor."

Cavid Bey, yavaş yavaş kendini toparladı; Nâzım'ı alaya alarak alçakgönüllü ve çekingen görünen tabiatını köpürtmek istedi. Sesinin tonu incelmiş, bakışları eğlenceli bir şey seyrediyormuş gibi keskinleşmişti:

"Galiba en sunturlu iki deli aransa Nâzım, seninle beni bulurlardı."

Aralarında bir sessizlik belirdi. Bir şakanın ölçüsünü artırmak için zekâyı keskinleştirmenin hoş bir yanı olmadığını hemen kavradılar. Cavid Bey bir sigara ikram etti:

"Terbiye, insanlar için hava kadar, su kadar mühim bir ihtiyaçtır. Bazen en büyük ahlaksızlıkları anlayışla karşılayabilirim; yeter ki, cıvıtmasınlar. Merkezi Umumî önündeki dilenciyi hatırlıyor musun? Kadının büyük serveti olduğunu biliyordum; ama o kadar nazikti ki, aldatılmak hoşuma gidiyordu..."

Doktor Nâzım, hırsla ayağa kalktı. Henüz bir iki nefes içilmiş sigarasını yere attı, ezdi:

"Aldatılmak kadar çirkin bir şey düşünemiyorum. Nezaket nasıl olur da ahlaksızlığı mazur gösterir? Kel Ali sana nazik davransaydı, yaptığı haksızlığı, ahlaksızlığı hiçe mi sayacaktın? Bu, zavallı olmak demektir."

Cavid Bey, Nâzım'a bir sigara daha ikram etti. Sözleri, maksadını aştığı için rahatsız olmuştu. Nâzım, iğrenir gibi yasemin ağızlığı yere attı; onu da ezdi. Hırsı hâlâ üzerindeydi:

"Bak Cavid, ben hayatımda hiçbir zavallıya acımadım; sadece iğrendim. Bir soytarıyı dakikalarca alkışlayan takdirlerim oldu. Soytarı olmak onun mesleğiydi; karakteri değil... Benim için mühim olan insanların vazife ve mesuliyet yüklenmeleridir. Bunun hangi şartlarda yapıldığının ehemmiyeti yoktur."

Doktor Nâzım, Cavid Bey'in elindeki sigarayı adeta kaçırır gibi aldı; iki derin nefes çekti:

"Şu anda İttihatçılığın en mühim vazifesinin mesuliyetindeyiz Cavid! Namuslu insanlar olduğumuzu ispatlayacağız."

Cavid Bey, Doktor Nâzım'ın İttihat Terakki'nin yayılma yıllarında, kimsenin yüklenmeye cesaret edemediği zahmetli mesaiyi çok sık duymuştu, ama yeteri kadar inceliğini bilmiyordu. Merkezi Umumî toplantılarında Talat Paşa, Nâzım'ın İzmir'deki çalışmalarından her vesile ile bahis açar, hayranlık ifade eden kelimelerin arkasında köklü korkularını gizlemeye çalışırdı. Doktor Nâzım, İzmir'de küçük bir evin alt katında açtığı bakkal dükkânında, yıllarca her şeyini, her meziyetini gizleyerek sıradan bir hayat yaşamıştı. Zor dayanılır şartlara hiç sızlanmadan katlanmış ve hiç fire vermeksizin görevin üstesinden gelmişti.

Cavid Bey, insanların özel yaşamlarına inmekten hoşlanmazdı; ama, Nâzım'ın macerasına gerçek bir ilgi duyuyordu:

"Doktor şu Tütüncü Yakub hikâyesini anlatsana... Hayatımda hiçbir şey beni bu kadar meraklandırmamıştır."

Tütüncü Yakub Ağa, Doktor Nâzım'ın İttihatçı propagandası yapmak için arkasına gizlendiği isimdi. Gerçek bir bakkal kişiliğine bürünmüş, İzmir'in bir kenar mahallesinde, her hareketi hadise olan bir adam haline gelmişti. Hem korku, hem saygı uyandırmış, derin uçurumlar gibi birbirinden ayrılmış köylü ile kentli arasına bir köprü olmuştu. Akşam dönüşlerinde, o küçük mahallenin sokaklarında bir derviş gibi karşılanır, itibar görürdü.

Doktor Nâzım birden değişti; sıradan bir mahalle esnafı hüviyetini yeniden takındı. Sokak kahvesinde sohbet eder gibiydi:

"Önce bir sigara ver bana..."

Cavid Bey, bir sigara da kendine yaktı. Nâzım'ın yüzünde öyle gerilere gitmiş insanların takınmaya meraklı olduğu hülyalı bakışlar yoktu. Sadece, güvenli ve kararlı insanların sertliğine biraz incelik katmıştı. Bu incelik, anlattıkları bittiğinde, kaybolup gidecek ve belki bir daha hiç gelmeyecekti.

"Bence, İttihatçıların en pişkin kurnazı Talat'tı. Boşuna kendisine 'Büyük Efendi' denilmemiştir. İttihatçı zaafını iki kişi gördü; biri Talat, diğeri Mustafa Kemal!.."

"Mustafa Kemal mi? Hadi canım sen de!.."

Cavid Bey, ara sıra kendinden daha üstün bir varlığın olamayacağını düşünür ve bu fikrini mutlaka bir vesile bulup ortaya sererdi. Sözlerine devam etti:

"Kudret, zafer, makam, şan; bütün bunlar, bir mesleğe bağlı olarak gelişir... Baldırı çıplak bir sefaletten, kıskandırıcı mevkilere yükselmek, ancak Allah'ın nadir, fakat basit lütfudur; ama hiçbir zaman buna meziyet denmez. Bu meziyet, Allah'ın yüksek vasıflı lütfudur. Bu meziyet sende var Nâzım; bende var..."

Meziyet terazisinin kefesine Doktor Nâzım'ı da dahil ederek sözlerinin etkisini artırmak istedi:

"En çözülmez sanılan düğümlere elimizin değmesi yeter..."

Doktor Nâzım, bir mesih dölünden gelmiş gibi bütün gerçeklere karşı çıkmaya meraklanmış adamın ayaklarını suya erdirmek istedi:

"Cavid, çok yüksek meziyetlerin vardır; çok kişiyi kıskandırmışsındır. Benim bile gıpta ettiğim zamanlar olmuştur, ama bunlar senin büyüttüğün ölçüde asla değildir."

Cavid Bey, kolay pes edecek birisi değildi. Nâzım'ın yumuşak üslupta söylediği sözlerin öyle taşınmayacak bir ağırlığı yoktu. Cavid bu hafifliğe şahsiyet kazandırmak istedi:

"Bu meziyetlerimizle bazılarının başına bela kesildiğimiz için buradayız."

Nâzım, yatağına oturdu; nasıl hislerle yüklü olduğu kestirilemeyen bir sadelikle Cavid'e bakıyordu:

"Suçumuz olmadığına adım gibi eminim; ama mesuliyetimiz, meziyetlerimizden değil, gafletimizden kaynaklanıyor."

Cavid Bey, başucundaki küçük tahta masanın bir köşesine sıkıştırdığı bisküvi kutusunu çıkarıp, Nâzım'a uzattı:

"İngiliz olanları daha iyidir; Ankara'da ancak Belçika malı bulabilmişler. Ne yapalım, zor şartlardayız, dayanacağız... Bunun hesabını bir gün sorarım..."

Doktor Nâzım, bütün kuvvetini elinin tersinde toplayıp kendisine uzatılan kutuya itti; bisküviler darmadağın yere saçıldı. Hücrenin ölgün ışığında, kenarları küçük yarım dairelerle çevrili pötibörler karanlık zeminde paslı akçeler gibi duruyordu. Cavid'in eli boşlukta kaldı. Eğilip toplamak istedi. Alayın sesi ince olur denir ya, bu doğru değildi. Doktor Nâzım kalın bir sesle gürledi:

"Dokunma onlara !.. Lekesiz cömertliğin kirlenmesin, asilzade..."

Cavid Bey, çömeldiği haliyle kaldı; bir süre doğrulamadı. Büyülenmiş gibiydi. Nâzım, devam etti:

"Sende fevkalade züppe bir tavır var, Cavid! Bazen bu karakter halini alıyor. Bunu, elini sıktığım ilk gün fark etmiştim. Sen Osman Şiar'a mama getirmek için Fransa'yı keyifle gezerken, Yakub Cemil'in kızı veremden ölüyordu... Sen Aliye'yle İsviçre dağlarını teneffüs ederken, ben ambar bekçiliği yapıyordum. Doktordum; mesleğimde ustaydım! Bana kereste taşıttılar, taş taşıttılar, kum taşıttılar..."

Nâzım artık çığırından çıkmıştı:

"Sen şampanyasız sofraya oturmazken, ben dere suyundan çamur ayıklayıp içiyordum. Sakın bana bir daha insan haysiyetinden bahis açma; biz onu çoktan kaybettik..."

Ağır bir sessizlik ve karşılıklı utanç hissi her ikisini de etkisi altına almış, gergin sinirleri kötü bir olayın başlangıcına hazırlamıştı. Doktor Nâzım, meslek terbiyesiyle ayağa kalktı, Cavid Bey'e sarıldı ve sıkıca bağrına bastı:

"Senin delilerle birlikte yaşamaya meraklı olduğunu söylemişlerdi, doğruymuş. Biliyor musun, delilerde bin bir çeşit haz bulunurmuş; bunu, Erasmus'tan okumuştum..."

Cavid Bey, Nâzım'a bir sigara daha ikram etmek istedi. Doktor, başını sallayarak geri çevirdi:

"Haydi, yat artık Cavid! Yarın müstantik karşısına çıkacaksın; zihnin yorgun olmamalı."

"Saçmalama doktor, benim aklım başımda..."

"Sana, senelerce deli tedavi ettiğimi söylemedim mi?"

IX

"Ey hükümdar sen bugün bir
hekimsin; halkın ise, sana muhtaç
olmanın hastasıdır."

Yusuf Has Hâcib / *Kutadgu Bilig*
(çev. Reşit Rahmeti Arat)

Cumaya daha çok vakit vardı. Ali Çavuş, küçük taş evin bahçesine çıktı. Biraz sonra ilk tren gelecek, İstanbul yolcuları, başkentin boğucu havasını ciğerlerine dolduracaklardı. Ankara, korkunun kol gezdiği dar bir sokak gibiydi. Perona doğru yürüdü, raylar uzayıp gidiyor ve Ali Çavuş'un artık ihtiyarlayan gözlerinin kestiremediği bir uzaklıkta birleşiyordu.

Ankara Garı'na trenin girişini seyretmekten hep hoşlanmıştı. Fikriye'nin geldiği zamanlar, sabah çok erkenden kalkar, mevsimine göre evin temizliğini yapardı. Kış sabahlarında iri çini sobayı doldurup bir hamam külhanını kıskandıracak kadar sıcaklığı o büyük yatak odasına doldururdu. Fikriye, "Paşa sıcağı seviyor" demişti. Yaz günlerinde Beypazarı bağlarının üzümlerini toplatır, Kazan köylerinden getirttiği kavunları kuyuya sallandırdığı sepetlerin içinde soğutup, Fikriye'nin bunları yemesini seyrederdi. Fikriye iştahlıydı...

Ali Çavuş, trenin düdüğünü duyunca perondan ayrıldı. Bu trenler artık Fikriye'yi getirmeyecekti. Ulus'a doğru yürümeye başladı. Bozkırın sıcağı yavaş yavaş Ankara'nın üzerine basıyordu. Meclis'in önünde bir süre dinlendi. Taş binanın kapısındaki nöbetçileri selamladı. Bu Meclis'in insanı hayrete düşüren bir vitrini vardı. Bir yanda, Redif Taburu'nun üniformasıyla dolaşanlar, öte yanda, geldikleri küçük Anadolu kasabasının gündelik kıyafetiyle gezinen mebuslar yan yana oturur, görülmeye değer bir manzara yaratırlardı. Akşamları, Meclis dağılınca, beygirlerine, merkeplerine, arabalarına, akşam nevalesini yükleyip bağ evlerinin yolunu tutan mebuslar, Tunalı Hilmi Bey'in gülerek selama duruşunu beklerlerdi.

Şeriye Komisyonu'nun sarıklı mebusları, cerre çıkmış köy imamları gibi her şeyin merakıyla gözlerini etraftan ayırmazdı. Bürümcükten yapılmış bol entarileri üzerindeki abanî sarıklarıyla yürürler, tıpkı kasabalarında olduğu gibi, arkasında kâhyaları, erkân minderleri ile köy kilimleri taşırlardı. Ali Çavuş, bunları her gördüğünde, vekillerin İstanbul, İzmir mebusları arasından seçilmesinde bir hikmet olduğuna inanmıştı.

Tunalı Hilmi, Tıbbiye'de okuduğu günlerin tecrübeleriyle her olayı, bir hastalık teşhis eder gibi değerlendirir ve hükmünü mutlaka bir reçete yazar gibi verirdi. Her akşam, evlerine dönen Anadolu mebuslarının bir defileyi andıran geçişlerini seyrederken, sanki akşam vizitesine çıkmış bir hekim gururu duyardı:

"İnsanların kıyafetleri de, tıpkı hastalıkları gibi içinde yaşadığı şartlara bağlıdır."

Tunalı Hilmi Bey, artık eski hekimlik merakını yavaş yavaş kaybetmeye başladığını hissetmiş ve hayıflanma duygusunu çekinmeden açıklamıştı:

"Şu İttihatçılık merakıyla Paris'e kaçmasaydım bugün dağ gibi bir hekimdim."

Her olanı bilmek, her şeyi işitmek Meclis'in ahlakı haline gelmişti. Lehçe ve şive bakımından, birbirinin adeta kırk yıllık yabancısı gibi mebuslar arasında ısınması imkânsız bir soğukluk vardı. Binanın bütün pencereleri, kapıları, bu soğukluğu hissettirmek için adeta yarış içindeydiler. İttihat Terakki'nin, Meşrutiyet'te ianeyle yaptırdığı bu merkez binası, şimdi Cumhuriyet'in Meclis'iydi.

Çankırı Yolu'nun iki yanına dizilmiş, küçük, basık, ahşap dükkânlar, sabahın ilk ışıklarında bile kasvetlidir.

Şafakla gelen kızıllık, tozlu yolun üzerinde nasılsa bir çatlak bulup boyunu göstermiş bir iki küçük armut ağacını, rastlanması imkânsız bir vahanın hurma ağaçlarındaki ışıltılı renklerine dönüştürürdü.

Gün olur, çöl bile şenlenir...

Her yanını örtmüş siyah çarşaflar içinde, omuzlarında sepetleriyle pazara mal getiren Ilgazlı, Kazanlı, Beypazarlı, Ayaşlı kadınlar, vahaya inmiş çöl dilberlerini andıran bir serinlik verir. Her testide kevser varmış gibi bu itinalı yürüyüş, basık dükkânların tenteleri altında ağır bir çöküşle son bulur. Kulaklarının hizasına kadar kafalarını örten kasketlerinin altında, allı beyazlı iri mendillerle yüzlerine hayretli manalar katmış bir erkek ordusu hep önde yürür. Şifa dağıtan dağ şeyhlerinin kerametini getirmiş gibi ellerini arkalarında bağlayıp iri tespihlerini çekerler. Çarığın izi derin olur, ağırlığını en sert toprağa bile hissettirir.

Bu sert toprak, tam Ulus Meydanı'nda biter. Öteyi görmek, Anadolu'ya yasaktır. Taşhan'ın önünde zaptiyeler, kılığı kıyafeti bozuk olanı iteler. Bu itişte biraz hiddet, biraz şefkat vardır:

"Sen ara sokağa gir hemşerim. Çulun çaputun bozuk... Örseletme kendini."

Köşeden İsmet Paşa göründü. Erken saatte Meclis'e geliyordu. Ali Çavuş, hayra yormadı; kenara çekilip selam verdi. Rüzgâr, İsmet Paşa'nın saçlarını yüzüne düşürmüştü. Eliyle saçlarını kaldırdı, sanki tarıyormuş gibi parmaklarının arasından geçirip ta ensesine kadar uzattı. Ali Çavuş'u selamladı, hatırını sordu. Ali Çavuş bu duygulu seste, İsmet Paşa'nın, Fikriye'yi selamlayışındaki inceliği gördü, sevindi. "Hâlâ Ankara'da bir Fikriye tazeliği var" diye düşündü. Hacıbavram'a yöneldi. Anadolu, Allah'a şükredecekti...

Ankara demek, Meclis demekti; Meclis, korkunun kol gezdiği bir dar sokaktı.

Cavid Bey, sorgusu bitince hemen hücresine dönmek istiyordu. Hüseyin Cahid'in getirilip koğuşa yerleştirildiğini sorgu yargıcından öğrenmişti. Müstantik kendinden çok emindi; sesine alışılmış bir alay katıyordu:

"İttihatçıların bütün gücü, birbirinize olan ihtiyacınızdan geliyordu. Şimdi bu gücünüzü artırmak için Hüseyin Cahid'i de getirttik."

Cavid Bey, sevinçten haykırır gibi sormuştu:

"Hüseyin Cahid mi?"

"Evet! Hüseyin Cahid... Süt dökmüş kedi gibiydi. Biraz evvel o heybetli gövde söğüt dalından daha narin titriyordu."

Cavid Bey, işgüzar sorgu yargıcına bir gövde gösterisinde bulunmak ihtiyacını duydu. Bu ihtiyaç, ilhamını, daha saray geliniyken Aliye Hanım'ın Cavid Bey'e iltifatındaki imadan alıyordu. Neşeli bir akşam yemeğinden sonra salona geçmişler ve Şehzade Burhaneddin Efendi misafirlerine piyano çalarken, Aliye Hanım, Cavid Bey'in yanına oturarak salona bir başka musiki getirmişti:

"Cavid Bey, sizde farklı bir şahsiyet tesiri var. İstidadınızı ve heveslerinizi fevkalade yakından hissediyorum. Gürleyeceğiniz günler kim bilir ne derin akisler yaratacaktır."

Cavid Bey gürledi:

"Hüseyin Cahid çökmez. Kendinizi aldatmayınız hâkim efendi. O, bir devdir..."

İsmet Paşa, eve beklenenden erken döndü; yüzü asık, hareketleri sertti. Uzak kalmak istediği şeyin tesirinden kendini kurtaramamış gibi yorgundu. Gazi'nin kararlarını etkileyecek noktadan ayrılmış gibi acılı bir yüzle her hatıraya soğuk bakıyordu. Doğruca gramofonun başına gidip bir plak koydu. Yemen'deyken edindiği bu ince kalıplı zevkle avunmak ihtimalini arıyor, her ses, kötüye yorulan bir işaret gibi bütün teselli imkânlarını elinden alıyordu. Gazi, Doktor Nâzım'ın ismi geçince neden bu kadar asabi bir tavır takınmıştı. Cavid sözünü duyunca neden ayağa kalkıp celsenin bittiğini söylemişti.

İsmet Paşa birden silkindi. Mevhibe'ye "Ben, çaresiz kalamam" demişti. Şimdi, gerçekten çaresiz kalmış gibi zayıflık hissediyor, bu boşluk hissinin mutlaka bir şeyle doldurulması gerektiğine inanıyordu. Bu hissi yıllar önce bir kere daha yaşamış ve sonunda zevkli bir vedayla ayrılıp, içinde yeni heyecan hazzı duymuştu. O haz, ilk gündeki çalımlı tavrıyla hâlâ üzerindeydi. Doktor Nâzım'ın, kendisini ciddiye alarak karşısında oturtup ihtilal öğütleri verdiği günü hatırladı. Doktor bir küçük oda minderine bağdaş kurmuş, Topçu Yüzbaşısı İsmet Efendi'ye iddialı adam vasfını çok basit şekilde ispatlamıştı:

"Bu seviyesiz bir gazaptır; cesaret diyerek değer kazandırmayın, Yüzbaşı..."

Doktor Nâzım'ın gazap dediği şey; Mustafa Kemal'in İttihatçı zaaflarını cesaretle ortaya koymasıydı.

İsmet Paşa, henüz çiçeği burnunda bir yüzbaşıyken erat sevkiyatı için İzmir'e geldiğinde, durmuş oturmuş bir hali olmadığını fark etmişti. Süleyman Askerî Bey'i bulmuş ve inkılap hareketinin heyecanını o gece İzmir'de çok farklı şekilde duymuştu. Süleyman Askerî'nin açık ve ateşli bir sesi vardı:

"Yarın seni, çok mühim bir şahsiyete takdim edeceğim. Dikkatli ol..."

Yüzbaşı İsmet, yarını iple çekti.

İzmir başkaydı. İstibdadın başını ezmeye azimli olduklarını söyleyen Rumeli komitacıları, İzmirli İttihatçıların yanında, ne yapacağını bilmeyen dağınık hevesli delikanlılar gibi görünüyordu.

Ertesi sabah ara sokaklardan kuşkulu hislerle geçerek küçük bir mahalle bakkalının önüne geldiler. Dükkân, dar gelirli halkın gündelik ihtiyaçlarını karşılayacak ufak tefek şeylerin gelişigüzel yerleştirildiği daracık bir hücreye benziyordu. İnce kıyılmış tütün paketleri ile sigara kâğıtları yan yana konmuş ve bu zahmetli bitkinin güzel kokusu etrafa sinmişti. Rafların birine yerleştirilmiş küçüklü büyüklü fesler, kalıplanmak üzere bekliyordu. Dikkat çekmemek için, kurnaz bir esnaf terbiyesinin hissettirildiği bu dükkânda insanı etkileyen, fakat kolay kestirilmeyen bir kabadayı taraf vardı.

Süleyman Askerî, çevreyi iyice kolladıktan sonra içeri girdiler. Bakkal, gelenleri görmemiş gibi davranıyordu. Küçük bir kız çocuğu, bakkalın verdiği ekmekleri kucaklamış, bağrına basmıştı. Boyu ancak tezgâha uzanacak kadar gelişmişti. Bakkal, parmaklarını çocuğun boynunda dolaştırdıktan sonra tezgâhın altından bir bal kavanozu çıkarıp verdi:

“Al! Bunu annene ver; her sabah sana iki kaşık yedirsin. Söyle, sakın üzülmesin, Allah istibdadın belasını verince baban çıkacak. O zaman öder borcunu...”

Süleyman Askerî Bey, İsmet’in kulağına fısıldadı:

“Tütüncü Yakub Ağa’yı ziyaret ediyoruz; belki Galib Hoca da gelir. Her ikisine de hürmetkâr ol...”

Çocuk çıkınca, Yakub Ağa dükkânı kapattı. Dar bir merdivenden yukarı çıktılar. Yakup Ağa, gelenin kimliği hakkında önceden bilgi almıştı; yer gösterdi:

“Hoş geldiniz İsmet Efendi! Şöyle oturun; istirahat buyurun.”

Yakub Ağa, Yüzbaşı İsmet'i tam karşısında oturtup, bir tür sınamaya aldığı talebeye itina eden hoca görüntüsü veriyordu. Önce karşısındakinin vasfını yoklayan sorular yönelterek Edirne'nin durumunu öğrenmek istemişti. Yakub Ağa, maldan anlardı:

"Evsafın, şöhretinden daha çok, Yüzbaşı..."

Yakub Ağa, küçük bir mangala cezveyi yerleştirip hafif hafif karıştırarak misafirlerine kahve yaptı; oturduğu yerden kıpırdamaksızın cezveyi ve boş fincanları önlerine koydu. Kuşağının arasından gümüş bir tabaka çıkarıp tütünleri yerdeki beyaz örtünün üzerine döktü; tel tel ayırıp en iyilerini seçti ve incecik kâğıtlara sarıp sundu. Misafirlerine memnuniyetle bakıyordu. Tütüncü Yakub Ağa denilen bu mütevazı yüz, bu çocuksu ifade, birden yiğit bakışlara dönüştü. Bir insan yüzünün manzaralarında bu sık ve çelişkili değişikliğin hayra yorulması imkânsızdı. Bu yüzün bütün manzaraları, Yüzbaşı İsmet'in emsaline rastlamadığı bir şiddet ve isabet içinde istibdadı silkeliyordu. Yakub Ağa, dolaştığı her çevrede, itibarlı bir mahalle esnafı hüviyetiyle her yerde Abdülhamid'in ipliğini pazara çıkarmıştı. İttihatçı sesi, Anadolu'daydı. Yüzbaşı İsmet büyülenmiş gibiydi. Yakub Ağa'nın üslubunda, manalı olmak merakına ustaca karıştırılmış bir istihza ve kaltak tavır vardı. Konuşmalarında, müstehcen çeşnide saygı duyulan bir zarafet dikkati çekiyordu:

"Rumeli'deki İttihatçıların hemen hepsi askerdir, silahlarına güvenirler. Bu faydalıdır, ama her işe yaramaz. Bunların hücumları da, ricatları da kolaydır."

Yüzbaşı İsmet üzüldü. İttihatçı yemini taşıyan bir asker olarak can evinden vurulmuş gibi titredi. Doktor Nâzım, elindeki hançeri gözü dönmüş bir eşkıya hiddetiyle etrafa sallıyor, usta bir cerrahın neşter kullanmasını andıran maharetle dokunacağı cerahati iyi tespit ediyordu:

"İttihatçı terbiyesinden beklenen şeyleri ancak sivillerle temin edebiliriz Yüzbaşı... Sadece Rumeli'de kalırsak bir saman alevinden farkımız kalmaz; Anadolu'ya geçmeyen ve yayılmayan hiçbir teşebbüsün akıbetinden emin olamam."

Yakub Ağa, ayağa kalktı; belindeki kuşağı çözdü. Bir ucunu küçük odanın duvarındaki çiviye astı, öteki ucunu tutup yeniden sarmaya başladı. Bir Mevlevî dervişinin semaını hatırlatan şekilde dönüyor ve elindeki kuşağa dolanıyordu. Kuşağın püskülünü iyice gerip beline yerleştirdi; iri tabancayı kolayca bulacağı yere sıkıştırdı; gelip İsmet'in önünde durdu:

"Bu gerçeği gören iki kişi tanıyorum. Talat ve Mustafa Kemal..."

Sonra hâkim bir sesle İsmet'e nasihat etti:

"Kendine bir patron bul Yüzbaşı! Buna ihtiyacın olacağını hissediyorum..."

İsmet Paşa, çaldığı plağı yeniden koydu. Mutluydu. Kendini daima yukarı çeken güçlere sahip bir patronu vardı; fakat Gazi'nin, Nâzım ve Cavid hakkındaki hiddetini tam kavrayamıyordu. Yakub Ağa'nın istibdada başkaldıran hiddetini Gazi'de bile bulamamıştı. Ne olurdu da talih yaver gidip bu iki insanı birleştirebilseydi.

Mevhibe Hanım kapıdan göründü; elinde Paşası'nın sinirini dindirecek kahvesi vardı. Saygıyla sundu, içmesi bitinceye kadar bekledi. Paşası'nın yüzünde beklediği serinliği gördü, söylemenin tam sırası diye düşündü:

"Aliye Hanım ziyaretinize gelmek için izninizi istiyor, 'Paşam, Lozan'daki günlerimizin hatırına lütfen beni dinlesin' diyormuş."

Paşa'nın sesi, Vivaldi'nin çığlığını bastırdı:

"Sırası mı şimdi bunun? Yapabileceğimizi sandığımız şeylerin yarısına bile kadir değiliz."

Yakub Ağa'nın sözlerini hatırladı ve rahatladı:

"Başkasının şeytanı, benim meleğimdir..."

Gazi Paşa, bahçede dolaşıyordu. Akşamüstlerinin hafif serinlikler getirmeye başlamasıyla birlikte, bodur ağaçlı yollara sapıp tek başına gezinmekten hoşlanırdı. Kırmızı toprak tozutmasın diye, geçeceği yollar önceden askerler tarafından bahçıvan tenekeleriyle sulanırdı. Kırmızı toprağın kokusunda insanı gerginliğe götüren bir sır vardı. Bazen, Fikriye'yi de yanına alır, onunla şakalaşan, can damarından yakalayıp kızdıran latifeler yapardı. Çok değil, birkaç yıl önce Fikriye'yle yine bu patikalarda gezinmişti.

Fikriye'nin bekleyişleri, Gazi'nin hoşgörüyle karşılayacağı ölçüleri aşmış, başkalarının gıptalarını okşayan noktaya ulaşmıştı. Sürekli olarak, kaygılı ve sevinçli bir tutkunun baskılarını açığa vurmamak için acılarına bir tebessüm katmaya çalışıyordu. Bazen hırçın seslerle Gazi'ye karakterini sınavdan geçiren sabırsızlıklarla kafa tuttuğu oluyordu. Gazi, bir gün Fikriye'ye uzun uzun bakmış, bu bakışta, hasretle vuslatın insanda yarattığı irade ve insiyak ortaklığını seyrettirmişti:

"Fikriye, Selanik'i özlüyor musun?"

"Hayır, Paşam!"

"Hiç mi hatırası yok sende?"

"Siz varsınız Paşam!"

Gazi Paşa, Fikriye'nin elini tuttu:

"Selanik, Yahya Peygamber'in kellesini kestiren Salome gibi bin bir ruhludur. Bu şehrin ruhunda, şefkatle şiddet, sadakatla ihanet aynı kuvvet ve derinliktedir. Selanik'i bunun için severim."

Fikriye şaşırmıştı. Gazi alttan almak istedi:

"Sendeki uysallık başka güzel, isyan başka; ama her ikisi de heyecan vericidir..."

Gazi'nin duygulandığı anlarda zamanı unuttuğu olurdu. Bahçede gezinirken vaktin nasıl geçtiğini fark etmemişti. Kendi kendini hesaba çekmek gerektiğini düşünüyordu. Bugün İsmet Paşa'yla etraflı bir görüşme yapmış ve dinledikleri huzursuzluğunu artırmıştı. "Düşenin dostu olmaz. Bana bunu İttihatçılar öğretti. Doğrulduğum an tek başıma kaldığımı gördüm" diye söylendi.

Gazi içindeki sesi yükseltti: "Cumhuriyet'in de şiddeti olacağını neden düşünmek istemiyorlar; bu da bir davadır. Cumhuriyet'in de, seviyesini yüksekte tutmak istediği ülküleri vardır. Tabiatını keşfetmeye sarf ettiğimiz her gayrette bu ülkünün lezzetini duyacağız. Bunu anlatmakta çektiğim zorluğu hiç kimse, ama hiç kimse anlamıyor."

Bu hüküm, ilk elde Gazi'nin hoşuna gitti. Arada bir her insan, kendi vicdanını rahatlatırken bile, kendinden yana bir kayırma içine girip, asıl gerçeği kendinden uzak tutabilirdi. Gazi de insandı nihayet... Bir süre bu sonucun rahatlık veren hissi ile gevşedi. İçindeki bir başka gerçek kollarını germiş, ellerine topladığı bütün enerjisiyle bu teselli hükmünün gırtlağına parmaklarını geçirmişti. Bu parmakların kemiklerini kıracak, sonra bileğini bükecek ve o takatlı olduğu sanılan kolu omzundan çekip alacaktı. Gazi, iyi pişmiş bir piliç budunu ısırmaya hazır iştah içinde bu parmakları tuttu ve kırar gibi zevk alarak hükmünü verdi: "Cumhuriyet, bir yeni ihtiyaç ve ahlak değişikliğidir. Bunu herkese kanırta kanırta kabul ettireceğim. Gözüm başka hiçbir şeyi görmeyecektir. Bunu şimdiye kadar hissettirmeye çalıştım, artık ifade etmenin zamanı geldi."

Gerçekten zamanı gelmişti. Gazi, halkının ruhunu kendi ruhuna yansıtmış gibi, nadir duyulan bir hazzın içindeydi. Bu haz, vicdan rahatlatması gibi bir ihtiyaçtı. Bu hazzın anlatılabileceği kelimeler kolay seçilemiyordu. Gazi, kendini zorladı: "Ben inkâr edilmesi imkânsız bir işi başardım. Hayranlığın getirdiği itaat, kolayca ihanete dönebilir. Şimdi haklarımı koruyorum. Onlar, kellemi istiyorlar! Öyleyse, ben de kelle istemeye hak sahibiyim. Nefsin müdafaası kutsaldır."

Gazi Paşa, muhaliflerinin ortadan kaldırılmasıyla arzu ettiği rahatlığın ileri günlerde sınırsız bir kudret gibi kendisine özlediği bütün imkânları getireceğinden emindi. Sabah İsmet, bu ihtimali ilk gören birisi olarak çok saygılı ifadelerle anlatmış ve Gazi'nin insaf hissiyle hareket edeceğini beklemişti. İsmet'in sesinde, bir şefkat talebinden çok bir hakkın teslimini isteyen cesaret vardı:

"Sizin de kellenize biçilmiş fiyatlar vardı Paşam. Dürrizade'nin fetvasını hatırlayınız; Nemrud Mustafa Paşa Divanı'nın hükmünü hatırlayınız. Onlara karşı nasıl isyan içinde ayağa kalkıp haykırdığınız günleri unutmayınız! Haksızlığa maruz kalmak kadar insanı aşağılayan hiçbir şey yoktur."

Gazi Paşa, son cümleyle sinirlenmiş ve bir kesin tavır takınmak gerektiğini duymuştu:

"Haksızlığa maruz kalmanın haysiyeti mi dedin?"

"Bu söz benim değil, sizindir Paşam!.. Sizdiniz, 'Dürrizade'nin fetvasını bir ölüm fermanı olarak değil, bir utanç levhası gibi boynunda taşıyordum' diyen... Sizdiniz, Nemrud Mustafa Divanı'nın hükmüne, 'Adaletin haysiyetsiz ayıbıdır' diyen... Üç Aliler Divanı'na telkinlerinizde bu haysiyet ihtiyacınızı hatırlayın..."

Sonra İsmet çıkıp gitmiş, Gazi'yi teselliye muhtaç bir anında yalnız bırakmıştı. Gazi'de, "halkından çekinen" bir ruh haleti başlamıştı. Belki de Halide Edib'in dediği doğruydu. Halide Çavuş, Gazi'ye, "Paşam, büyük davaların insanları başarıyla doymazlar; zirveler tükenince, zorbalık başlar... Siz mücadeleyi, kazandıktan sonraki hayatınızın felsefesine zaman ayıracak fırsatı bulamadınız. O zaman gelince ne olacağınızı ben de merak ediyorum" demişti.

Gazi Paşa, bazen bu gezintilerinde vaktin nasıl geçtiğini kestiremezdi, Salih Bey, koşarak geldi. Misafirinin beklediğini bildirdi. Gazi'nin yüzündeki endişeli hal aynen duruyordu. Paşa, patikaya saptı. Gevrek hurma dallarından birini tuttu, tam gövdeyle birleştiği yerden kıvırıp kopardı. Yüzünde sabırlı bir efenin kuzu buduna saldırışındaki iştiha vardı. Bu iştiha sesini yükseltti: "İşte, beklediğim an geldi."

Köşkün bekleme salonunda misafiri ayakta bekliyordu. Gazi'nin içeri girişiyle birlikte kendine daha belirgin bir çekidüzen verdi. Elini sıkmak için ileri doğru yürüdü, yarı beline kadar eğilip öyle kaldı.

"Şöyle oturunuz Tevfik Bey."

Tevfik Rüştü, gösterilen koltuğu kadar yürüyüp ayakta durdu; Gazi'nin oturmasını bekliyordu. Gazi de ayaktaydı. Başlangıçta mesafeli bir kalış yaparak misafiri üzerinde planladığı etkiyi yaratacak, böylece talep edeceği konu karşısında göstereceği şiddeti önceden kabul ettirecek ortamı hazırlayacaktı:

"Size oturunuz dedim, Tevfik Bey!"

Tevfik Rüştü, dış politikadaki gelişmeleri sunmaya geldiğini söyleyerek hazırladığı raporu masaya bıraktı. Yabancıların, bütün gelişmeleri yakından izledikleri ve endişeye kapıldıkları izlenimini edinmiş olduğunu belirtti. Tevfik Rüştü'nün sesinde belki açık bir tehdidin havası hissedilmiyordu, ama Gazi tetikteydi, buluttan nem kapacak noktaya gelmişti:

"Sadede geliniz Tevfik Bey, söylemek istediğiniz nedir?"

Tevfik Rüştü Bey de ayağa kalktı. Bir nebze olsun güçleri eşitlediğine inandı:

"Muvaffakiyetinizi herkes takdir ediyor, Paşam! Böyle hızlı yükselmeler, başkalarında bir husumet davet eder. Sizi böyle bir husumetin merkezinde görmeye tahammülüm yoktur, ama böyle bir hedef haline gelmeye herhalde tabiatınız da müsait olmamalıdır."

Gazi birden gürledi:

"Sen bir akraba hükmüne şefaat talep etmeye mi geldin, yoksa hovardalık arkadaşına atıfet mi diliyorsun?"

Sonra daha gür bir sesle ekledi:

"Dikkat et! Bu kusurlu akrabalık başına iş açmasın, Doktor..."

Tevfik Rüştü, Doktor Nâzım'ın hem eniştesi, hem de gençliğinde hovardalık arkadaşıydı. Gazi'nin, şiddet göstermek bahanesiyle böyle bir hatırlatmada bulunmasını pek terbiyeli bir üslup gibi görmemişti. Ürker çekilirse, Gazi'nin bütün hızıyla üzerine, geleceğini biliyordu. Paşa'nın sesinde, özlemlerine henüz kavuşmamış öfke ve isyanlar gizliydi. Bu bunalımın, bu hüznün her türdeki gölge ve ışığı, Gazi'nin yüzünde çeşitli renk ve şekil oyunları yaratan bir çeviklik ve kıvraklıkla oynaşıp duruyordu. Bu yüz, giderek değerli ölçülerinden ayrılmış, küçük bir cep aynasında seyredilebilecek boyutlara dönüşmüştü.

Doktor Tevfik Rüştü, anlaşılmaya muhtaç bir hasta seyreder gibi Gazi'ye baktı. Darağacı metotlarıyla yaratmak istediği dehşetin arkasındaki gerçeği bulmak için kendisini görevli bir hekim gibi hissediyordu. Yaklaşıp, o cep aynasının küçük çemberine sığınmış yüzü maharetle okşamak ve yine eski dev aynasının o iri, fakat müşfik boyutlarına ulaştırmak istiyordu. Yalnızlık duygusunun insanda yarattığı iğrenme tepkilerinden kurtulmasının kolay olmadığını yüzlerce kere görmüş ve çaresiz kaldığı bir illet karşısında bütün meziyetlerine esef etmişti. Nâzım'ın, saf bir yüz manzarası içindeki sözlerini hatırladı:

"Enişte! Hayranlık yaratan her şeyin arkasında, yalnızlıkla yoksulluğun kaynaştığı bir yüksek seviye vardır. Bu seviyeyi tutturanlar daima yükselir, bu seviyede duracak kadar tecrübesi olmayanlar, hep bize gelirler."

Gazi mücadele yıllarında içinde hep bir yalnızlık hissetmiş, ilk

İttihatçılık günlerinden beri kendisini, istemese bile küçük görmüştü. Yoluna dikilmiş herkesin zihninde bunun bir sabit fikir haline geldiğine inanmıştı. Her şey, her hareket, Gazi'yi yükseldiği yerden alaşağı etmeye çalışan düşman hayalleri gibi gözünün önünde büyüyordu. Bir Cavid, bir Nâzım, bir Nail, görmeye tahammül edemediği düşman yüzleri gibi önüne çıkan hayaletlerdi. Ziya Hurşid'in bakışları, Canbulad'ın esrarlı yüzü, Şükrü'nün dilindeki imalar artık bir daha yoluna çıkamayacaktı. Kara Kemal'in bakışlarındaki alay, Abdülkadir'in gözlerindeki ateş söndürülmeliydi.

Tevfik Rüştü, hâlâ Gazi'yi seyrediyordu. "Bu yüze, gerçek hayatın hülyaları ne güzel yakışır" diye düşündü. Bu yüz şimdi, şuuraltına bağdaş kurmuş tutkuların ve korkuların elindeydi. Bütün bu korkulu portreler, bin bir şekle bürünebilen bir geometriyle karşısındaydı. Bir neşterle, bu çehrelerin korkulu etkileri ortadan kaldırılıp, yeni bir hayat ve görüş enerjisiyle, aynı şuurun altında bir mutluluk filizine dönüştürülebilirdi:

"Paşam! Her şey sadece bir tabiat eseri değildir. İnsanın kendi terbiyesinden gelenler de vardır... Siz askersiniz, selahiyetlerinizi avucunuzda tutmaya meraklı bir disiplinde yetiştiniz. Bu disiplin korkuya dayanır. Gelin isterseniz, size bir sevgi idrakinin çok daha lezzetli bir nizam olduğunu anlatayım. Ebedîlik dediğimiz tutku bu vasatta daha gür ve güzel yetişir."

Tevfik Rüştü, Gazi'nin kendisini dinlemediğini fark etti. Gazi başını, odanın boyutlarını tam kavrayacak şekilde sürekli hareket ettiriyor ve izlenmesi mutlaka zorunlu bir ibadetin cezbesine kapılmış gibi gözlerinin bütün dikkatini bu tabloya dikmiş bakıyordu. Açık pencereden içeri girmiş bir serçe, odanın bütün köşelerine doğru uçmuş, çıkış yolu bulamadığı için, iri bir Çin vazosunun üzerinde tünemek istemişti. Yorgunlukla yaklaştığı vazonun içine düştü ve çırpınmaya başladı. Serçenin, küçük gövdesinden çıkan ince sesler, devasa çığlıklar gibi koca odayı dolduruyordu. Belki de Ayıcı Arif'in asmalarından uçmuş ve bir sitem mektubu getiren güvercinler gibi bu odanın kaderinde çırpınmaya başlamıştı.

Gazi emir erini çağırdı:

"Çabuk, şu serçeyi çıkar bu vazodan..."

Asker, ne yapacağını şaşırmıştı. Serçe artık bir hücreye kapatılmış gibi bütün takatını tüketmiş, soluğunun bittiği noktada son seslerini vermeye başlamıştı. Askerin iri elleri vazonun içine giremiyor, korkulu telaş bütün gücünü alıyordu. Bu kadar değerli bir vazoya zarar geleceğinden korkmuş ve ellerini geri çekmişti. Gazi'nin yüz hatları gerildi. Sesindeki diklik, yeni bir karakter kazanmış gibi sancılı bir acıya dönüşmüştü. Ancak bir çığlık bu acıyı hafifletebilirdi:

"Kır vazoyu!.."

Asker durdu. Gazi'nin sesinde artık o eski musiki yoktu:

"Kır diyorum sana! Bu küçük serçenin o hücrede ölmesine tahammül edemem..."

Cavid'in "çökmez" dediği dev çökmüştü. Dar hücrenin basık tavanı, sanki Hüseyin Cahid'in omuzlarına basmış ve dev kapıyı çökertmişti.

Cavid Bey, sorgudan sonra doğru Cahid'in bulunduğu hücreye koşup, dostuna sarılmıştı. Enezli, koskoca iki insanın neredeyse ağlayacak kadar duygulandığı bu garip manzarayı anlamakta güçlük çekmiş, sadece Cavid Bey'e küçük bir ikazda bulunmak gereğini duymuştu:

"Beyim, etrafı telaşa verme. Müstantik yakmasın canını..."

Cavid Bey, Enezli'nin içtenliğini de yedeğine alarak, belki günlerden beri duyabildiği ilk mutluluk hissiyle bu fırsatı kaçırmak istememiş ve şikâyete başlamıştı:

"Burada layık olmadığım muamelelere maruz kalıyorum. Üzülüyorum Cahid. Alay, hor görme, kin, öç; aklına gelen ne varsa hepsini tatbik ediyorlar... Yakında sen de göreceksin Cahid... Benim tahammülüm kalmadı artık."

Mustafa Nail Bey, bu vakitsiz sızlanma karşısında rahatsız olmuş ve yeni gelmiş birinin cesaretini kıracak sözlerle başlayan konuşmayı yadırgamıştı:

"Hüseyin Cahid Bey, siz sabırlı bir adamsınız. Böyle telaşlara itibar etmeyiniz lütfen."

Hüseyin Cahid, dostu Cavid Bey'in bir kınamaya maruz kalmasını hazmedemedi, ama Mustafa Nail Bey'i, abartmaya merakı olmayan birisi olarak çok yakından tanıyordu. Nail Bey'in ikazını dikkate almakla beraber duymamış gibi davranmak istedi:

"Sen kolayı, zora tercih eden birisi değilsin Cavid. Biraz yorulmuşsun, o kadar..."

Mustafa Nail Bey de eski bir maliye nazırıydı. Cavid Bey'le aralarında kıyasıya hesaplaşıldığı olaylar geçmiş ve bu ihtilaf, saygısını hiç kaybetmeden bu günlere gelmişti. Bu kere işe bir latife katmak gereğini duydu:

"Cavid Bey'in sızlanması pek umumî bir kanaate dayanmıyor. Maliye'de de bu tabiatı sebebiyle pek muvaffak olmuştu. Cavid Bey, her hadisede kendine has bir vasıf aramaktan mesut olurlar..."

Cavid Bey, sert ve insafsız güçlerle uğraşmaya meraklı karakterinin kendisine bütün fırsatları vermesinden mutluydu. Başkalarına ilham verdiğine inandığı bu zarif inceliğinden her zaman cesaret almış, kim çıkarsa çıksın, karşısındakine saldıracak kuvveti bulmuştu. Öfkesini canlandıran küçük görmeleri, seviyesiz kınayeleri unutmuş, bu duyguların yarattığı boşluğa biraz sevgi, biraz şükran katmak istemişti:

"Neyse ki, bütün sıkıntılarımda Doktor Nâzım bana hep teselli verdi."

"Nâzım mı?"

Hüseyin Cahid, hızla yaklaşıp Cavid Bey'in elinden tuttu, koğuşun tenha sayılan köşesine götürdü. Bir süre yüzüne baktı; sesi acılıydı:

"Hayret ediyorum Cavid; nasıl olur da bu kadar kısa sürede böyle değişebilirsin? Nasıl olur da Nâzım'ın tesellisine muhtaç hale gelirsin? O Nâzım değil mi, senin için 'Korkak ve hain' diyen? O Nâzım değil mi, her mecliste, 'O bir Yahudidir, adı da Cavid değil, David'dir' diyen?"

Hüseyin Cahid Bey, yatağına dönerken durdu, Cavid Bey'in şaşırmış yüzüne son bir kere daha baktı:

"Beni hayrete sevk etmekte daima bir sebep bulursun..."

Mustafa Nail Bey, kanlı canlı bir dünyaya hasret kalmış sükûnet içinde Hüseyin Cahid Bey'i seyrediyordu. Bu seyirde, hayal ve ümitlere kapılmış yaşlı, hatta, dindarca bir haz vardı. Bu haz, kaşağılanmayı bekleyen kısrak kıvraklığı ile bütün vücuduna yayılmıştı. Arada bir insanı afallatmaktan hoşlanan beğenmişlik hissiyle hareket ederdi. Hüseyin Cahid'in yüzündeki hatları avucuna almış, sonra istediği yeni şekli yaratıp yeniden suratına yapıştırmış gibi mutluydu:

"Nâzım'dan söz ettiniz değil mi?"

"Nereden çıkarıyorsunuz bunları."

"Hissediyorum."

Hüseyin Cahid Bey şaşırmıştı. Çevresindekilerin hepsinde Nâzım'ı hissetmek gibi bir merak, hatta meziyetin yerleşmiş olduğunu görüyor, bu terbiyede olmayışından doğan bütün zaaflarını umursamadan sürdürmeye çalışıyordu. Mustafa Nail Bey, bu umursamazlığı silkelemek istedi:

"Hatırlıyor musunuz Hüseyin Bey, Osmanlı Bankası para basmayı reddettiği zaman, sizin imzanızla Düyunu Umumiye para basmıştı. Bu memlekette paranın kıymetini düşüren ilk insan sizsiniz. Cavid Bey, o günlerde sırf boyu yetişmediği için gırtlağınızı sıkamamıştı... Sizi koruyan tek kişi Nâzım'dı. Sözleri hâlâ kulağımda: 'İttihatçılar arasında Hüseyin Cahid'in şahsiyetini kavrayacak evsafta adam zor bulunur.'"

Cavid Bey, şaşkınlığını üzerinden atamamıştı. Mustafa Nail Bey'in ortaya attığı hatıradan rahatsız olmuş ve öylece bulunduğu yerde kalmıştı. Hüseyin Cahid Bey, bu kaba ve duygusuz anlatımdan etkilenmemiş gibiydi, gidip Cavid Bey'i oturduğu yerden alıp getirdi. Herkes hayretle birbirine bakıyordu. Bu manzaradaki manayı kavramak imkânsızlaşmış gibiydi. Tek bir imza, artık gerilmiş bütün sinirleri en keskin biçimiyle ayağa düşürebilirdi.

Mustafa Nail Bey, bu defa sözlerine ince ve duygulu bir bekleyiş hissi kattı:

"Lütfen, Nâzım Bey'i rica ettiğimi kendilerine söyler misiniz? Göğsümde hoşlanmadığım bir ağrı var."

Gecenin karanlığı çökünce komiser, elindeki feneri yaktı; geniş bir daire çizer gibi iki defa salladı. Başkomiser, gülerek takıldı:

"İyi beceriyorsun bu işi."

"Babam kahveciydi; çocukluğumda esnafa çay çekerken tepsiyi hep böyle sallardım, elim o günden alışmış demek..."

Başkomiser yanına iki polis alıp, önceden peylediği evin kapısına doğru yanaştı. Çevreyi sarmış polisler, yavaş yavaş gizlendikleri yerden yüzlerini gösterdiler. Çember daraldı; bir şeytanın gırtlağını sıkar gibi parmaklar gerildi, pazular şişti. Sert bir çizme ahşap kapıyı tekmeledi, kırdı. Loş taşlıkta taze gelin çığlığı duyuldu; sonra, yaşlı bir kadın sesi bu tecrübesiz çığlığa hâkim oldu:

"Korkma kızım! Tüfeğim omzumda..."

Bütün polisler içeri girdiler; bu telaş, daracık evin loşluğunda gülünecek bir manzara oluşturdu. Başkomiser elindeki silahı merdivenlere yöneltti. Yaşlı kadın tüfeği omzuna yerleştirmiş, namluyu taşlıktaki hedefine çevirmişti:

"Yaklaşmadan konuş!"

"Kemal nerede? Kara Kemal!"

Yaşlı kadın tüfeği indirdi, yavaş yavaş taşlığa yürüdü:

"Kemal kırk yıl evvel çıktı bu evden, oğlum..."

Başkomiser, elindeki feneri yaşlı kadının yüzüne tuttu; ışık, ihtiyar çehrenin eski güzelliğini ortaya çıkarmaya yetti. Başkomiser, bütün gün pusuya yatmış bir tilkinin eli boş dönüşünden huzursuzdu. Bu kadının yüzünde anasını andıran bir şey vardı. Başkomiser, muhacir yüzlerini iyi tanırdı:

"Anacığım, o ne güzel tüfek tutuştu öyle."

Yaşlı kadın cevap vermedi. Merdiven başında endişeli gözlerle çevreyi seyreden gelinini rahatlatmak ihtiyacını duydu:

"Haydi, sofrayı yeniden kur kızım, bak misafirlerimiz var."

Yaşlı kadın, aynalı lambayı yakıp merdiven başına koydu. Tüfeğini duvara asarken öptü:

"Ben Edirne'nin müdafaasında Şükrü Paşa için vuruştum."

Aliye Hanım'a, İsmet Paşa'nın görüşemeyeceği haberini verdiler. Sarsılmış gibi görünmek istemedi. Necmeddin Sadak Bey ziyaretine gelmiş ve bütün teşebbüslerin bir netice vermediğini uygun bir dille anlatmıştı. Necmeddin Sadak, böyle günlerde, ümitlerin bazen boş çıkmasını hoş karşılamak gerektiğini söylerken ciddi bir ümitsizlik içindeydi. Vali Süleyman Sami Bey, Kâzım Şinasi'nin ısrarlarıyla Başvekil İsmet Paşa'ya bir telgraf çekmiş ve Cavid Bey için şefaat talep etmişti. Necmeddin Sadak, İsmet Paşa'nın "Böyle talebin cevabı mı olur?" diyerek telgrafı çöp sepetine attığını duymuştu.

Aliye Hanım, bütün sükûnetini kaybetmiş gibi sesini yükseltti: "Ama Cavid Bey onun her talebini karşılamıştı. Bir vefa hissi beklemiştim."

"Ümitsizliğe kapılmayın Hanımefendi."

"Ümitsizlik değil, yeise kapılıyorum, Necmeddin Bey. Beni böyle yokmuş farz etmek çok haysiyet kırıcı bir şey."

Aliye Hanım, içindeki sitemi haklı çıkaracak bütün hatıralarını Necmeddin Sadak Bey'e anlatmaya kararlıydı:

"İsmet Paşa, Cavid'i Lozan'a çağırdığında hemen yardımına koştu. Siz hiç Lozan Palas Oteli'nde kaldınız mı Necmeddin Bey?"

"Hayır Hanımefendi!"

Aliye Hanım, konsolun gözündeki albümü getirip Necmeddin Bey'e uzattı. Maroken kapaklı albümün ilk sahifesinde, Cavid Bey ile Aliye Hanım'ın nikâh resimleri vardı. Cavid Bey bu resim çekildiğinde, gülerek Aliye Hanım'ın elini öpmüş ve "Alp Dağları'nda kıyılan ilk Müslüman nikâhı budur" demişti.

Necmeddin Bey resimlere baktı. İkinci sayfayı boydan boya kaplayan fotoğrafta, Aliye Hanım, İsmet Paşa'nın koluna girmiş, birlikte büyük merdivenlerden aşağı iniyorlardı. Aliye Hanım'la göz göze geldi:

"Güzelliğinizden hiçbir şey eksilmemiş Hanımefendi!"

"O gece İsmet Paşa odamıza gelmişti. Elimle kahvesini pişirdim; telaşlı hatta çaresizlik içinde, olayların arkasındaki manaları Cavid'den soruyordu. Cavid, uzun ve teskin edici cevaplarla Paşa'yı rahatlattı. 'Bana yaptığın yardımları hiç unutmayacağım Cavid Bey' diyerek gözlerini öptü. Sonra koluma girip salona indik. Benimle, Paşa arasında, şerefe kadeh kaldırmanın dostluğu vardır."

Doktor Nâzım, başını Mustafa Nail Bey'in yaşlı göğsüne koydu. Nabzını kontrol etti. Sesinde, soluğunda hâlâ o ilk tanıdığı günlerdeki heyecanı duydu. Bu heyecan biraz yaşlanmış, fakat tazeliğini korumak için narin bedeni epeyce yormuştu. Sesini hafifçe yükseltti:

"Cavid'i üzme Doktor, bilirsin biraz hissîdir."

"Nereden çıkardınız bunu?"

"Hissediyorum."

Mustafa Nail Bey, hadiseleri hissetmek gibi bir kabiliyeti olduğuna kendisini inandırmıştı. Cavid'i hissetmekse, artık alışkanlık haline getirdiği şeydi. Cavid Bey, Mahmud Şevket Paşa'yla ihtilafa düşüp istifa ettiği zaman, Maliye nazırlığına getirilen Mustafa Nail Bey, doğrusu, Cavid Bey'den çok çekmişti. Cavid Bey, Hallaçyan Efendi'nin desteğiyle bütün kabine toplantılarında Mustafa Nail Bey'e hücum etmekten zevk alan bir meslek geliştirmişti. Cavid Bey'i hissetmek alışkanlığını o günlerde kazanmıştı.

Doktor Nâzım, muayenesini tamamladı. Yapacak bir şeyi yoktu. Mustafa Nail Bey'in nefes almakta güçlük çektiğini görüyor, elinden bir şeyin gelmeyişine esef ediyordu. Bu göğsün biraz temiz havaya ihtiyacı vardı. Geriye dönmeden yüksek sesle bağırdı:

"Biriniz pencere açsın şuradan, biraz temiz hava gelsin. Mezbele bile buradan daha temiz kokar."

Hiç kimse kıpırdamadı. Doktor Nâzım'ın sesi duyulmamış gibi, herkes sinmişti. Doktor Nâzım, geri dönüp baktı. Hepsi çakılmış gibi oldukları yerde duruyordu. Birinin kalkıp, bir pencere açacak kadar ya cesareti ya gücü kalmamış gibiydi. Nâzım, yerde duran bakır sürahiyi kaptığı gibi pencereye fırlattı. Cam kırıldı; sürahi, demir parmaklıklara çarpıp yere düştü. Ses koğuşta yankılandı.

İçerdekilerden biri telaşla ileri fırladı: "Ne yapıyorsun gene? Başımıza iş açacaksın... Bıktık artık senin bu şiddet merakından..."

Doktor Nâzım, ağırbaşlı, istifini sürdürdü:

"Nail Bey'in temiz havaya ihtiyacı vardı, mesele bu kadar basit..."

Temiz hava, önce odayı, sonra Mustafa Nail Bey'in ciğerlerini doldurdu. Hücreye çökmüş baygın hava, kırılan camla birlikte bir canlılık kazandı, dış hayatla temasa geçmiş gibi rahatlık duydu. Doktor, bu rahatlığı parmaklarında hissetti. Nail Bey'in nabzı, Nâzım'ın hiddetinden şifa bulmuş gibi hızlandı:

"Hâlâ taş gibisin Nail Bey."

"Sen de öyle Doktor. Bana Şeyh Mehmed'i hatırlatıyorsun..."

Genç teğmen, ayağa kalkıp geleni saygıyla selamladı; Gazi Paşa'nın nöbet defterine ziyaretçisinin adını yazdı: Kılıç Ali Beyefendi...

Gazi'nin, Kılıç Ali'den hoşlanan tavrı dikkati çekmiş, bu heybetli ziyaretçinin her gelişi Çankaya'da önemli bir olay gibi değerlendirilmişti. Nöbet defterine göre Gazi'nin, en çok kabul ettiği ve ziyaret ettiği kişilerin başında Kılıç Ali geliyordu. Tevfik Rüştü Bey, Kılıç Ali'nin özündeki cevheri iyi yakalamış ve bundan istifade etmeyi düşünmüştü. Tevfik Rüştü Bey de, hekimlik sanatının iyi teşhis kabiliyetiyle diplomatlık mesleğinin mahareti birleşmiş ve yepyeni bir şahsiyet gibi ifadesini bulmuştu. Teşhisleri doğru, tarifleri daima açıktı: "Bir davanın esasını en çabuk kavrayan Kılıç Ali'dir; işin özünü on koldan sarar, sonra da şeklini başkasına bırakır."

Kılıç Ali, on birinci kol için merdivenleri tırmandı.

İsmet Paşa'nın huzursuzluğu son noktasına varmıştı. Karabekir'in ikazından sonra Ali Fuad da, benzer bir endişeyi hissettirmek istemiş, bu gelişmelerin ileride büyük ve çözümsüz güçlükler yaratabileceği korkusunu yaratmaya özel bir gayret içinde olmuştu. Bütün yakınları aynı şeyi söylüyordu. Korku sineceği yerde, pervasız bir kabahatli gibi önüne çıkıp her fırsatı ganimet bilecek noktaya gelmişti. İsmet Paşa, sinirli bir şekilde bağırmış, bu koroyu bir süre susturmuştu:

"Bir endişeyi ifade edenleri daima takdir ettim; ama iş bununla bitmez. Çareyi gösteren yok. İşte, etrafımda eksikliğini hissettiğim meziyet bu."

İsmet Paşa, yıllar önce Tütüncü Yakub Ağa'nın tavsiyesini hatırladı: "Kendine bir patron bul Yüzbaşı; ileride buna çok ihtiyacın olacak..." İsmet Paşa gülmeye başladı. Böyle gülüşler pek az yüzde, ifade etmek istediği manayı aksettirir. İnsanı ve düşüncesini birbirinden ayırmak imkânsızdır:

"Şu Doktor Nâzım, ne kendine has bir adam; hem ihtilaf, hem çare üretmekte eşsiz..."

İsmet Paşa, Tütüncü Yakub'la tanıştıktan sonra Doktor Nâzım'ın bütün geçmişini merakla eşelemiş ve ilk günde edindiği o büyülü havayı sürdürüp getirmişti. Doktor Nâzım bütün hayatında, insanları hayrete düşüren bir sabır ve ısrarla dikkati çekmişti. Her olay onun hayatında, bir yeni macera gibi önem kazanmış görüntüsü vermesine rağmen, aslında tek bir iddianın ispatına yardımcı olacak hüviyetlere bürünür ve o ölçülerde kalırdı. Her isim, her sıfat, Doktor Nâzım için sadece ihtiyaç olduğu sürece saygıdeğerdi. Geride bıraktığı hiçbir isim ve unvan için bahis açtığı görülmemişti. Şeyh Mehmed Efendi ismiyle Paris'ten gelmiş ve Selanik'te İttihat Terakki'yi kuranları, keyfinin istediği kalıba sokmuştu. Başında sarık, sırtında cüppe, ayağında mesh lastikle Selanik sokaklarını arşınlayan bu imam, Şifreci Talat'ı küçük postane memurluğundan alıp, İttihat Terakki'nin başına oturtmuştu. Talat Bey, hiçbir gayret ve iftihar göstermeksizin konuşan Şeyh Mehmed Efendi'nin getirdiği parayı almış ve elini sıkmıştı.

Aynı akşam, Makedonya Locası'nın biraderlerine olayı anlatırken, "Bu adamın elinde kavranması imkânsız bir keramet var" demişti. İstanbul konaklarının sevda türkülerinde adı söylenen çıtkırıldım Doktor Bahaeddin Şakir'den müthiş bir komitacı yaratan kudret, Doktor Nâzım'ın eliydi.

İsmet Paşa, Nâzım'ın gençlik yıllarını, bol gazelli bir Boğaz sofrasında Yahya Kemal'den dinlemişti. Emirgân tepeleri, safalı bir akşam ·yaşıyordu. Kandilli, mehtabın sürüklendiği sularda uykuya dalmıştı. Hülya tepeler, hülya ağaçlar durgun suda dinlenmeye çekilmiş, gaip bir musiki mevsim sonunu getirmişti sanki... *Nedim Divanı*'nın ağdalı terkipleriyle konuşan şairin dili arındırılınca, kelimelerin gerisinde bir hayret, bir gıpta ve iddialı bir hasret görülüyordu. Yahya Kemal, Doktor Nâzım'ı anlatırken vezni, kafiyesi yerinde bir rubaî tanzim eder gibiydi:

"Düşünün bir kere Paşam! Vardar boylarının hoyrat adamı, Descartes Sokağı'nda Paul Verlaine'e komşu oturuyordu. Külfetsiz biriydi; yüzünde ne kibir ne tevazu vardı. Ben buna sadelik değil, basitlik derim..."

Yahya Kemal, kendi gök kubbesinde daima mutluydu...

Birdenbire bir hayranlık hissi içinde vezin değiştirdi; sanki omzuna bir Lahor şalı atmış Mehlika'nın tarifini verir gibi hülyalıydı:

"Nâzım, güzel adamdı; güzel ne demek, çok güzel adamdı. Gözlerinde, sevmediği herkesi ebedî lanete mahkûm eden bir lisanı dinlerdiniz. Teni beyazdı; uzun ve sarı saçlarını itinayla tarar, geniş alnının üzerinde sanki bir lüle yapılmış gibi toplardı. Kaşları da gürdü kâfirin... Sarı bıyıklarını tam dudaklarının hizasında kesmiş, geniş yüzünün ortasına bir başak demeti gibi bırakmıştı. Bu hummalı baş, kaç ateşli tazenin göğsünü dinlemiştir bilemezsiniz... Bir gün bu canlı yüzü sakallı, o lüle saçları makineyle tıraşlı gördüm. Bütün güzelliğini feda etmiş, üzerine imam sarığı geçirmişti. Meğer Selanik'e gidiyormuş...

İsmet Paşa'nın zihninde, küçük bakkal dükkânının tezgâhından bal kutusu çıkaran Yakub Ağa'nın siması daha canlı ve güzeldi. Şairin, "Mahur Gazel"i anlatan konuşmasına fazla tahammül etmek istemedi. Paşa, açık seçik konuşmayı severdi:

"Üstat, iyi tarif ettin; ama bu surette Nâzım'ın ruhundan eser yok..."

Bütün sinirler gerilmiş, hiçbir olaya karşı duyulmayan meraklar, birdenbire canlanmış ve bir yeni büyü hazırlanır gibi karıştırılmıştı. Her hareket, en basit ve önemsiz niteliğinden sıyrılıp, çok büyük manalar taşıyan ibadetler gibi değer kazanmaya başlamıştı. Herkes, müstantiğin tebessümünden bir beraat kararı tebliğ edilmiş gibi sevinçler duyuyor, Enezli'nin düşünceli halinden idam hükmü verilmiş gibi telaşa, yeise kapılıyordu. Herkes, her olayı kendine ait bir şeymiş gibi benimsemiş, çocuklaşmaya başlamıştı. Mustafa Nail Bey, her yüzün canlı bir tasvir gibi kendini anlatışını seyretmekten çok hoşlanırdı. "Kim bilir benim çehremde nasıl bir illetin tarifi var" diye aklından geçirdi. Hüseyin Cahid'e döndü:

"Bu benim ilk tecrübem; siz Malta'da bu tecrübeyi geçirdiniz, bu illet geçer mi Cahid Bey?"

Malta çağrışımı, Hüseyin Cahid Bey'in gözleri önüne Kel Ali'yi getirdi. Sürgün günlerinin ağırlığında herkes hummaya yakalanmış gibi ateşle kıvranıyor ve her çehreyi kendi felaketini hazırlamış şeytan gibi görüyordu. Bütün diller bilenmiş, bütün bakışlar keskinleşmişti. İlk fırsatta oklar torbasından çekilip yaylarda gerilecekti. Bütün dostluklar birer birer gevşeyip, herkes en yakınını düşman görecek kadar hırslanmıştı. Hüseyin Cahid, Nail Bey'i cevapsız bırakmak istemedi:

"Bu illet bulaşıcıdır Nail Bey. Malta'da her gün, bin ihtilaf içinde neredeyse dövüşüyorduk. Hassas noktayı kavrayacak kimsemiz yoktu. Bütün cesaretler tükenmiş, çöküş başlamıştı. Kırk yıllık dostlarla kanlı bıçaklı hale gelmiştik. Bir gün, Kel Ali ortaya fırlayıp bağırdı:

"Haydi efendiler! Zeybek oynayalım..."

Hüseyin Cahid Bey, Nail Bey'in yanına geldi; omuzlarını tutup, sarıldı:

"O gün zeybek oynadık; her el birbirinin omzuna değdi. Kızgın bir tekke şeyhi suratımıza tükürmüş gibi kendi ayıbımızı, kendimiz bağışladık. Yeniden kenetlendik."

Hüseyin Cahid Bey uzanıp bakır sürahiyi aldı, ağzına dikti ve bitirinceye kadar içti. Sürahiyi, ilk evladını kucağına almış yaşlı bir babanın sevinç ve mutluluğuyla kucakladı:

"Çok korkuyordum Nail Bey. Çökmekten korkuyordum. Neyse ki Nâzım imdadımıza yetişti. Camı kırdığı an rahatladım. Yoksa o illet hepimize bulaşacaktı."

Vardar Bonmarşesi'nin sahibesi Nigâr Hanım önce küçük lavanta tanelerini itinayla ayırdı, hepsini tek tek kokladı; hasret giderir gibi mutlu bir yüz takındı. Lavantaları, pahalı bir mücevheri mahfazasına yerleştirir gibi ipek geceliğin içine serpti. Bir gelinliğin katlanışı gibi özenle paketledi. Akşama Ankara postasına yetiştirmek için sevimli bir telaş içindeydi. Mağazanın muhasebecisini çağırdı:

"Sizin el yazınız okunaklıdır, lütfen şu paketin üzerine yazar mısınız: Selanikli Doktor Nâzım Bey'e takdim edilmek üzere. Cebeci Hapishanesi, Ankara."

Kırmızı elişi kâğıdına paketlenmiş geceliği bağrına bastı. Üzerine, kendi el yazısıyla Paul Verlaine'den bir mısra ekledi. Bu mısranın Türkçesinde, Fahreddin Irakî'nin parıltılarını hatırlatan bir rüzgâr esiyordu:

"Kavuşmakta ben nefsimin kölesiyim, ayrılıkta bütün efendilerin efendisiyim."

Genç teğmen, nöbet defterine ziyaretçinin çıkış saatini yazdı:

"Çok uzun kaldınız içerde, kumandanım! Gazi Paşa Hazretleri bugün yorgundular."

Çankaya merdivenlerinde her zaman hürmetli yürüyüşler vardır; bazen sevinçli bir kalp, bazen azarlanmış bir yüz, bazen ne olduğu tam kestirilmeyen bir macera hissinin boşluğu gezinir.

Kılıç Ali şapkasını aldı, başına geçirdi; arabasına doğru yöneldi, durdu... İsmet Paşa'nın otomobili geliyordu; emir eri koşup kapıyı açtı. Kılıç Ali, saygılı şekilde Paşa'nın gelişini bekledi; selam verip elini sıktı:

"Nasılsınız Paşam! Hanımefendi nasıllar?"

İsmet Paşa konuyu elden kaçırmak istemiyordu. Üzerine gitti...

"Mahkeme işleriniz nasıl gidiyor?"

"Bildiğiniz gibi, Paşam!"

Paşa'nın ani duruşları vardı; karşısındakinden çok kendini şaşırtırdı:

"Bilmek mi? Kimsenin bir şey bildiğini sanmıyorum."

Kılıç Ali, gerçeği teslim eden terbiyede büyümüştü, yiğidin hakkını vermek istedi:

"Gazi Paşa Hazretleri'ne malumat arz ettim."

İsmet Paşa, elindeki şapkasını havaya kaldırdı, Kılıç Ali'ye selam verir gibi bir süre boşlukta tuttu ve kolunu indirmedi, yürüdü. Sesi, arkadan bütün tonlarıyla duyuldu:

"Peki, ne talimat aldın."

Paşa, cevabı beklemeden hızla merdivenleri çıktı, doğru Gazi'nin odasına girdi. Oda boştu. Masanın üzerinde değişik kitaplar, dergiler gelişigüzel bırakılmıştı. Kalemlerin ucu ustaca yontulmuş ve bir kristal hokka takımının önündeki gümüşten bir merdivene benzeyen kalemliğe düzgün biçimde yerleştirilmişti. Bir deste kâğıt ve birkaç zarf, üç beş mektup, uçmasın diye gümüş tokmaklı "papier buvard"ın altına konulmuştu. Masanın üzerinde Fikriye'nin resmi vardı.

Gazi Paşa içeri girdi doğruca misafirinin yanına geldi, elini sıktı:

"Hoş geldin!"

"Hoş bulduk Paşam!"

Gazi, açık renk bol bir pantolon giymiş, kalın kahverengi kemerle belini sıkmıştı. Hasır gibi işlenmiş bir deri pabuç, bu kemerle aynı renkteydi. Üzerindeki bembeyaz, tiril tiril gömleğin cebine sahibinin adının ilk harfleri işlenmişti. Belli ki usta bir el, biraz da hasret giderir gibi bir sıcak tatminle bu harflere göz nuru dökmüştü.

Uzaktan bakıldığında, Gazi'nin yüreğinden fışkırmış iki damla kan bu beyazlığın üzerinde pıhtılaşmış gibi görünüyordu...

Gazi, İsmet Paşa'ya sigara ikram etti:

"Söylediklerinin hepsini uzun uzun düşündüm, İsmet! Bazı notlar aldım. Bazı görüşlerimi değiştirdim; bazı yeni görüşler geliştirdim. Görüyorum ki, Cumhuriyet'e sahip çıkacak kültür ve terbiyeye henüz sahip değiliz. Esef etmiyorum; demek ki, görevimiz henüz bitmemiştir."

Gazi Paşa, masasının gözünü açtı, kendi el yazısıyla hazırlamış olduğu notları İsmet Paşa'ya verdi:

“Bütün ikazlarını dikkate aldım; hepsinden çok istifade ettim... Cumhuriyet’in verilecek o kadar çok savaşı var ki, bana vicdan muhasebesi telkin edenlerin sözleri, meselemizin kavranmasındaki güçlüğümüzü gösteriyor.”

Gazi Paşa’nın konuşmasında zamirler değişmiş, İsmet’i de kapsama alan bir genişlik kazanmıştı:

“İktisat Kongresi’nin zabıtlarını okudunuz sanırım?”

“Bitirdim Paşam!”

“Bir de şuna bak!”

Gazi Paşa, bir esericedit kâğıdını kalın çizgilerle üç eşit parçaya bölmüş, her bölümün başına büyük harflerle başlıklar koymuştu: “Siyasî”, “İktisadî”, “İçtimaî”.

Kâğıt elindeydi. Bir iskemle çekip İsmet Paşa’nın yanına oturdu. Öğrencisine matematik problemini anlatır gibi konuşuyordu:

“Bu tasnifi hiç aklımızdan çıkarmayalım... Siyasî mücadelemizin kalıbı budur; İttihatçılara, “saltanat” diyorum; cumhuriyetçilere “devlet”... Onlar, saltanattan, meşrutiyete geldiler; biz devlette cumhuriyetiz... Şimdi, şeriattan laikliğe geçeceğiz.”

Gazi, masasına gitti; iyi yontulmuş kalemlerinden birini aldı. Kâğıdın üzerindeki okları izleyerek açıklamalarını sürdürdü:

“İktisadiyatımız müstakildir. Millî kapitalist bir ekonomiye destek verecek seviyede devletçi olmak zorundayız. Bunu tahakkuk ettirdiğimiz an, içtimaî davamızın bütün hedeflerini tahakkuk ettirebiliriz...”

Gazi’nin sesi değişti. O beyaz gömleğin yerine, mareşallik üniformasını giymiş gibiydi. Sözleri bir fikrin tartışmaya açılmasındaki usluptan ayrılmış, emir yazdıran hüviyete bürünmüştü:

“İçtimaî hedefimiz için hiçbir taviz kabul etmeyeceğiz, İsmet... İttihatçılar, Garplılaşmak istedi; biz, medeniyetçi olacağız. Onlar, komitacı hüviyetiyle ihtilalci olmak istediler; biz, inkılapçı olacağız. Onlar, Osmanlılaşmak istedi; biz, milliyetçi olacağız. Onlar, İslamlaşmak istedi; biz, laik olacağız..."

Gazi, İsmet Paşa'nın elini tuttu, parmaklarını parmaklarına geçirdi:

"Bir itirazın var mı?"

İsmet Paşa'da ses yoktu. Gazi, bastırmak gereğini duydu:

"Beni anlıyorsun değil mi? Cumhuriyet için neden kimsenin gözünün yaşına bakmadığımı anlıyorsun değil mi?"

İsmet Paşa ayağa kalktı; ellerini havaya kaldırdı. Sanki dua eder gibiydi:

"Paşam, sadece bir dileğim var, daima adil olalım..."

Gazi, İsmet Paşa'yla vardığı ahengi bozmak istemedi. İri aynalı konsolun önüne gidip bir süre kendini seyretti; yüzünde ne sevinç, ne hüzün vardı. Gazi böyle boş bir yüzle bakmayı sevmezdi. Konsolu açtı, bir kutu çıkardı. Kutunun içinde, bir zamanlar İsmet Paşa'ya gönderdiği altın kalemin aynısı duruyordu... Boş yüzüne bir sevimli tebessüm takındı:

"Yarın, 24 temmuz; Lozan'ın üçüncü yılı... Senin adın var Lozan'da; benim değil... Ben, seni Lozan'da hiç yalnız bırakmadım İsmet! Sen de beni sakın Cumhuriyet'te yalnız bırakma..."

Akşam vakti yaklaşmış, koğuşun açıldığı koridorlarda telaşlı ayak sesleri başlamıştı. Her hücrenin kapısını tek tek yoklayan jandarma eri, akşam yemeği ısmarlamak isteyenlerin siparişini alıyor, her defasında hiç duymadığı isimleri bir yere yazmaları için, kâğıt kalem uzatıyordu.

Cavid Bey isteksizlik gösterdi. Aliye'nin sessizliği ve Osman Şiar'dan yeteri kadar haber alamayışıyla özlemleri artmış, çevre, kendisini ilgilendirmeyen boş bir varlık haline dönmüştü.

Eylüle yaklaşmak İstanbul'da bir zevkti. Ada'nın serinliği başlayınca, çamlarda gezip, Aliye'yle mehtabı seyretmek, mutluluk duyduğu önemli ve değerli bir alışkanlıktı. "Şimdi, Ada ne kadar güzeldir" diye aklından geçirdi. Osman Şiar'ın her akşam banyosunu aldıktan sonra mürebbiyesinin kucağında salona gelip annesine ve babasına veda öpücüğü vermesi ne tadına doyulmaz bir iftihardı.

Tüyleri ürperdi. Tahammül edemeyeceği bir kabalığa maruz kalmış gibi kendini geri itti. Aklında en kötü ihtimallerin aynı anda bir zincir gibi birbirine eklenip Aliye'nin üzerine çullandığını düşündü. Aliye Hanım, Osman Şiar'ın "Kiss dady" diye uzattığı yanağını şimdi aynı gurur içinde öpecek huzura sahip miydi? "Mümkün mü, elbette ki imkânsız, elbette ki imkânsız" diye bir esef duygusuyla ateşi bağrına bastı. Bu esefin sesini yükseltti:

"Aliye, mutlaka her gece iki defa öpüyordur Osman'ı; biri benim için, biri kendi için..."

Bu teselliyi uzun süre canlı tutamazdı. Gerçeğin ne olduğunu çabucak kestirdi: Osman Şiar'ın alnına, o kor dudakların yerine, çaresiz bir hasta çehresinin soluk ve sessiz ağzı uzanmış gibi yeniden hüzünlendi. Yatağına uzanıp, biraz dinlenmek istedi. Ceketini çıkardı. Hayal meyal aydınlatan sönük lambanın fitilini yükseltti ve bir kaba çığlıkla kendini geri çekti:

"Defol pis hayvan!.."

Kırık camdan içeri giren kedi, Cavid Bey'in et konservesini yatağa devirmiş, büyük bir açgözlülük içinde yiyordu. Avustralya koyunlarının en yağsız butlarından hazırlanmış kuşbaşılar, bu sokak kedisini bir saray sofrasına oturmuş gibi mutlu etmişti. Kahverengiye çalan salça yatağa bulaşmış, Cavid Bey'in gecelik entarisini pislik içinde bırakmıştı. Bir cesaret gösterip kedinin elinden konserve tenekesini kaptı ve dışarı attı. Kedi bir mermi hızıyla kırık camdan dışarı fırladı ve en ince yerine bir tekme yemiş gibi acıyla kaçtı. Cavid Bey'in dışarı attığı ete saldıran yaşlı bir kadın, kedinin sofra artığına kırk yıllık eşkıya açgözlülüğüyle elkoymuştu. Bu fırsatı, o haliyle bırakmaya niyetli değildi. İçeri seslendi:

"Beyim bir daha sefere, kâğıda sar da at, nimettir bu..."

Cavit Bey, artık ağlayacak noktadaydı. Geceler yalnız ve ıssızdı. Osman Şiar'ın "Boncorno" diyen sesi yoktu. Bu sesteki o incelik, o tat kaybolmuş; şapır şupur öpüyormuş gibi ağız sulandıran bir ekşilik gelmişti.

Doktor Nâzım, fitili yükseltilmiş lambayı duvardan alıp masanın üzerine koydu:

"Nedir bu asabiyetin Cavid?"

"Bu akşam giyecek geceliğim bile yok. Düşünsene çarşafsız bir yatağa uzanacağım. Yarabbi, nedir bu başıma gelenler..."

Doktor Nâzım, elişi kâğıdına sarılmış ipek geceliği Cavid Bey'e verdi:

"Ben lavantadan hoşlanmam, sen giy..."

Cavid Bey geceliği aldı; yatağına oturdu. Nâzım'ın sesi aynı serbestlik ve terbiye içindeydi:

"Yatarken giyersin; şimdi en temiz elbiseni giy; kravatını tak."

Cavid Bey, bu bembeyaz ipeğin tenine değdiği yerde bir cennet bahçesi açılmış gibi şenlenebilirdi. Hüzün, üzerine öyle ağır bir yük gibi çökmüştü ki, kıpırdayacak gücü kalmamıştı. Yatağına oturdu; yüksek sesle Fikret'ten şiirler okumaya başladı. *Rübab-ı Şikeste*'nin her sayfasını cildinden ayırmış, başucuna raptiyelemişti. Her sıkıntılı anında rastgele bir yaprağın önüne geçip önce hafızasına güvenerek okuyor, takıldığı yerde kâğıdın karşısına geçip yeni baştan alıyordu.

Doktor Nâzım, Cavid Bey'e yaklaştı ve elindekini uzattı:

"Ayakkabılarının tozunu da al..."

Cavid Bey eline tutuşturulan şeyi hayretle karşıladı"

"Ne yaptın Doktor?"

"Sadece eteğinden biraz kestim. Aklıma koyduğumu yaparım, Cavid!.."

Halide Edib Hanım, Adnan Bey'e yazacağı mektubu tasarlıyordu. Kısa mektuba çok şey sığdırmak zorunda oluşundan şikâyetçi değildi. "Araya birkaç küçük tahlil cümlesi sıkıştırırsam Doktor maksadımı kolayca teşrih edebilir" diye düşündü. Mektubun başlangıç cümlesini kafasında kurdu: "Bir memlekete yapılabilecek fenalıkları düşündüm; ihanet, menfaat, aptallık, korku, hatta kasıt, bana tesirleri büyük fakat sıradan sebepler gibi göründüler. Bunları şahsî karakter eksiklikleri gibi değerlendirmek mümkündür. Meseleye, memlekete hâkim olan karakter açısından bakınca karşıma çıkanları çok büyük bir dikkatle gözden geçirmek ihtiyacını duyuyorum. Vefa, çok haysiyetli bir duygudur ve millî karakter halini alması gerekir. Kadirbilir olmaktan uzaklaşmakla bütün fenalıkları davet ettiğimizden cidden endişeliyim."

Karabekir Paşa, Zeyrek Yokuşu'ndan iniyordu. Hasret hissini teselli edecek bir ihtiyaçla çocukluğunun geçtiği yerleri gezmek istemişti. Akşamın alacası yeni yeni boy gösteriyordu. Arkasındaki ayak sesinden ürktü ve hızla geri döndü. Mesafeli duruyordu:

"Sizi tanıyor muyum, Efendi?"

Adam duraladı. Haksız bir muameleyle azarlanmış gibi duygulandı. Eğer ayıplı bir durum varsa sorana ait olmalı diye düşündü:

"Nasıl tanımazsınız Paşam! Kars Cephesi'nde çavuşunuzdum..."

Kâzım Paşa yaklaştı adamı uzun bir süre seyredip elini uzattı; Çavuş'un öpüp başına koyacağı ana kadar bekledi:

"Hoş gör Çavuş! Sen unutulacak adam değilsin... Şimdi kötü günlerdeyiz, herkes tetikte duruyor."

Birlikte yürüdüler. Kâzım Paşa, sırtındaki terin kuruduğunu

hissetti. Çavuş'un anlattıklarını dikkatle dinliyordu:

"Harpten sonra dükkânıma döndüm; Cerrahpaşa'da bakkallık ediyorum. Ta Birinci Harp'ten beri askerim, Paşam. Biraz yüzümüz güldü derken, başımıza bu belayı açtılar..."

"Hangi belayı?"

"Gazi'yi vurmak istemişler. Güya Kara Kemal varmış işin başında."

Kâzım Paşa ne söyleyeceğini şaşırmıştı. Bu düzgün konuşan mahalle esnafının ağzından duyduklarını hayretle karşıladı. Aklına gelen ilk soruyu yöneltti.

"Kara Kemal kimdir bilir misin?"

"Bilmez miyim Paşam; aynı mahallenin insanlarıyız. İaşeci olduğu gün dükkânı babama o açtırdı. Şimdi sayesinde bir işim var. Minnetim büyüktür..."

Kâzım Paşa, Çavuş'u yeniden seyretti. Gözleri doluydu, sinirlendi:

"Yakışmıyor sana Çavuş! Dök o gözündeki yaşı da rahatla..."

Akşamın ilk çöktüğü anda insanı ürküten bir rengi vardır. El ayak çekilince koyulaşan renkler arasında alıştığınız her şey kaybolur; çevrede hiçbir eşya kalmamış gibi çıplak bir sahipsizlik hissine kapılırız. İnsanın yokluk içinde kalışındaki korkusunun gırtlağını sıkan tek güç utançtır.

Cavid Bey, geçmişin kendinden kopmayan olaylarını vefalı bir dost gibi günü geldiğinde hatırlayan ve kutlayan alışkanlıklar içindeydi. Aliye Hanım'la geçen güzel günlerin hatırasına sığınmış, tek başına bırakıldığına inandığı bu yorgunlukta teselli bulmuş gibi kendisini sevinçlere boğmuştu. Aliye Hanım'ın Ankara'ya gelmek isteklerinin hepsini geri çevirmiş, bu ayıplı halin seyrinden utanç duyuyormuş gibi yüzü kızarmıştı. Aliye, daima sıcak ve diri bir hatıraydı. Her gün, bu hatıranın ilk yaşandığı günü seyreder, çevresindeki bütün surları yıkıp o eski muhitin içine girerek avunurdu... Sonra gerçeğin balyozu kafasına inmişçesine kendine gelirdi.

O balyoz göründü...

Doktor Nâzım kapıdaydı. Yüzü gülüyor, gözlerinin içi gülüyordu. Dudakları bıçak sırtını andıran ince çizgisinden kurtulmuş, bir tebessüm sığınağı gibi büyümüştü. Gülerken bile Nâzım'ın yüzü sert bakardı. Sesi, hiçbir yumuşama göstermemiş, sadece, kelimelerin taşıdıkları manaların dışında yorumlanmasına imkân vermeyen bir açıklık kazanmıştı:

"Benimle gel Cavid! Sensiz olmuyor."

Cavid Bey, eteği gelişigüzel kırpılmış ipek entari içinde yatağın ucuna ilişmişti. Hücrenin karanlığı içinde bembeyaz ipek, değdiği teni huylandırmış, Cavid Bey'i bütün ışıkları sönmüş bir hatıranın terk edilmiş tahtında oturan yorgun bir ihtiyar efkârıyla ağlatacak noktaya getirmişti. Hatırlamak acı bir arzu gibi neredeyse Cavid Bey'i, her vesilede gözleri ıslanan çocuk kadar duygulandırmıştı. Cavid Bey, bu efkârlı saadet lezzetinden mahrum kalmaya niyetli değildi:

"Dokunma bana bu gece Nâzım. Aliye'yle dertleşmek istiyorum."

Doktor Nâzım'ın sesi yumuşadı:

"Çabuk ol! Elbiseni giy, kravatını bağla ve yüzüne az rastlanır güzellikte bir vakar takın. Bakışın o ilk günleri andıran alevli ışıklarla parlasın. Buna hepimizin ihtiyacı var. Eminim, Aliye Hanım da çok mesut olacaktır."

Cavid Bey önce şaşırdı; sonra, Nâzım'ın dediklerini bir itaat hissi içinde aynen yerine getirdi. Lambayı eline alıp aynaya yaklaştı. Alacakaranlıkta yansıyan yüzünün yorgun hatlarında hâlâ taze ve hasretli çizgiler görünüyordu. Bakışlarına o alevli sıcaklığı takınmaya çalıştı:

"Hazırım Doktor! Bu gece içimde gücünü tam kestiremediğim bir dev kıpırdıyor."

Son bir defa bakmak ihtiyacıyla aynaya yaklaştı; saçlarını düzeltti. Duvara astığı şiirlerden Fikret'in, gıptayla esefi iç içe yaşadığı feryadını bir kere daha yüksek sesle okudu:

"Yiyin efendiler, yiyin; bu hân-ı iştihâ sizin..."

Nâzım'ın yüzü ekşidi. Hangi şartlarda olursa olsun, yanlış yorumu affetmeye niyetli görünmüyordu. Bu seste, açık bir vicdan muhasebesi yatıyordu:

"Fikret o şiiri, Yıldız'ı yağmalayan İttihatçılar için yazmıştır. Sen kimi kastettin bilmiyorum."

Birlikte dar ve nemli koridoru geçtiler; yol boyunca Cavid Bey, Doktor'daki değişikliğin sebebini arıyor, bu ani heyecan ve mutluluğun nasıl gelip Nâzım'ı etkilediğini kestirmeye çalışıyordu. Merkezi Umumî kapısında sıkmamak için duvar dibine gizlenmeye çalıştığı Nâzım'ın eli, şimdi avucundaydı ve özlediğinden daha sıcaktı.

Doktor Nâzım kapıyı açtı, Cavid Bey'in girmesi için saygılı şekilde geri çekilerek yol verdi:

"Cavid'in hakkı, Cavid'e verilmelidir."

Koğuş alışılmışın dışında aydınlıktı. Bütün tutuklular, hücrelerinin lambalarını alıp gelmişler ve bu şenlikli meclisin rengini açmışlardı. Mustafa Nail Bey öne çıkıp Cavid Bey'in elini sıktı:

"Bu fikrin sahibi Doktor'dur. Ben sadece kendilerine yardım ettim..."

Mustafa Nail Bey, Doktor Nâzım'ı kucakladı. Nail Bey'in ela bakışları karardı, ağlayacak kadar gevşemişti:

"Kardeşim! Velinimetim! Seni her zaman farklı bir insan olarak takdir ettim."

Hüseyin Cahid, Cavid Bey'in yanına yaklaştı, böylece Nâzım

ile Cavid'in arasına kendi varlığını yerleştirmiş ve Cavid'in maruz kalabileceği herhangi bir asabiyete karşı iri gövdesini siper etmişti. Sesinde bir başka asabiyet gizliydi:

"Mahiyetini tam bilmediğin bir şey için nasıl böyle istekli görünebiliyorsun?"

Nâzım, Hüseyin Cahid'i iteleyerek ortaya çıktı. Elindeki paketi açtı, içindekini gösterdi ve sabah hiddetle kırdığı camın üzerine itinayla yerleştirdi:

"Meşrutiyet Bayramı bugün rüştünü ispat ediyor. Tam on sekiz sene önce istibdada son verdik. Bugün, bizim en büyük Hürriyet Bayramı'mızdır. Hiçbir ihtimal, hatta tehditle bundan vazgeçemeyiz."

Cavid Bey hayretle pencereye asılan bayrağa baktı.

Vardar Bonmarşesi'nin sahibesi Nigâr Hanım'ın itinayla paketlediği kırmızı elişi kâğıdı düzeltilmiş ve Cavid Bey'in giydiği beyaz ipek geceliğin eteğinden kesilen parçadan ay-yıldız yapılarak üzerine özenle yapıştırılmıştı.

Hüseyin Cahid, Doktor Nâzım'a yaklaştı, ellerini tuttu ve kendisine çekip sarıldı. Kırk yılın acısı, tatlısı birbirine karışmış, Hüseyin Cahid bir gururu, sahibine teslim etmişti:

"Nâzım! Seni kıskanmaktan takdire fırsat bulamadığımız için esef ediyorum. Beni daima hayrette bırakan meziyetlerin vardır."

Koğuştakiler heyecana kapıldı. Herkes birbirini kucaklıyordu. Aylardır dar hücrelere lanetliler gibi kapatılanlar, bir darrüşşifadan boşanmış gibiydiler. Niyazi'nin dağa çıktığı geceyi andıran gurur kırılmış, bütün hazların üzerine yoğun bir karanlık basmıştı. Şaşkın bir mutluluk, bu karanlığın içinde sert ve sıcaktı. Mustafa Nail Bey, sabah vakti sıkışan göğsünde ferahlık hissetmiş ve ciğerlerinin bütün genişliğini kullanan kantocu gibi derin nefes aldıktan sonra sesini yükseltmek ihtiyacını duymuştu:

"Haydi, hep birlikte söyleyelim..."

Mustafa Nail Bey, biraz önce hoşaf içtiği bakır sahanı eline almış, tıpkı tef çalar gibi usul vurarak yaşlılar korosuna *Hürriyet Marşı*'nı söyletiyordu:

"Bayrağımız, şanımız;
Hürriyet imanımız."

İttihatçıların hepsinde küçük bir işaretle kenetlenecek disiplin ruhlarına öylesine sinmişti ki, bütün dargınlıklar unutulmuş, ilk günlerin heyecan ve saadeti yeniden birbirine bağlamıştı. Ufacık koğuşta köy düğünlerini hatırlatan bir rahatlık ve gevşeklik içinde coştular. Hüseyin Cahid Bey, marşın nakaratını tek başına söyledi:

"Feda olsun canımız;
Kurtuldu vatanımız."

Doktor Nâzım, Mustafa Nail Bey'e yaklaştı:

"Bir daha bana göğsüm sıkışıyor deme, Nail Bey. Bütün meslek hayatımda böyle geniş göğüs dinlemedim. Sende sönmeyen bir ateş olduğunu söylediklerinde zor inanmıştım. Demek ki doğruymuş. Nereden çıkardın bu marşı?

Mustafa Nail Bey istifini bozmadı:

"İsmail Hakkı Bey sık sık ziyaretime gelirdi. Her vesileyle meşk ederdik. Musikimizin İttihatçısı odur. Kısmet olur evimize dönersek Doktor, sana mükemmel bir şevkefza faslı dinleteceğim."

Doktor Nâzım, elindeki lambayı yukarı kaldırdı. Hafif bir rüzgârla kısık alev titredi, bayrağa yansıyan ışıklardaki oynayış sanki dalgalanıyormuş gibi serinlik getirdi. Nâzım'ın sesinde rastlanılmamış bir sükûnet dikkat çekiyordu. Bu ses birden yükseldi ve tekrar eski sükûnetine döndü:

“Lambaları kaldırın! Işık! Daha bol ışık!..”

Bu seste, yıllarca önce himaye talep eden İstanbullu taze dulun, Nâzım’ı özleyen yumuşaklığı vardı. Hacı Salih Efendi’nin cenazesinden sonra başsağlığı dilemek için gittiği matemli konağın loş selamlığında, çalkantılı bir ömrün sudan yorgunluğunu üzerinden atmış genç ve diri bir güzellik seyretmişti. Bu güzellik, dünyaya metelik vermeyen bir bakış daveti uzatır gibi Nâzım’a yaklaşmış, teselli ihtiyacını açıkça ifade etmişti:

“Doktor! Ömür boyunca himayenize ihtiyacım olacaktır. Hissettiklerimi size bizzat ifade etmekten memnunum. Lütfen bu sözlerimi rastlamak istemediğiniz cesaretler gibi ayıplamayınız. Eminim ki, yakınlığımın size getireceği hiçbir yük olmayacaktır.”

Doktor, her vesileyle İstanbul’a geldiğinde bu himaye ihtiyacındaki taze dulun avunabileceği bütün ihtimalleri sonuna kadar kullanmış ve her seferinde turfanda bir mevsim meyvesi tadar gibi heyecanlanmıştı. Her yaz tenine değen ince ketenler, sadakor gömlekler, bu rint tavırlı dulun göz nurunu getirirdi. Her kış, terini emen Selanik fanilaları, Nigâr Hanım’ın hasretini hissettiren lavanta kokularıyla Vardar Bonmarşesi’nin etiketini taşırdı.

O ipek geceliğe, Nigâr’ın omuzlarını okşar gibi dokunmuş, baygınlık geçirir gibi titremişti. Bir hayal hafifliği Nâzım’ın yüreğine çökmüş, nabızlarının vuruşu, güneşli bahar sabahlarındaki yağmurlar gibi birden boşanıvermişti... Nigâr dağınık saçlarının rüzgârıyla bu küçük hücreye girmiş, usul adımlarla Nâzım’a yaklaşmıştı. Rüyalı ruhunu sunmaya hazır Meryem gibi Nâzım’ın sert ve hatırlı kasnağında gerilmeye hazırdı. Avucunda serin sular getirmiş Bedevî kızlarının ateşi hissediliyordu. Mermer alınlı sebil çeşmelerinin, üzerinde dualar kazınmış bakır taslarından birini sunar gibi eğildi. Hayatın bütün sırları çözülmüş, takatı tükenmişti... Nigâr, himaye talep ettiği gecenin o ilk ve devamlı sıcaklığıyla karşısındaydı. Bütün musikisiyle Nâzım'a bakıyordu. Yeşil gölgelere gömülmüş evliya türbeleri gibi, hayatın değişmez derleniş ve toplanışını getirmişti.

Doktor Nâzım, birdenbire Teşkilatı Mahsusa'ya fedai seçen Şeyh Mehmed gibi vecde geldi. Gözlerinin önündeki zarif endamlı hayali devirdi; elindeki ipeği buruşturup attı. İnsanın kendini ayıplayışındaki ses, bütün ışıkları söndürür:

"Nâzım! Şimdiye kadar hiçbir şeyin sırasını şaşırmadım."

Koridorda telaşlı sesler yükseldi. Hürriyet Bayramı'nı kutlayanlar derlenip toparlandılar. Kırık camın üzerindeki bayrak hafif rüzgâra göğüs germiş gibi sessiz ve biraz da hüzünle dalgalandı.

Kapıyı Enezli açtı. Kılıç Ali ile Necib Ali göründüler. Hepsi ayaktaydı; yanlış zamanda karşılaştıklarının farkına varmış, şartların getirdiği bir tesadüfî haksızlığa uğramış gibi, acısını belli edecek bütün tavırlarını takınmışlardı. Kapının açılmasıyla birlikte elişi kâğıdı, hırslanmış gibi iddialı bir sesle dalgalanmaya başladı; tutturulduğu yerde bir iki takatsız mukavemet gösterdi ve sonunda düştü.

Doktor Nâzım ile Kılıç Ali, aynı anda eğilip bayrağı aldılar. Nâzım'ın sesinde fırtına vardı:

"Nasıl buldunuz Ali Beyefendi?"

Kılıç Ali bir şey söylemek istememiş ve sıkıcı bir sessizlik doğmuştu. Cavid Bey ileri fırladı:

"Ölçüleri tam değil. Bir şeyi nizamında yapmanın önemli ve medenî bir vasıf olduğunu daima görmek istemişimdir."

Kılıç Ali fırsatı kaçırmadı:

"Anlaşılıyor ki, Cavid Bey'in fikrini almamışsınız."

Sonra ekledi:

"Nâzım Bey'i takip edebilmek benim için daima müşkül olmuştur. Sizin de kendisini kolayca izleyemediğinizi görüyorum."

Loş hücrenin üzerinde yıldızlar iri ve ışıklıydı. Her şeyiyle ölçülüp biçilmiş bir nizamın haklarını tavana asmıştı. Sonsuzdan duyulan bir ses ve teselli getiriyordu.

Necib Ali Bey, hafif alaycı bir tavır içindeydi, Nâzım'ın elindeki bayrağı aldı, inceledi:

"Nihayet Cavid Bey'in katılacağım bir fikrini bulabildim. Gerçekten ölçüleri tam değil. Teşhisinizi tebrik ederim Cavid Bey..."

Mustafa Nail Bey, küçüklerini himaye etmek isteyen yaşlı gibi ortaya çıktı. Elinde bakır sahanı tutuyordu. İnce, uzun parmaklarıyla bir iki tempo tuttu:

"Necib Ali Bey, bir zamanlar *Hürriyet Marşı*'nı en yüksek perdeden okuduğunuz günlerimiz olmuştu. Yine bana iştirak etmek istemez misiniz?"

Sonra geriye döndü:

"Haydi beyler! Necib Ali Bey'in hafızasını tazeleyelim."

İttihatçılar yavaş yavaş Mustafa Nail Bey'in etrafını sardı. Hep birlikte aynı tempoya uygun şekilde seslerini yükselttiler:

"Bayrağımız, şanımız;
Hürriyet imanımız."

Cavid Bey, Necib Ali'ye yaklaştı. İzmir duruşmalarındaki, yukarıdan bakışın intikamını alıyormuşçasına heyecanlandı. Tek fısıltı, gecenin bağrını yaran bir çığlık gibi yükseldi, yankılandı:

"*Marseillaise* de böyle söylenmiştir, Necib Ali Bey."

Sonra Kılıç Ali Bey'e dönüp ekledi:

"'Zamanın içinden, dışına taşmak için hiç bu kadar zarif bir sebep zuhur etmiş miydi hayatınızda, Ali Bey?"

Cavid Bey, Meşrutiyet Bayramı'nın her yıldönümünde geçmiş kutlamaların kendisini nasıl mutlu bir ruha kavuşturup gururlu bir neşeyle sardığını hatırladı. Bütün felaketlere rağmen insanlara yaşamak ve hissetmek hakkını veren bu siyasî bayramı bir mutasavvıf dindarlığıyla idrak ediyor ve sevinçlerini ortaya döküyordu. Hücresine döndü bir kâğıda geçmiş on sekiz yılın takvimini yaptı.

İlk müjdeyi Bükreş'te bir kır kahvesinde avazı çıktığı kadar bağıran gazetecinin sesinden almıştı. İnanarak istememeye varan hayreti ve sonsuz sevinci aynı anda duymuş, açıkçası biraz da tereddüt etmişti. "Selanik'e dönmem gerekir" diye düşünmüş ve hemen yola çıkmıştı.

Yol boyunca bütün istasyonlarda sele kapılmış gibi sürüklenircesine koşuşan binlerce insan, sanki bu harika hadisenin yaratıcısıymış gibi trenden inen herkesin ellerini, ayaklarını öpüyordu. Üsküp İstasyonu'nda daha perona girer girmez bir köşeyi siper edinmiş iki endişeli sima dikkatini çekmiş ve Cavid Bey'i ürkütmüştü. Talat ile Hafız Hakkı'nın durgun yüzlerinde hayra yoracak hiçbir iz yoktu.

Talat, Cavid'i kucaklamış, asık çehrenin sebebini açıklamıştı:

"Cavid sıkıntıdayız. Arnavutlar şımardı. Başımıza iş açmalarından korkuyorum. Onlara teminat vermek ihtiyacındayım. Fikrini almak isterim. Gelişin çok isabetli oldu."

Hafız Hakkı hürriyet adına şiirler okuyan mektepli çocuklar gibi şenlenmek istiyor; Talat'ın ağır gövdesinin baskısından kurtulamamış gibi sesini kısmış duruyordu. Talat'ın etkisini yeniden takdir eden duygulara kapıldı. Cavid Bey, küçük hadiselerden büyük davaların sonucuna varmış gibi saadete kapılırdı.

Geceyarısına doğru Selanik'e geldiklerinde, kadınlı erkekli binlerce insan istasyonu doldurmuş, özünü tam kavrayamadıkları bu ilahî bayramı kutluyorlardı. Cavid Bey, sevinçle bu yüzlerdeki memnuniyeti seyretmiş sonra endişeye kapılmıştı.

"Bu bayramı idrakte acze düştükleri günden bizi koru Yarabbi!" diye sessizce dua etmişti. Şehre giden yolun her köşesinde durdurulmuş, gittikçe büyüyen kafilenin ısrarlarıyla nutuk atmıştı. Vardar kıyısında, Olympos Meydanı'nda, Hamidiye Bahçesi'nde Cavid'in sesi saatlerce yankılanmıştı. Bu ses hâlâ kulaklarında çınlıyor, Selanik sahillerinden kopup gelmiş bir dalga gibi dar hücreyi serinletiyordu.

Kapı açıldı. Cezaevi kumandanı içeri girdi. Enezli kapıda emir bekliyordu. Yıldızların barışacağına inandığı iki eski arkadaşı bir araya getirmiş gibi mutluydu. Kumandan göz ucuyla masanın üzerindeki kâğıda baktı, Cavid Bey'in elini sıktı:

"Hatıralarınız mı Cavid Bey?"

"Meşrutiyet Bayramı'nı nerelerde kutladığımızın takvimini çıkardım. Buyrun! Okuyunuz efendim."

Kumandan elindeki kitabı uzattı:

"Ancak bunu bulabildim. Zira, sizin okumadığınız bir kitabı bulmakta zorluk çekiyorum."

Kumandan, masanın üzerine Halide Edib'in *Handan* romanını bıraktı:

"Başka istediğiniz bir şey var mı Cavid Bey?"

Cavid Bey artık tutulamazdı... Boşaldı. Sözleri, düşündüklerinden daha hızlı şekilde dökülüyor ve kendisini bile hayrette bırakıyordu:

"İsterim! İsterim!.."

Masanın üzerindeki resmi gösterdi. Gümüş çerçevenin içinde Osman Şiar, al bir yüzle gülüyordu. Aliye Hanım'ın kollarından fırlayıp kumandanın kucağına sıçramak, haki elbisenin üzerinde küçük altınlar gibi parlayan düğmelerle oynamak ister gibi hırçınlık gösteriyordu. Osmancık'ın gözlerinde "Babamı isterim" diyen ağlamaklı bir bakış vardı...

Cavid Bey sözlerini tamamladı:

"Osman'ı isterim Kumandan Bey! Ama biliyorum, onu getirmek sizin elinizde değil..."

Cavid Bey, istediğinden pişman oldu, duruldu... Yüzü, bakışı, içini başka türlü sızlattı. "Bu hissi anlamak kolay değildir" diye düşündü. Her ikisinin de gözlerinde ortak bir ihtiyaç ifadesini bulmuş, kelimelere dökülmeden o dokunaklı haliyle öylece kalmıştı.

Doktor Nâzım, Mustafa Nail Bey'i bir kere daha elden geçirdi:

"Kendine iyi bak Nail Bey! Bana sözün var, burdan çıkınca fasıl dinleteceksin. Biliyorsun, ben alacağımı kimsede bırakmam..."

Mustafa Nail Bey fanilasını giydi, yatağının ucuna oturdu:

"Doktor! Yalnız kalmayı bekledim. Ömrümün sonuna yaklaşıyorum. Hiç şükran hissi tatmamıştım; nasıl bir şey olduğunu hep merak ediyordum. Bu gece bana bu nimeti sen verdin... Sağ ol!"

Doktor Nâzım, Nail Bey'in neredeyse bir çocuk gibi ağlayacak noktaya gelmesinden ürktü. Böyle zaafların bir dava adamının karakterinde ciddi tehlikeler yaratabileceğini çok görmüştü. Gevşemek, Nâzım için en az ihanet kadar ağır bir suç demekti:

"Kimseye minnetin, şükranın olmamalı ki Nail Bey, başını daima dik tutabilesin. Talat'ın, Enver'in benden çekinmesi hep bu yüzden olmuştur."

Mustafa Nail Bey, bilgiç tavırla başını salladı:

"Bilirim! Bilirim, Doktor..."

Doktor'un sesi birden sertleşti:

"Hayır efendim, bilemezsiniz. Asla bilemezsiniz... O meclislerin mahrem hayatına vâkıf olabilmeniz mümkün değildir."

Nâzım artık tutulamazdı. Son nefesinde itiraf etmeyi tek çare görmüş bir esrarengiz liderin takatsizliği içindeydi:

"Enver'i hep çocuk bulmuşumdur. Onu ciddiye aldığım tek bir

hatıram bile yok. Mustafa Kemal, Enver'i kıskanacak yerde sevmeye çalışsaydı üç gün içinde işini bitirir, ezer geçerdi... Talat'ın himayesi olmasaydı, Manastır'da dağa çıkacak cesareti bile bulamazdı. Talat'a gelince, onu hep takdir ettim. Önceleri kestiremediğim hiçbir hareketini hatırlamıyorum. Ona karşı hep saygılı fakat tetikte durdum."

Mustafa Nail Bey, hükümlerinin değer taşıdığının kabul edilmesini istiyordu:

"Talat Bey adamı arkadan vuracak tıynette değildir."

Nâzım köpürdü:

"Elbette değildir! Olsaydı, onu oralarda tutar mıydım hiç?.. Kurnazdı, ama metodu yoktu. Sisteme ulaşamamıştı. Bütün ipleri elinde tuttuğunu sanıyordu. Bir kuklacı, hangi parmağına hangi ipin bağlı olduğunu mutlaka bilmek zorundadır. Talat bazen elini kaldırmak istediği kuklanın ayağını kırardı."

Doktor Nâzım kırdığı potun farkında değilmiş gibi devam etti:

"Maliye nazırlığından düşürüldüğünüz günü hatırlayınız Nail Bey; bugün bile maruz kaldığınız hakarete haklı bir sebep bulabiliyor musun?"

Mustafa Nail Bey'in sesinde hiçbir esef hissi yoktu:

"O günler çok geride kaldı, Doktor..."

"Hayır! Hayır, hiçbir şey geride kalmadı. Heyecanlarınız kaybolmuş, ihtiyarlamışsınız. Bütün bencilliklerinız ortaya dökülüp sizi esir almış. Ne yazık!.. Kendinize has bir sırrınız yokmuş meğer. Bazen kendime yazıklar olsun Nâzım, hiç kimse işin aslını kavrayacak kabiliyette değilmiş diyorum. İstibdat hepinizin nefretiydi; benim hedefim. Ben vurdum, siz sevindiniz; o kadar..."

Nâzım, maşrapadaki suyu içti. Yeniden doldurup Mustafa Nail Bey'e sundu:

"İçiniz biraz."

Mustafa Nail Bey suyu içerken Nâzım konuşmasına devam etti:

"İşin aslını kavrayan tek kişi vardı: Kara Kemal... Onun kadar hızlı düşünen bir zihne, onunki kadar sağlam bir mantığa rastlamadım. Zihnindeki kudrete sadece vicdanıyla kafa tutacak kadar inceydi. Özlediğim iki canlıdan biri daima Kara Kemal olmuştur. Ona hayran olunmaz; mümkün olsa tapılırdı..."

Nâzım, bu bahsi artık kapatmak istiyordu. Daha geniş bir tartışma içerisinde, yükseltmeye çalıştığı Kemal için yeni kıskançlıklar, yeni husumetler doğmasına yol açabilirdi. Başka şartlarda olsa sonuna kadar sürdüreceği bir kavganın "şimdi sırası" değil diye düşündü. Sinirler gerilmiş, eski dostluklar, o sevdalı vasıflarını kaybedip sıradan alışkanlıklar gibi kolayca boş verilecek seviyelere düşmüştü. Sadece seviye farkını hatırlatan bir küçük ima, yahut açık seçik bir ikaz yeterli olabilirdi:

"Onu takdir edebilecek seviyeye acaba kaçımız ulaşabildik!.."

Koğuşu doldurmuş kim varsa hepsinin yüzünde sıkıntı vardı. Doktor, kınayan bir hırsla ekledi:

"Neden ipleri bu çaylaklara bıraktın Kemal?"

Doktor Nâzım, Talat'ın gelişigüzel hükmünün ağır bedelini ödemiş bir arkadaşının gururunu yükseltmek istedi. Getirildiği günden beri uzakta, kendi kurduğu dünyada sessiz sedasız kalmayı yeğleyen Hilmi Bey'e döndü. Kara Kemal'in, "Tek sakin tabiatlı İttihatçı" dediği Hilmi Bey, gerçekten geldiği günden beri ağzını açmamıştı:

"Hilmi Bey, sen anlarsın ne dediğimi. Sana karşı Talat'ın işlediği haksızlığı asla affetmedim."

Hilmi Bey, hiçbir şeyi umur etmeyen bir garip rahatlık içindeydi. Umumî kâtiplik günlerinin heyecanlarını gerilerde bırakmıştı.

İlk defa, Meşrutiyet Bayramı'nda giyinmiş ve sesini sadece o gün yükseltmişti:

"Beyler! İzmir'de verdiğimiz şehitlerimizin ruhuna bir Fatiha okuyalım..."

X

"İlk ceza odur ki, hiçbir suçlu
kendi yargıçlarından kurtulamaz."
Juvenalis

İstiklal Mahkemesi'nin hâkimler heyeti hep birlikte içeri girdiler. Yüzleri, celsedeymiş gibi şiddetle asılmıştı. İsmet Paşa soğuk sayılabilecek bir tavırla karşıladı. Sadece Kılıç Ali'nin elini biraz uzunca sıkıp sordu:

"Çocukların nasıl?"

"Ellerinizi öpüyorlar Paşam!"

"Gözlerini öptüğümü söyleyiniz Ali Bey."

Gazi, İsmet Paşa'nın gönlünü almak için ilk fırsatı bulmuş ve Lozan Antlaşması'nın yıldönümü için Hariciye Köşkü'nde bir yemek verilmesini istemişti. Gazi görünürlerde yoktu.

Falih Rıfkı, bir tavşan gibi hızlı ve sevimli beyazlıklar içinde içeri girdi, önünü ilikleyip Paşa'yı selamladı.

"İyi akşamlar Paşam!"

İsmet Paşa elini Falih Rıfkı'nın omuzuna koydu, gülüyordu:

"Seninkiler burada. Sakın bir hadise çıkarmalarına fırsat verme."

Hadise çıkmasına imkân yoktu. Gazi göründü. Herkes iki yana çekilip saygıyla geçişini seyretti. Gazi, Falih Rıfkı'nın önünden geçerken durdu:

"Nasılsın çocuğum?"

Bu ilgiyi, dikkatle izlendiğine emin olduğu bazıları için kasıtlı olarak göstermiş, sonra Falih Rıfkı'yı elinden tutarak kendisiyle beraber sürüklemişti. Birlikte bir köşeye doğru yürüdüler. İsmet Paşa ev sahibi olarak Gazi'yi izliyordu. Akşam güzel bir serinlik içindeydi. Bahçenin iri güllerinden yayılan baygın bir koku çevreyi sarmış, herkesi kendine bağlayan, fakat ulaşılması imkânsız bir kadına dokunuyormuş gibi lezzet vermişti.

Gazi rakısını içti. Bir tane daha verilmesini istedi. Falih Rıfkı koşup bir yeni kadeh getirdi. Avucundaki iri tuzlu leblebileri uzattı:

"Başka emriniz var mı Paşam?"

"Barıştın mı?"

Gazi'nin sesinde ihtar vardı. Bir hata işlenmiş ve gereği yokken iki yakını birbirine cephe almış, hatta açıkça suçlayacak kadar ileri giden düşmanlıklara dönmüştü. Falih Rıfkı, İzmir duruşmalarında Kel Ali'nin Cavid Bey'e hakareti bir âdet haline getirmesinin yakışıksız olduğunu Gazi'ye anlatmış ve bu hareketi haklı gösterecek hiçbir sebep bulamayacağını söylemişti.

Falih Rıfkı, Kel Ali'nin ileri geri konuşup hatta tehdit etmesini işitince, "Bu adamla temas etmek için Gazi'nin bile emrine karşı çıkarım" diye düşmanlığı artıracak her hareketi üstlenmişti. Gazi, emrine itaatsizlik gösterilmesine tahammül edemezdi. Falih Rıfkı'ya seviyesini hatırlatan bir tonda konuştu:

"Şimdi gelip elini sıkacaklar. Bir sıkıntıya meydan vermeni istemiyorum..."

Falih Rıfkı, o geceyi bütün ayrıntılarıyla hatırlıyordu. Elhamra Sineması'ndaki duruşmaya katılmış ve mebus olduğu için mahkeme heyetiyle birlikte sahnede oturmuştu. Sanki bütün mebuslarda, Cumhuriyet adına İttihatçıları sigaya çeken bir intikam lezzeti vardı. Kel Ali, Cavid Bey'i karşısına almış ağır bir dille hakaret ediyordu. Falih Rıfkı, sırtından bir terin boşandığını hissetti. Bu korkulu nem, bütün vücudunu sarmış ve fena bir şey yapmış çocuklar gibi Falih Rıfkı'yı utandırmıştı. "Bir geri İttihatçı, bir ileri İttihatçıya karşı kinini kusuyor" diye düşünmüş ve yeise kapılmıştı. Akşam, Çeşme'de Gazi'yi ziyaret etmek ve izlenimlerini aktarmak gereğini duymuştu.

Gazi, İsmet Paşa'yla bir küçük köşke misafir olmuş ve kendisini ziyarete gelenleri kabul ediyordu. Falih Rıfkı, istekle içeri girmiş, Talat Paşa'nın yaveri Abdülkadir'i görünce duralamıştı. Gazi vaziyeti anlayınca yakınlık göstermişti:

"Çekinme! Söyleyeceklerini dinleyeceğim."

Falih Rıfkı çekinmeden konuşmuştu:

"Paşam! Bir adalet mahkemesi veya siyasî bir rejim mahkemesi olabilir. Adalet yalnız haklıyı haksızı, rejim mahkemesi ise yalnız kendi selametini düşünür. Ben her ikisini de anlarım. Fakat, Ali Bey'in ne yapmak istediğine mana vermek mümkün değil."

Gazi susmuş, bir şey söylememişti. Daha sonra Kel Ali'yi bir kenara çekip duruşmalarda saygılı davranılması gerektiği konusunda ihtarda bulunduğu dayulmuştu. Kel Ali, Falih Rıfkı'yı kara listeye almış ve "gammaz" diye cezalandıracağı fırsatı aramıştı.

Üç Aliler Divanı, kıdem sırasına göre gelip Gazi'ye hürmetlerini sundular. Sonra Falih Rıfkı'nın elini sıktılar. Gazi, Kel Ali'yi çağırdı:

"Reis! Bu işi fazla uzatma artık. Bir an evvel sonuca git."

Sonra Falih Rıfkı'ya döndü:

"Sen de, bu bahsi bir daha açma."

Gazi, sinirli şekilde aralarından geçip gitti. İki düşman grup, yeniden hırslarını tazelemiş gibi birbirlerini süzdü. İsmet Paşa, Falih Rıfkı'nın koluna girip, bu delikanlı ruhlu gazeteciyi Üç Aliler Divanı'nın şerrinden kurtarmak istedi:

"Meseleye bu kadar ehemmiyet verdiğini bilmiyordum Falih. Memnun oldum."

"Bunu nasıl düşünebildiniz, Paşam. Beni iyi tanıdığınızı sanıyordum... Doğrusu üzüldüm..."

İsmet Paşa, kendi sıkıntılarını anlatabileceği birisini bulmuş, hiç olmazsa bir hatıra ciddiyetiyle bu gerçeği açıklayacağına emin olduğu birisine içini açmak ihtiyacı hissetmişti :

"Hepimizin sıkıntıları var Falih! Tahminlerinin çok üstünde sıkıntılar..."

Falih Rıfkı, itibar edildiğini fark etmekle beraber, biraz da küçük görülmüş gibi hitap edilmesinden rahatsız olmuştu:

"Geçen hafta Halide Edib Hanım'la birlikteydim. Adnan Bey'in adi bir cani gibi Kel Ali'nin eline teslim edilmek istenmesinden fevkalade rahatsız olmuştu."

Yakaladığı fırsatı tam kullanmak istiyordu. Bastırdı:

"Bilirsiniz, dili istediği zaman çok ağırlaşır... Seçtiği kelimeleri hatırlamaktan şimdi bile utanıyorum. Fakat kendisini haksız bulmadım."

İsmet Paşa sinirlendi:

"Sen de aynı fikirde misin?"

"Belki daha ilerideyim, Paşam."

"Ne kadar ileridesin Falih, bilmek isterim..."

Genç gazeteci, Halide Edib'le yaptığı görüşmenin telkinleri altında kaldığını biliyor, fakat mümkün olduğu kadar kendi görüşlerini aktarmaya çalışıyordu:

"Gazi'nin millî kahramanlık ve liderlik otoritesi gittikçe zayıflıyor. Cumhuriyet'in devam edebilmesi için Mustafa Kemal'in uzun yaşamasından başka çare görmüyorum. Ancak, bu çarenin kâfi olduğuna inananlar giderek azalıyor. Gazi'den yana olanlara gazeteciler 'dalkavuk' diyorlar. Heyecan varken sarıldığımız şey sükûnet gelince bizi bırakabilir. Her başarıda mutlaka rekabet, hatta şahsî kinler vardır. Halkın hazmedeceği kadar vakit tanımadığınız her harekette bu kinlerin doğmasını beklemeye hazırlıklı olmalıydınız. Ama ölçüyü kaçırmamak gerektiğini unutmayınız. Sinsice bekleyen şımarık ve korkak bir ses duyuyorum. Mustafa Kemal'in ölümünü, Cumhuriyet'in sona ermesi için tek çare görüyorlar."

İsmet Paşa gürledi:

"Ölümün çare olması başkadır, öldürmeye karar vermek başka..."

"Cavid'in, Nâzım'ın, Nail'in, hele Hüseyin Cahid'in Gazi'yi öldüreceğine nasıl ihtimal verirsiniz. Bu size yakışır mı Paşam?"

İsmet Paşa'nın sesi yumuşamıştı:

"Ne yapmamı bekliyorsunuz?"

"Eski fedailer zihniyetini Cumhuriyet'e sokmayın Paşam. Bir gün sırayı size de getirebilirler..."

İsmet Paşa, yanlarından geçmekte olan garsonun tepsisinden iki küçük kadeh aldı. Birini Falih Rıfkı'ya uzattı, ötekini sonuna kadar bir defada içti:

"Aynı eve iki kere yıldırım düşmez, delikanlı..."

Mustafa Nail Bey'in göğüs ağrısı tekrar bastırmış, koğuşu telaşa vermişti. Herkes bir fire verileceği endişesiyle sinikleşmiş, adım atamaz hale gelmişti. Hüseyin Cahid, Doktor Nâzım'ı çağırmak için fırladı. Mustafa Nail Bey, derin soluklar alıyor, her nefes alışta daha da sıkışan göğsüne artık güvenemeyeceği korkusuyla terliyordu.

Nâzım içeri girdi ve durakladı. Karşısında yine çözülmeye hazır bir kadro görmüş ve bu ağır baskıyı mutlaka kovması gerektiğine inanmıştı. Hilmi Bey yadırganacak kadar sakin tavrını bir kenara bırakmış ve telaşla koşup Nail Bey'in başına gelmişti. Doktor olarak korkulacak bir şey olmadığını söylese bile, gevşemeye hazırlıklı bu ürkek meclisin yüreğindeki ağırlığı söküp atması mümkün olmayabilirdi. Beklemedikleri anda şaşırtan ihtimalleri getirmek, şok etkisiyle bu bitkin topluluğa yeni bir can kazandırmak istedi. Sevimli bir yüz takınmaya çalıştı, beceremedi. Sesini en gür tonuyla yükseltti:

"Tefini verin eline, anlaşılan marş söylemek istiyor."

İçerdekiler gülüştüler. İlk ciddi tepki Mustafa Nail Bey'den geldi. İlk nefes bağrı açılmış, düzenli teneffüs etmeye başlamıştı. Gerçekten tefi eline alıp marş söyleyecek kadar rahat görünüyordu.

Doktor Nâzım bir süre bekledikten sonra, yeniden Mustafa Nail Bey'i muayene etti:

"Tekrar ediyorum Nail Bey! Taş gibisin, biraz sigarayı azalt."

Kendisi bir sigara çıkardı, yasemin ağızlığa taktı. Derin bir nefes çekip, keyifle dumanı savurdu. Hüseyin Cahid, hayretle doktoru seyrediyordu. "Bu adam hakikaten çok farklı hususiyetlerle yaratılmış" diye düşündü. Hüseyin Cahid, akıl kalıpları dediği sınırların dışındaki her insanı hayret, her hareketi dehşetle seyreden bir alışkanlık kazanmış, daima uyanık, daima hazırlıklı olmak gibi sahibini ağır yük altında ezen bir zahmete sahip olmuştu. Doktorla dertleşmek istiyordu:

"Doktor! Gel şöyle otur, sana bir kahve pişireyim."

Nâzım birdenbire değişmiş, yine eski şakacı haliyle yakaladığı fırsatı kullanmak istemişti:

"Sen de Cavid gibi cezveyi bana yıkatırsın. İstemem... Malum a aynı kaptan su içersiniz."

Hüseyin Cahid şekeri, kahveyi cezveye koyup ispirto ocağının üzerine yerleştirdi. Birlikte yatağa oturdular. Nâzım, bir divana kurulmuş gibi bacaklarını çekip yayıldı. Konuya nasıl, gireceklerinden kaynaklanan bir sessizlik oldu. Doktor, uzanıp cezveyi aldı, fincanlara döktü ve ilkini Hüseyin Cahid'e verdi:

"Ben aslında sade içerim, ziyan olmasın diye içiyorum."

Hüseyin Cahid telaşlandı:

"Neden önceden söylemedin?"

"Bunca yıllık arkadaşlığımız var. Demek ki, zerre kadar dikkatini çekmemişim."

"Haksızlık ediyorsun Nâzım! Bari, 'Hatırın için içiyorum' de..."

Nâzım, haksızlık ettiği inancında değildi, fakat üstelemek istemedi. Cevapsız bırakmak hoşuna gitmiyordu:

"Siz, etraftan gelen bütün tesirlere karşı hassassınız. Böyle olunca, meselelere ayıp, mahzurlu, makul, muvafık gibi hükümlerle bakıyorsunuz. Ben ise önce gerekli mi, doğru mu diye bakarım. İhtilafa düştüğüm her meselede hep bu nokta dikkat çekmiştir. Beni, kimseyi adam yerine koymayan burnu büyük biri sanmanız da bundandır. Tam idrak edemediğiniz şey hakkında ayıp olmasın diye hüküm veriyorsunuz. Bırakın, ayıp olsun... Bir şey kaybetmezsiniz. Asıl bu şekilde ayıp ettiğinizi bir kavrayabilseydiniz ne muhteşem bir kadro olurduk..."

Hüseyin Cahid, istenilen yerden konuya girildiğini görünce rahatladı. Uzun süredir kafasını işgal eden soruları ortaya dökecek ve Nâzım'ı çözecekti. Şimdiye kadar Nâzım'ı hep başkalarından dinlemişti. İşin sonunda Nâzım da insandı ve eğer doğru yoldan yaklaşılırsa onu da açmak, gerekiyorsa açmaza düşürmek mümkün olabilirdi:

"İnsanlar ancak sosyal ihtiyaçlarına göre sevk edilebilirler. İktisat ilmi de insanlar için tıp kadar önemlidir. Fakat sen Nâzım, insan denilen varlığı bir şeye muhtaç görmekten rahatsız oluyorsun. Buna, şefkat de dahil... Böyleleri müşfik görünseler bile aslında zalimdirler. Böylelerine yaklaşmak zordur, güvenmek imkânsızdır. Senin, hep korkulan, hep uzak kalınmak istenen bir kişi olman bundandır. Halbuki, herkes birine ait olmak, ondan kabul görmek ister. Bana tek bir hadise göster ki, çirkin olsun ve içinde mutlaka, 'Nâzım vardır' denilmesin?"

Hüseyin Cahid, kahvesinden bir yudum aldı ve devam etti:

"Bu ne büyük haksızlık! Burada bulunuşun bile bu kadar basit bir sebebe dayanıyor. Hiçbirimizin zerre kadar suçu olmadığına öylesine imanım var ki..."

Nâzım, konuşmayı kesti:

"Görüyorsun işte! Hâlâ hadisenin tam idrakinde değilsin. Ziya Hurşid manyağın biriydi. Gazi'yi vurmayı kafasına koyduğuna eminim. Ama hadisenin bize sıçraması onun suçu değildir. Cavid de aynı hatayı işliyor, sen de... Cavid'in bütün suçu terbiyeli, biraz da böbürlü adam olmasından geliyor. Demin iktisat ilmi diyordun, haklısın... Cavid, büyük evde büyüdü, daha büyüğünde ihtişam içinde yaşadı. En büyüğünün hayalini kurdu. Büyük konakların adamlarında varını yoğunu göstermek merakı vardır... Kara Kemal, Gazi'yle görüşmesini anlatmak için, isteyince evini açtı. İşte, sizin suç diye gördüğünüz şey bu. Buradan hareket edince, her haliyle masum olduğunuza inanıyorsunuz. Ya karşı taraf meseleye nasıl bakıyor, hiç bunu düşündünüz mü?"

Nâzım, kendi sorusuna cevap vermedi, bekledi. Hüseyin Cahid'in kavrayışını ölçmek istiyordu. Hüseyin Cahid, Cavid'i korumak ihtiyacıyla cevapladı:

"Cavid'in sürati intikali çok yüksektir... Aynı hızla cevap vermek istediği için bazen etraflı düşünmeden hareket eder. Bir meziyetin bu kadar mahzuru olması tabiîdir. Buna kader deyip geçmek gerekir."

Nâzım, konuşmaların gidişinden artık rahatsız oldu. Kıvamı kaçmış bir görüşmeye zorla ortak olmuş gibi bıkkınlık göstermeye başladı. Gerçek elden kaçmış gibi huysuzlaşmış, düşünceleri ve dili sertleşmişti:

"Yorma beni üstat! Ziyan edecek vaktim yok."

"Kaçıyorsun..."

"Kavrayamıyorsun."

İkisi de sakinleşmek ihtiyacını duydu. Koğuştakiler, yataklarına oturmuş büyük dikkat ve sessizlik içinde konuşmalara kulak kabartmışlardı. Bu tartışmada bütün koğuş, Hüseyin Cahid'den yana olmuş, Nâzım'a karşı birikmiş ne kadar kıskançlık ve kin varsa, hepsinin hesabını görecekleri bir fırsatı yakalamış gibi kasılmışlardı. Herkes kendisini, *Tanin* başyazarının sözlerindeki kadar saf ve masum görüyordu.

Nâzım konuşmayı bitirmek niyetindeydi:

"Gazi'yi de, İsmet'i de hepimizden iyi sen tanırsın. Mukayese edecek imkânlara sahipsin. Bizim ufkumuz, istibdadı devirmekten ibaretmiş. İstibdat dediğimiz, otuz yıllık bir saray kıdemlisi... Sığmışız anlayacağın... Gazi, Cemiyet'e girdiğinde aramızda barındırmadık. Neden? Çünkü, ufkunu yakalayamadık. O genişlikten, o derinlikten ürktük... Dönüp mazinize bakınız, hepiniz Anadolu'dan bir vebalı gibi kaçtınız. Üstelik vatanperver sıfatlarla itibar gördünüz... Bir tek o, Anadolu'ya geçti. O zaman yakaladım ondaki cevheri. Ama iş işten geçmişti. Saltanatın ilgası, hilafetin ilgası... Bütün bunları düşünmek, en iri kafaların bile kellesini çatlatırdı."

Nâzım, açılmış gidiyordu. Bir süre sonra bu söylediklerinden pişmanlık duyacağını fark etmesine rağmen sözlerini sürdürdü. Hiçbir şeyi, "ayıp olur" endişesiyle söylemekten çekinmiyordu. Sanki, Tütüncü Yakub Efendi yine o eski paspal cüppeyi giyip ortaya çıkmış gibiydi. Kendi sorusunu cevaplamak istedi:

"Yolunu tutmuş gidiyor. Hiçbir şey lazım geleni yapmaktan alıkoyamaz. Gazi için biz bir ufunetiz, irinli bir yarayız. Tıpta bir kanun vardır; bir yaraya neşter vurulacaksa, o neşter mutlaka vurulur. O kan akıtılır..."

Son hüküm karşısında Hüseyin Cahid şaşırdı. Ne söyleyeceğini bilmeden bir süre bocaladı. Cevap verecek bir şey bulamıyordu. Dinleyenlere bakıp yardım istedi. *Tanin*'de Ali Kemal'e kan kusturan kalem kırılmış, o bıçak gibi dil körelmişti. Bir şeyler söylemek istedi:

"Cavid nerede acaba? Bir de onun fikrini alsaydık."

Nâzım'ın elinde neşter vardı ve vurdu:

"Herhalde Aliye ile Osmancık'ın resmine bakıp bakıp ağlıyordur gene..."

Yahya Kemal, Falih Rıfkı'dan dinlediklerini yemeden içmeden Halide Edib'e yetiştirmiş, sanki sevinçli bir haber müjdeler gibi, duyduklarını heyecanla aktarmıştı. Varşova elçisinin dili pırıl pırıl bir düzlükteydi:

"İsmet Paşa'nın gösterdiği ısrarı küçümsemek doğru olmaz. Bu sabrının sonunda büyük bir yanardağ gibi patlayacağından eminim. Mutlaka bu mesuliyetsizliğe bir çare bulacaktır."

Halide Edib, işittiklerine ihtimal vermediği gibi, cesaretli görmediği kimselerin vaadine itibar etmediğini de her vesileyle söylüyor, dizginlerini tutamadığı asabiyetiyle sesini yükseltiyordu:

"Gazi'ye rağmen mi demek istiyorsunuz?"

"Evet Hanımefendi! Gazi'ye rağmen İsmet Paşa'nın bu mesuliyetsizliği sahibine ödeteceğine eminim. Gelse gelse, Kel Ali'nin hakkından İsmet Paşa gelir..."

Halide Edib, bezgin bir dul kahrını kusar gibi konuşuyordu:

"Üstat, hayal içindesiniz!.. Unutmayınız ki, 'Aziz İstanbul' için kasideler yazmıyor, Adnan'ın hayatını konuşuyorsunuz benimle... Kırık dökük manzumelere kafiye arayan sıkıntılar gösterip, derdimi teskin etmeniz mümkün değil. Ben sizden boş dedikoduları değil, varsa bu konudaki fikrinizi öğrenmek istiyorum. Gazi'yi bu davasında haklı görebildiğiniz tek bir sebebiniz var mı? Varsa bana onu söyleyiniz..."

Yahya Kemal, bir durgunluk geçirdi ve sessiz kaldı. Yaralı bir kadının, hele Halide Edib gibi, kelimeleri hançer kadar keskinleştirebilecek kabiliyette bir kadının beklediği tasdikleri ileri sürmenin sırası değil diye düşündü. Halide Edib'in hiddetinde, sadece söylediği gibi bir haksızlığın ifadesi değil, açık seçik ölçülerde bir koca hasreti de hissediliyordu:

"Konuşsanıza Üstat! Sizin göreviniz sadece nargile içip gazel söylemek değildir."

Yahya Kemal benzer bir hiddetle cevapladı. Sadece nargile içip, şiir yazan sorumsuz ve bencil bir şair gibi görülmekten rahatsız olmuştu:

"Bir kararlılık kazanmayı neden denemiyorsunuz? Neden, sakin bir akılla meseleleri değerlendirmekten kaçıyorsunuz. Her dakika, her saniye hiddetle ne elde edebileceğinizi sanıyorsunuz?"

Yahya Kemal, son sözlerini söyleyecek noktaya geldiğini hissettirmek istedi:

"Yanık bir mersiye gibi kendinizi tekrar etmekten vazgeçiniz... Yusuf Akçura haklıymış. Ruhunuzda ya hiddet ya da istihza var, sizde aklıselime rastlamak mümkün değil..."

Halide Edib ayrılmak üzereyken Yahya Kemal'in arkasından bağırdı:

"Peki, ya Ankara'da ne var? Ben, hangi aklıselimden bahsediyorum?"

Cavid Bey, gerçekten ağlıyordu. Elindeki bütün nimetlerin alınmasına meyus bir tahammül göstermiş, en basit bir şeyin yok olmasına karşı çığırından çıkmış bir çocuk gibi hüngür hüngür ağlıyordu.

Lozan'da İsmet Paşa'ya, "Paşa, talep ederken elini masaya vur, bu bir şirretlik değil, hakkını istemenin ahlakî şiddetidir. Zeus bile uysal isteklere güler, hiddetli taleplere boyun eğerdi. Ecnebiyle çok temasım olmuştur, bunları iyi bilirim. Bütün zalimler gibi hiddetten korkarlar..." diyen Cavid Bey, adeta buharlaşmış, bir soğuk iklimden geçip yağmur gibi ipince bir Cavid'e dönüşmüştü.

Cebeci'de sabahın ilk ışıkları tembeldir.

Cavid Bey, yataktan fırladı; sesinin bütün gücüyle bağırdı:

"Bugün 14 ağustos! Evliliğimizin altıncı yılı. Saadete erdiğim asrın ilk günü..."

Son duruşmaya çıktığı günden beri Cavid Bey bir çöküş içine girmiş, kendisini hayata bağlayan her şeyini kaybetmiş gibi bir boşluğa gömülmüştü. Her gece karasevdalı meczup titreyişleriyle sevdiklerinin resimlerinin önüne geçip, saatlerce sessiz bakışlarını fotoğrafın üzerinde tutuyor, sonra boşalıyordu.

İtinayla tıraş oldu. En yeni elbisesini giydi. Yatak çarşaflarını, yastık yüzlerini değiştirdi. Dudaklarında bir delikanlı ıslığıyla dolaşmaya başladı. Aliye'nin bütün hatları, ilk rastladığı günün tazeliğindeki genç kız çevikliğini kazanmış, dar hücrenin meydanında gezinmeye başlamıştı. Cavid Bey, Selanik kafeşantanlarında akşam sefası sürmeye gelmiş hatırlı aile kızlarının yüzünde çok sık rastladığı o davetkâr saygıyı yeniden seyrediyormuş gibi derin bir hayranlık, hatta tapınma duygusu içinde Aliye'yi izlemeye başladı. Uzaklardan bir ince musiki, sadece ikisinin duyabileceği kadar nazik ve cömert tonda boşluğu doldurdu. Cavid Bey, elini uzattı, Aliye Hanım'ı tuttu. Sarıldılar Alpler'in bol şömineli, yüksek tavanlı dağ otellerinin en geniş salonunda karları seyreden bir rahatlıkla dans etmeye başladılar. Mor gecenin zeminindeki kar taneleri, Aliye'nin fotoğraftaki beyaz puanlı lacivert elbisesine benziyordu. Birden kar durdu, mor zemin zifire döndü. Cavid Bey, boşlukta kalan ellerinin çaresizliğiyle doğru duvara koştu, Aliye'nin resmini aldı. Soğuk çerçevenin camını öptü, öptü, öptü...

Yatağın içine girdi. Resmi yeniden kokladı, kucakladı. Aliye'nin saçlarını dağıtır gibi yastığın üzerine yerleştirdi. Başını yanına koydu. Dudaklarındaki ateş, hasret gidermiş gibi serinledi. Aliye ile Cavid, artık birlikte ağlıyordu.

Hücre kapısı zor açılır. Cavid Bey, Enezli'nin anahtar çevirişindeki dostluğu yakalamış ve bu sesten bir musiki yaratmıştı. Enezli, çekilip kumandana yol verdi.

Cebeci'de sabahın ilk ışıkları nihayet gelmişti...

Kumandan, Cavid Bey'e sarıldı; yanaklarını öptü:

"Bugün evlilik yıldönümünüz. Sizi tebrik ederim Cavid Bey. Allah uzun ve sevdalı yıllar nasip etsin. Hanımefendi'ye lütfen hürmetlerimi yazınız."

Kumandanın gözlerinde bir sağdıç desteği gülüyordu. Elindekini uzattı:

"Çiçek bulamadım. Buyrun! Odamdaki saksıdan iki yaprak getirdim."

Cavid Bey, yeniden boşaldı. Yaprağın birini Aliye Hanım ile Osmancık'ın resimlerinin üzerine yerleştirdi. Gözleri, bir hüzünlü hasretle ıslaktı.

Kumandan ayrıldı. Enezli, hücrenin kapısını kilitlerken sordu:

"Akşama ne istersin beyim?"

Cavid Bey, ikinci yaprağı iğnelerken maziyi dimağında yaşatıyordu:

"Bol yoğurtlu patlıcan kızartması..."

XI

"Çoğunluk yola, azınlık hedefe bakar."
F. Nietzsche

İstanbul!

Şehvetli bir kıskançlığın hüznü ve kahkahası...

Apaş bir kadın kadar hazır ve rahat...

Constantinus'tan, işgal ordusuna kadar her çehreye aşina, büyülü fakat soluk...

Ufukta kaybolan güneş, titreyen birkaç ışık, bezgin bakışlı bir yüz gibi örtünen deniz... Boğaz daima güzeldir...

Tarzı Nevin vapurunun güvertesinde tiril tiril bir beyazlık... Hırslı bir zihin, göğsünü rüzgâra vermiş, Kandilli'den, İstinye'den, Çubuklu'dan geçiyor... Yüzaklarına sırt çevirmiş eski İstanbul seyrinde serinlik var... Birkaç bulut, garip bir grilik içinde, uğursuz bir haberci figürü gibi maviliklere oturmuş. Dokunsalar ağlayacak...

Salih Bey, şefkatle yaklaştı:

"Paşam! Serinlik artıyor, üşüyeceksiniz..."

Elindeki kalın hırkayı Gazi'nin sırtına koydu. Önündeki masaya bir yeni şişe, birkaç Çengelköy bademi ile bir küçük üzüm salkımı bıraktı...

Gazi şişeyi eline aldı, palayıbıyıklı efenin meydan okuyan şiddetini biraz gülerek seyretti:

"Hiç denedin mi bunu? Sakız üzümlerinden yapılmıştır. Emsalinden üstündür ve gayet lezizdir. İşte! Meşhur Kara Efe Rakısı..."

Bardağına biraz döktü, suyunu ilave etti ve bir defada başına dikti; sonra hiçbir şey olmamış gibi konuşmasını sürdürdü:

"İttihatçılık, ne göklere çıkarılacak kadar muhteşem, ne de yerin dibine batırılacak kadar ayıplı bir harekettir... Şartlar onu yarattı ve şimdi şartlar yok edilmesini istiyor. Bütün kavgaların içinde yer aldı diye korkmaya sebep yoktur. Bir davanın haysiyetini incitmeden suçlularını cezalandırmak haksızlık değildir."

Bir küçük Çengelköy bademi ısırdı, üç beş üzüm tanesini seçti ve leblebi çiğner gibi ağzına attı. Artık dolu bir ağızla konuşuyordu:

"Biz de o davanın içindeydik İsmet! Ben de o davanın içinde nice tehlikelere göğüs gerdim, sen de..."

İsmet Paşa, fazla iltifatı olmayan bir sessizlik içinde dinliyordu. Şartların yarattığı kadronun ileri gelenlerinin şimdi aynı kadronun geride kalmışlarının elinde nihayete erdirilmek istenmesinde açık bir haksızlık hissediyor, bu huzursuzluk içinde söyleyeceklerinin tam hüviyet kazanmadığını görmekten sıkıntı içinde terliyordu:

"Onlar da aynı tehlikelere göğüs gerdiler Paşam! Kabul ediniz ki, Cumhuriyet'te emekleri vardır... Mesela Cavid! Lozan'daki hizmetini hatırlıyorum. Eksik kaldığımız her şeyi tamamlayan bilgi ve maharetine hayranlığım hiç değişmedi."

Gazi, istemediği bir yola giren konuşmadan rahatsız olduğunu belli edecek tavrı takınmak istiyor, şiddet göstereceği noktaya bir türlü gelemiyordu... Önce, karşısındakini hazırlamayı, sonra yumuşadığını görünce, birden parlamayı daha uygun bir yol görmüştü. Şimdi alttan almanın sırasıydı:

"Cumhuriyet için gördüğüm en büyük tehlike bir İttihatçı sultasının diklenmesidir. Mesailerini takdir etmiyor değilim. Cumhuriyet mesleğinde yer almaları için teklifte bulundum, Kara Kemal'e saatlerce Cumhuriyet'in bir manevî medeniyet olduğunu anlattım... Boş konuşmuşum!.."

Gazi, diklenecek zamanın geldiğini fark etti. Bunu hatırlatmak istiyordu:

"İsmet? Senin ne kadar yumuşak kalpli olduğunu bilirim, şefkatinin bir hataya meydan vermesindeki ihtimali hatırladıkça titriyorum. Cumhuriyet'in geleceği söz konusu olunca, senin o şefkatli kalbinin nasıl gözü pek bir şiddetle herkesi ezdiğini de gördüm. Şimdi sadakati şüpheli bir iki mahalle arkadaşına arka çıkmak için zayıflık göstermeni istemem."

Gözü pek bir zalim gibi davranmak...

İsmet Paşa, hoşlanmadığı bir sıfatla tanımlanmış olmaktan rahatsız oldu. Pervasız bir emir eri gibi değil, danışarak, görüşerek Gazi'yle ortak kararlar almış ve en sert haliyle uygulamıştı. Şeyh Said'in Genç vilayetinin dağlarında yükselttiği mistik sada aslında, Cumhuriyet'in canına kastetmiş bir eşkıya narasından farklı değildi. Bu ses, önce hilafeti geri istiyor, sonra eteğine kapanacağı saltanatın lütfunu özlüyordu.

İsmet Paşa, Şeyh Said'in dağlarını kana boyamıştı; mor dağların kanı uzun süre koyu aktı...

İngilizler, Said'in elindeki fitili ateşlemiş ve uzaklaşmıştı. Bu bomba, önce doğuda patlayacak, sonra adım adım Ankara'ya kadar uzatılacaktı. Bu fitili İsmet'in döktüğü kan ıslatmış, söndürmüştü...

Gazi, İsmet Paşa'nın daldığı hatıraların acılı gecelerinde nasıl sabahlara kadar çalıştıklarını hatırladı. Bu heyecanı Şeyh Said'in asıldığı gece İsmet'in yüzünde uzun sürecek bir mutluluk gibi seyretmiş ve bu yorgun gururun ortağına sarılıp kucaklamıştı. Gazi şimdi rahattı. İsmet'in o gözü pek yanının yeniden ateşlenip istediği sertliği getireceğini bekliyordu:

"Kel Ali bu işi fazla uzattı. Muhakemeler artık başlasın."

İsmet Paşa son bir gayretle boyunu göstermek istedi:

"Paşam, inanıyorum ki, bu arkadaşlarınız Cumhuriyet'e sadıktırlar."

Gazi, görüşmeyi kapatmak gerektiğini anladı:

"Cumhuriyet'i ben kurdum. Kökleşinceye kadar sadakat değil, açıkça itaat isterim."

Birkaç saniye bekledi. İsmet'in gönlünü alacak bir söz aradı. Gazi aradığını önceden hazırlamıştı:

"Çok genç yaşta çok büyük mesuliyetler taşımış birisin, böyle bir davanın basit yükünden korkacağını düşünmek bile istemiyorum."

İsmet Paşa durakladı. Birden kendini toplayıp sesini ciddi şekilde yükseltti:

"Korkmak mı dediniz, Paşam?"

"Canım lafın gelişi işte..."

İsmet Paşa'nın bütün hatları gerildi. Bütün ihtimalleri cevaplayacak bir ses yükseltti:

"Benim karakterim, lafın gelişine bırakılamaz, Paşam! Bunu, fark etmemiş olmanızı hayretle karşılıyorum."

Gazi, tavrını değiştirdi:

"Peki öyleyse! Şefkatin başımıza bir iş açmasın diyorum..."

Önce zorbalık, sonra korkaklıkla hırpalanmış şahsiyetine Gazi'nin şimdi müşfik bir tarikat dervişi yakıştırmasıyla gönlünü almaya çalışmasından rahatsız oldu: "Yapabilecek neyim var?" diye düşündü. Bir süre bekledi. Doktor Nâzım'ın senelerce önce verdiği öğüdün tok sesi kulaklarında yankılandı:

"Yüzbaşı! Kendine bir patron bul..."

Saint-Just'ün, Robespierre'e hayranlığını belirten sözlerini hatırladı. Bu sözleri ilk okuduğunda ne kadar heyecanlanmıştı:

"Mucizelerine bakıp Tanrı gibi inandığım insansın..."

Tarzı Nevin vapuru, Moda önlerine yanaşıyordu. Sahildeki sevinçli kalabalık kendi dünyasının teninde ve ruhunda bir garip hızla inliyor, bu çığlık çığlığa haykıran heyecan, çığırından çıkmış bir meczubun ağlayışını andıran zavallı bir tehdide dönüşüyordu. Denizin ortasında bir salın her yanı meşalelerle çevrilmiş, lacivert sular bir ibadet ateşiyle aydınlatılmıştı. Usta bir el, tiz telleri zorlayan tırnaklarla kanun çalıyordu. Salın ortasında Deniz Kızı Eftalya'nın sesi bu ibadet ateşine bir başka renk katacak kadar kendinden geçmişti:

"Gel ey denizin nazlı kızı, nuşi şarap et."

Gazi, tekrar rakısını doldurdu, içti; sonra bütün gücüyle şarkıya katıldı. Eftalya susmuş, sakin tavrıyla, bol ışıklı denizin dalgalarına yeni bir renk düşürmüştü. Gazi, İsmet Paşa'yı da bu hengâmeye katmak istedi:

"Haydi, sen de bir şeyler söyle..."

İsmet Paşa, daldığı Saint-Just hayranlığından silkinmek istedi:

"Paşam ! Sizin daima mucizeler yarattığınıza hep inanmışımdır..."

Hilmi Bey, günlerdir aradığı fırsatı bulmuş, adeta, çocuk gibi sevinmişti. Son hafta içinde hızla gelişen olaylar karşısında nasıl bocaladığını fark etmiş, aynı huzursuzluğun, bütün hücre arkadaşlarını ezip geçtiği hissine kapılmıştı. Önceleri, aklına gelen ihtimalleri hastalıklı bir ruhun hezeyanları gibi görmüş, düşündüklerini arkadaşlarına açarsa, kolayca teşhis edilen bir hastalık yüzünden ayıplanacağı korkusuna kapılmıştı. Başka şartlarda olsa, hemen cevaplayacağı böyle basit sorular, hücrenin havasında ağır bir işkence gibi omuzlarını çökertiyordu. Uzun süre düşünmüş ve kararını vermişti; kafasını kurcalayanları arkadaşlarına anlatmadığı takdirde, davaya ihanet etmiş gibi kendisini ayıplı hissedecekti. "Beni ancak, Doktor Nâzım anlar" diye düşündü.

Günlerdir kendi köşesine çekilmiş suskun bir tahammül gösteren Hilmi Bey'in bu ani heyecanı Doktor Nâzım'ı rahatsız etmişti:

"Telaşlanmayınız Hilmi Bey! Bunu bir hastalık gibi görmeyiniz; söyledikleriniz vehim değil, bir ihtimali tespit etmektir."

Hilmi Bey, Doktor Nâzım'ı daima cesaret verici bir kaynak gibi görmüş, ihtiyacı olduğu zaman bu kaynağı sonuna kadar kullanmıştı. Gerekmediği zamanlar, uzak durmayı en uygun yol olarak seçmişti. Hilmi Bey'in inancına göre, Doktor Nâzım'la fazla hususiyet içinde olmak adama zarar getirebilirdi. İttihat Terakki'ye umumî kâtip olduğu gece, evinde tebrike gelen Doktor Nâzım'ın ziyaretinin nasıl şüpheler davet ettiğini hayretle görmüştü. Şimdi, Doktor Nâzım'a ihtiyacı vardı:

"Anlatacaklarımın hiçbir ehemmiyeti olmayabilir; hatta bir hezeyan olarak da görebilirsiniz; ancak İttihatçı nasıl düşünür, bilirsiniz Doktor."

Hilmi Bey, İttihatçı düşüncesinde her ihtimalin mutlaka gözden geçirilmesi gerektiği terbiyeyi iyi almıştı. Bu terbiye şimdi kendisini, önemli bir konuyu gündeme getirmeye zorluyordu:

"Bir işin içinde eğer menfaat yoksa insanları bir davaya bağlamak zordur. Biz öyle değil miydik? Az mı para dağıttık Selanik'te... Benim dağıttığım para, senin Teşkilâtı Mahsusa'ndan daha müessir neticeler getirmiştir."

Doktor Nâzım, hayret içinde kaldı. Gülmemek için kendisini zor tuttu. Birinin desteğine ihtiyaç duydu ve hücrenin öteki ucuna seslendi:

"Cavid Bey! Bakınız Hilmi Bey ne şaşırtıcı şeyler söylüyor."

Cavid Bey, "Şiar'ın Defteri" için ufak notlarını tespit ediyordu. Hilmi Bey'in söyleyeceklerinin şimdilik bir önemi yoktu.

Hilmi Bey, Cavid Bey'in ilgisizliğinden alınmış gibi bir yüz takındı. Sonra, hiç önem vermemiş gibi devam etti:

"İttihat'ın bir sermayesi var Doktor. Bu sermayeye elkonması lazım. Bu sermayenin ne olduğunu iyi anlamak lazım. Bu ev değil ki, yıkasın... Tarla değil ki, yakasın... Bu bir ruh, bir felsefe, bir teşkilattır."

Hilmi Bey, bütün gücünü topladı. Günlerdir kafasında kurduğu cümleler artık dökülebilirdi:

"Bu sermayede mühim olan Kara Kemal'dir, Cavid Bey'dir, Nail Bey'dir... Bu sermayede mühim olan sensin, Doktor. İttihatçı sermayesinde kim hak iddia edecekse, onun temizlenmesi gerekiyor..."

Sonra, emin bir ses tonu takınarak ekledi:

"İşte bu yüzden buradayız. Sermaye, sahip değiştirirken geride vâris bırakmak istemiyor..."

Cavid Bey, dalgın ve sevdalı bir ruhla Osman Şiar için aldığı notlara dalmıştı. Doktor Nâzım'ın yanına yaklaştığını fark etmedi:

"Hilmi Bey'in teşhislerini dinlemeni istiyorum Cavid Bey!"

Hilmi Bey, sesinin tonunu değiştirmeden aynı emniyet içinde devam etti:

"Yakın sayılır bir akrabam vardı: Semih Naci... İştirakiyunculara meyletmişti. Bir gece bu felsefeyi ondan dinlemiştim: sermaye, sınıf değiştirirken kan görmezse rahat etmezmiş... Takriri Sükûn Kanunu'nun çıktığı gece nasıl bir asabiyetle haykırdığını hatırlıyorum: 'Devlet, kendi terörünü hukuka dayandırmak için kanun çıkarırsa, bu kanun, adamı Allah korkusundan bile uzaklaştırır' diyordu."

Cavid Bey, Doktor Nâzım'la göz göze geldi. Hayretli bakışlar çabucak kaynaştı. Doktor bir sigara yakıp uzattı:

"Buyrun Hilmi Bey! İçin lütfen, biraz sakinleşirsiniz..."

Hilmi Bey oralı bile olmadı. Kaldığı yerden konuşmasını sürdürdü:

"İsteselerdi bizi, İzmir'de sıcağı sıcağına asarlardı. Acısı da çabuk geçerdi. Neden yapmadılar? Çünkü sermaye, sınıfını kanırta kanırta değiştirmek ister. Ankara'ya bunun için getirdiler. Öyle bir çökertecekler ki, belimizi bir daha doğrultamayacağız."

Doktor Nâzım, sigarayı tekrar uzattı:

"İç Hilmi Bey, iç!.."

Hilmi Bey, yine oralı olmadı:

"Önünde sonunda, ölümle kucaklaşacağız... Hepimizden iyi sen bilirsin Doktor; ölüm daima bir endişedir, bir korkudur. Fakat, nasıl ve niçin olduğu daima mühimdir. Eğer beğendiğimiz şekilde gelirse, ölüm, korku olmaktan çıkar, bir memnuniyet, bir gurur olur... Şehitlik denilen şeyi boşuna mı icat etmiş peygamberler..."

Hilmi Bey artık oralı olmanın zamanı geldiğine karar verdi ve Doktor Nâzım'ın elindeki sigarayı alarak derin bir nefes çekti:

"Bu sermayede ben de çok önemli bir adamım..."

Halide Edib, misafirlerinin üzerinde bıraktığı etkiyi seyrettikçe gururlanıyor ve bu tesirin devamını sağlayacak bütün imkânları kullanmak noktasına geldiğini hissediyordu:

"Eğer dediğim gibi Amerikan mandasını kabul etseydik, devletin adaletini Kel Ali'ye teslim etmezdik. Bu bir terbiye meselesidir; bir kültürü kavramak ve o kültürün hakkını teslim etmek meselesidir... Bütün muvaffakiyetlerine rağmen Cumhuriyet de bir Dürrizade yaratmak istiyor. Nemrud Mustafa Divanı'nda kellesi istenenler, Üç Aliler Divanı'ndan kelle isteyecek kadar kendi adaletinden uzaklaşmış..."

Yusuf Akçura hiddetle parladı:

"Halide Hanım, herhalde İttihatçı makulesini göklere çıkaracak değilsiniz..."

Yusuf Akçura, İttihatçı makulesi dediği kadroya dahil olmak için çok istekli davranmış, hatta, Merkezi Umumî'den içeri girerken rehberine sarılıp neredeyse ağlayacak bir sesle teşekkür etmişti.

"Sana minnetim büyüktür Şükrü!"

Yusuf Akçura o geceyi hatırladı... Gözleri siyah bir bezle bağlanmış ve yemin kürsüsünün önüne getirilmişti. Eli kalbinin üzerindeydi. Gözlerini açtılar... Titreyişi, bütün vücudunu zelzeleye yakalanmış basık tavanlı köy evi gibi silkeliyor ve bu korkulu heyecan, o tavanın altında kalmış gibi omuzbaşlarından dizlerine kadar bütün gövdesini eziyormuş gibi acıtıyordu. Elini Kuran'a götürememiş ve ağır bir tereddüt geçirmiş, sonra bütün cesaretiyle sesini yükseltmişti:

"İnanmadığım şeyin üzerine yemin edemem. Haysiyetim müsait değildir. Osmanlılık diye bir şey düşünemiyorum. Ben, Türküm!.."

Cavid'i, Nâzım'ı, Nail'i, Hilmi'yi hep o gece tanımıştı... İon, Dor, Korinthos üslubu sütunların etrafına dizilmiş İttihatçı başları dik fakat hırslıydı. Hepsi hayretle bu garip adamı seyrediyor, ikballerin saçıldığı mabet kapısında, bir küçük haysiyet meselesini büyüten Kazanlı öğretmenin aklından şüphe ediyorlardı. Yusuf Akçura, gür saçlarını beş parmağının tarağından geçirmiş, kendisini, Filistin mabedinin sütunlarını deviren Samson kadar kuvvetli ve âşık hissetmişti... Herkesin bir nimet ümidiyle girmeye can attığı bu kapıdan Yusuf Akçura'yı gazaplı bir tehditle dışarıya çıkarmışlardı.

Şükrü Bey asabiyetle yaklaşıp sordu:

"Mademki böyle zaafların vardı, neden söylemedin?"

Yusuf Akçura, aynı ısrarı sürdürüyordu. Sarılıp Şükrü Bey'i kucakladı:

"Ne Osmanlılığa itikadım, ne de dört kitaba imanım vardır. Fakat yemin ederim ki, sana minnetim büyük olacaktır, Şükrü..."

Şükrü Bey'in İzmir'de asıldığı gün, Yusuf Akçura'nın sesi yumuşaktı:

"Hiç kimseye minnetim kalmamıştır artık..."

Halide Edib, yarattığı havanın birden bozulacağı endişesi içinde ne söyleyeceğini kestiremiyordu. Söyleyecek akıllı bir şey bulamadığı zaman şahıslara hücum etmeyi faydalı ve devamlı bir âdet haline getirmişti:

"Yusuf Bey! Sizdeki Turan hayalini hep hayretle seyrettim. Medeniyete her vesileyle sırt çevirmeyi nasıl bu kadar rahat hazmedebiliyorsunuz. Siz belki bir ayıp duygusundan kurtuldunuz, ama bu fikirlerle memleketi nasıl bir ateşin içine attığınızın farkında mısınız? Nereden alıyorsunuz bu seviyesiz ilhamlarınızı?"

Yusuf Akçura güldü:

"Adnan Bey'in Paris sohbetlerinden Hanımefendi."

Enezli kapıdaydı.

Cavid Bey'den başkası zor tanırdı Enezli'yi... Üzerindeki çavuş elbisesini çıkarmış, sırtına yıpranmış bir yelek giymişti. Pantolonu, vücudunun her yanını gizleyecek kadar boldu... Kalınca sayılan bir urganla belini bağlamış, sonra pantolonun üst kısmını bu urganı gizlemesi için üzerine kıvırmıştı. İçinde, dik çizgileri temiz bir beyazlığa gölge düşürmüş yakasız mintan vardı. Omzunda anasının özenle diktiği muska dikkati çekiyordu. Saygıyla yaklaşıp Cavid Bey'in elini öptü:

"Terhis oldum, Beyim. Köyüme dönüyorum."

Cavid Bey, koşup raftaki paketleri getirdi, Enezli'ye uzattı:

"Al bunları! İçinde Paris'ten gelmiş bonbonlar, karamelalar, fondanlar var. Evine götür. Çocuklarına yedir..."

Doktor Nâzım, şaşkınlık içindeydi. Enezli, bilmediği bir dilde ibadete davet edilmiş mümin gibi titriyor, korkulu bakışlarla Cavid Bey'i seyrediyordu. Tekrar eğilip elini öptü. Cavid Bey, Enezli'ye sarıldı:

"Babana selamlarımı söyle. Ailene selamlarımı götür..."

Enezli ne diyeceğini şaşırdı. Aklına gelen kelimeler olduğu gibi ağzından çıkıyordu:

"İki oğlum var; biri Mehmet, öteki Osman..."

Cavid Bey, Enezli'ye tekrar sarıldı.

"Osman'ı, iki kere öp; biri benim için olsun..."

Enezli, Cavid Bey'in bir kere daha elini öpmek istedi. Cavid Bey bu kere geri çekildi, hürmet ettiği birinin eğilmesinden ilk defa rahatsızlık duyduğunu fark etti:

"Estağfurullah!"

Enezli'nin hayreti devam ediyordu:

"Anam mümin kadındır. Beş vakit namaz kılar. Söylerim, size dua eder..."

Doktor Nâzım, oturduğu yerden sesini yükseltti:

"Evsafı olan adamsın, lakin fırsatın olmamış Çavuş!.. Kendine fırsat yaratmaya bak. Yoksa bu evsaf bir boka yaramaz..."

Enezli, Doktor'un elini öptü, geri geri gidip kapıya yanaştı. Kolları Aliye Hanım'ın zorlukla bulup gönderdiği çikolata paketleriyle doluydu. Doktor Nâzım'ın sesi duyuldu:

"Hakkını helal et Çavuş! Ananın ellerinden öptüğümü söyle."

Cerrahpaşa'yı yeniden bastılar.

Sermüezzin Hilmi Efendi'nin cüppesine sarılmış bir zaptiye bütün hiddetiyle yaşlı adamı sarsıyordu:

"Nerede ulan bu herif?.. Elimden şimdi bir kaza çıkacak. Patlatacağım yumruğu..."

"Kim beyim?"

"Kara Kemal!"

Sermüezzin'in sesi ayıp bir şey istiyormuş gibi titriyordu:

"Vakit geçiyor beyim. Günahtır. Beni mahalleye rezil etme. Bırak sabah ezanını okuyayım... Vallahi dönerim. O zaman patlatırsın yumruğunu..."

Sabah ezanı, denize doğru uzandı. Bir deli rüzgâr bu derin sesi alıp, lacivert suların ta ötelerine götürdü. Moda koyunda, ışıklı bir sandalın direklerine çarpıp durdu. Eftalya'nın sesine erkekçe bir sarılışla yankılandı. Hilmi Efendi, namazını kıldı. Ayakkabılarını giydi, cüppesini, sarığını çıkarıp, şadırvanın üstüne astı. Yaklaştı:

"Haydi Beyim! Şimdi patlat yumruğunu. Ben Sarıkamış'ta da düşmanın karşısına böyle bir ezan vakti çıkmıştım. Bu kol, o sabah kesildi..."

Hücrenin kapısını bir değişik el açtı. Enezli'nin gülüşü yoktu. Bakışlarındaki o uçuk mavi kaybolmuş, uzak ve buğulu bir siyahla örtülmüş derin iki çukur bu hasretli maviliği yok etmişti. Sert yüzlüydü. Sesi tok ve kabaydı. Biraz sabır ve biraz istek gösterdiğinizde, bu sert yüzde, içten gelme bir sıcaklık bulabilirdiniz. Kendisini bir başka kalıba sokmamaya yemin etmiş inatçı bir adam kapıyı ardına kadar açtı:

"Nazır Bey sen misin?"

Cavid Bey beklemediği bir ziyaretten rahatsız olmuştu. Enezli, gülen yüzü, yumuşak sesi, hele o ışıklı, o kokulu teniyle artık hasretini duyduğu bir varlık gibi içine işlemişti. Kim bilir çocukları o bonbonları nasıl sevip yemişlerdir diye hep hayal kurmuştu. Bir gün Enezli'nin çıkıp geleceğini bekliyordu. Her kapı açılışında, yumuşak sesi duymak, o mavi uçukluğunu seyretmek isteğiyle heyecanlanırdı. Bu sabah bir başka sert yüz, bir başka tok ses gelip Nâzım'ı götürmüştü. Cavid Bey, eski nazır hüviyetini takındı:

"Sabah gelen Çavuş nerede? Her gün adam değiştiriyorlar."

Sorulanların hiçbiri yeni Çavuş'un umurunda değildi. Heveslisi olmadığı bir hizmetin içinde aksamadan görevini yerine getirmek ciddiyeti taşıyor ve bu ciddiyet hemen fark ediliyordu.

"Kumandan, 'Nazır Bey hemen gelsin' dedi. Haydi Beyim! Zorlama işi. Sana yakışmaz."

Cavit Bey neyin kendisine yakıştığından emindi... Bütün gün, Aliye'nin ısrarlı gelmek isteklerini geri çevirişini düşündü. Böyle bir manzarada görünmek gururunu zedelemiş gibi ağır bir hakaret olacaktı. Saltanat sofralarının cümbüşlü sohbetlerinden, zindan koridorunun korkulu sorularına dönüşen talihin ortağına bu acı seyir, ömür boyu unutamayacağı ağır bir hatıra hissi verebilirdi.

Dün yine Aliye Hanım'dan mektup gelmiş ve Ankara'ya gelip Cavid Bey'i görmek istediğini yazmıştı. Osman Şiar'ın bahçeden koparıp getirdiği gülü, Cavid Bey'in dönüşüne sakladığını yazan bölümlerini defalarca okumuş, kumandanın getirdiği iki yaprağı götürmeyi vaat eden bir sessiz yeminle rahatlamıştı. Her gece bu yeminle yatağa uzanıyordu. Birdenbire etrafın karardığını, gecenin hızlı ve ağır bir kokuyla hücreye çöktüğünü hissetti. Sanki uykuya dalıyormuş gibi bir yorgunluk duygusuna kapılmıştı. Başını yastığa koydu:

"Boncorno ve aldomano!.."

Çavuş'un sesinde aynı ciddiyet vardı, ama hisleri yumuşamıştı:

"Haydi Beyim, kumandanı bekletmeyelim."

Cavid Bey giyinikti. Çavuş'un arkasına takıldı. Koridoru birlikte yürüdüler. Bütün hücrelerin kapıları açılmış, içerdekiler alınıp götürülmüştü. Bu nemli koridorun her tuğlasına, dar hücrelerin demirlerine bir hüzün sinmiş gibiydi.

Kapıda kumandan karşıladı:

"Muhakeme edilmek üzere gidiyorsunuz Cavid Bey. Eminim ki, adil bir karar ve rahat bir kalple döneceksiniz. Üsteğmen size refakat edecek..."

Cavid Bey'i bir otomobile bindirdiler. Bütün arabalar sırayla yola koyuldu. Genç üsteğmen kendisini tanıttı:

"Adım İsmail Hakkı, efendim... İnşallah yakında huzura kavuşursunuz."

Cavid Bey, "inşallah" sözüyle birlikte bütün hüviyetini değiştirdi. Artık, her gece Aliye ile Osman'ın resimlerine bakan, gözleri bol yaşlı, sesi ağlamaklı Cavid gitmiş, yerine hiç rastlanılmayan bir dikkat ve itinayla hadiselere teşhis koyan bir başka Cavid gelmişti. Bu Cavid, yıllar önce Hamidiye Meydanı'nda Hürriyet Bayramı'nı ilan eden bir delikanlı gibiydi. Bütün İttihatçıların kıskandığı, halkın "Meşrutiyet Hünkârı" dedikleri Cavid olmuştu. Yanındaki genç subaya döndü:

"Hâkimlerin vicdanının lastikten yapılmış olduğuna ihtimal vermiyorum... Pamuk ipliğinden daha ince bir delille yirminci asırda, velev ki bir rejim mahkemesinin bile masum insanları mahkûm edeceğine inanmıyorum. Fakat eğer bir mahkûmiyet olursa, Midhat Paşa'nın mahkûmiyetinden daha ağır bir siyasî facia olur."

Cavid Bey'i mahkeme binasına götürdüler. Koridorda beklemesi için sandalye verip oturttular. Dün de aynı şekilde, Necib Ali Bey'in iddianamesinin okunması için yine böyle getirilip bekletilmişti. Necib Ali, eski İttihatçıların hepsini, Cumhuriyet'e karşı komplo kurmuş mahalle eşkıyası gibi görüyor ve bu hainler çetesinin mutlaka yok edilmesini istiyordu. Kara Kemal'in kışkırtmasıyla bütün İttihatçılar Cavid'in evinde toplanmış ve Gazi'yi devirmek için tertip almışlardı. Gazi'yi öldürmeye kalkışanların yanına, Gazi'yi devirmek isteyenlerin de gitmesi gerektiğine Necib Ali öylesine inanmıştı ki, kelimeleri dönüp dolaşıp ölümün soğuk sesini getiriyordu. Öyle ya, hepsi Cavid Bey'in geniş evinde toplanıp, bu tertibin hazırlığını yapmışlardı. Nitekim Necib Ali, iddianamesinde artık hükmün ne olacağını tebliğ eder bir ifade kullanmıştı:

"Siz, Kara Kemal'in, Gazi Hazretleri'nin arzusuyla bir araya geldiğinizi söylüyorsunuz ama, Gazi Hazretleri böyle bir şey söylemiyor. Yani, Cumhuriyet'imizi yıkmaya kararlı olduğunuz açıktır."

Necib Ali Bey'in sözleri Doktor Nâzım'ı çıldırtacak noktaya getirmişti. Hemen sesini yükseltti:

"Kara Kemal yalan söylemez."

Kel Ali fırsatı yakalamıştı:

"Otur yerine!.. Burası dingonun ahırı değil..."

Necib Ali Bey, baş istiyordu. Cavid'in başını istiyordu. Nâzım'ın başını istiyordu. Nail'in, Hilmi'nin, Hüseyin Cahid'in başını istiyordu.

Jandarmalar, Cavid Bey'i içeri aldılar. Doktor Nâzım yanında oturmuş, hayretle etrafını seyrediyordu. Cavid Bey, utanılmış bir şey yapmış gibi ağır bir ahlak yüküyle başını eğmişti. Nâzım dirseğiyle dokundu:

"Şu ablak yüzlüye bak Cavid! Hatırlıyor musun? Meşrutiyet'i ilan ettiğimiz gece, saltanat artıklarının affı için ayağıma kapanmıştı. Cumhuriyet'i bu meclisle ilan etmenin bir ayıbı varsa, işte bu şahsiyetsiz adamdır."

Mahkeme heyeti için ön tarafta bir divan kurulmuş, gerisine mebusların oturmaları için sıralar dizilmişti. Cavid Bey, bu aşina yüzleri ibretle seyretti. Bu seyirde hüzün, tahammül, kâbus, teselli, fakat mutlaka bir isyan hissi vardı... Bu çehrelerin çoğuyla dostlukları olmuş, neşeli günler geçirmişti. Çoğunun ikbalinde Cavid'in eli vardı. Gerilerde Falih Rıfkı'nin yüzünü gördü. O tavşan bakışlı çehre, sessiz kalmış bir vefanın çaresizliğini haykırmak istiyordu. Yunus Nadi Bey'in hatları gergindi. Cavid Bey, kendisi için "cife" dediğini okuyunca irkilmiş ve Yunus Nadi Bey'i gözden çıkarmıştı. Başka yüzleri seyretmesine fırsat vermeden Reis'in sesi duyuldu:

"Oturunuz efendiler!"

Kel Ali, kendisini kibar gösteren bir manzaraya bürünmüştü. Necib Ali'nin iddianamesindeki ifadelerin verdiği sert ve acımasızlığı bu manzaranın örtebileceğini sanıyordu. Kelimelerine bir yumuşaklık katmak istedi:

"Buyurunuz Cavid Bey!.. Müdaafanızı dinlemeye hazırız..."

Başkomiserin işaretiyle polisler çevreye dağılıp evin etrafını iyice kuşattılar. Polis müdürü, "Kuş uçmayacak" demişti. Küçük evin gerisindeki iri ceviz ağacının dallarında kuşlar tünemiş, korkuyla birbirlerine sokulmuşlardı. Mahallede endişeli bir serinlik hissi vardı. Pencerelerin gerisine çekilmiş yüzlerdeki korku, dantel perdelerin aralarından fark edilecek kadar yakındı.

Çember giderek daralıyor, ceviz ağacının gölgesine yerleştirilmiş kümesi sarıyordu. On beşin üzerinde polisin elindeki toplu silahın namlusu kümese çevrilmiş, emniyetleri açılmıştı. Parmaklar tetikte heyecanlı ve titrekti. Ceviz dalında kuşlar, daha da korkup birbirlerine sokuldular. Polis müdürünün sesi top gibi gürledi:

"Etrafın sarıldı Kemal! İşin bitik artık. Teslim ol!"

Kümesin önünde bir horoz başını kaldırmış hayretle etrafı seyrediyordu. Üç beş tavuk bu hayretli bakışın kıskançlığı içindeydiler. Yüzlerce insan çehresi, kafeslerin arkasından, acılı bekleyişle olanı biteni izliyordu. Erken bir silah patladı, ceviz dalındaki kuşlar uçuşup dağıldılar; her biri bir beyaz buluta doğru yol aldı.

Artık, Kara Kemal yoktu...

İttihatçıların iaşe nazırı, şakağına sıktığı kurşunla iri başını dağıtmış, ablak yüzünün bütün girintilerine koyu bir kan toplanmıştı. Gözleri açıktı ve maviydi. Belli ki, acı bir isyanla nemlenmiş ve yüzüne hüzünlü bir veda seyri bırakmıştı. Posbıyıklarının üzerindeki kan tazeliğini koruyor ve her telinden bir ayrı damla halinde samanların üzerine dökülüyordu.

Polislerin en genci, ayağıyla iri gövdeyi iteledi. Kara Kemal'in köprüsü çökmüş, sırtı yere gelmişti. Gözleri, maruz kaldığı muameleden utanmış gibi kendiliğinden kapanmak istiyor, sonra bu yeni âlemin seyrinden uzak kalmak korkusuyla açıklığını koruyordu. Bakışları hâlâ, Gazi'nin haberini getirdiği günkü gibi ümitliydi... "Arkadaşlar! Gazi Paşa, İttihatçıları yine etrafında görmek istiyor..."

Mahallenin yaşlı bakkalı, küçük ahşap eve doğru yürüdü; pencerenin kafesini kaldırıp dantel perdeyi hırsla çekip aldı; usul adımlarla yaklaşıp kanla saman karışımında hâlâ canlıymış gibi bakan yüzüne örttü.

"Bu mahalleye emeğin büyüktür, Küçük Efendi; n'olur hakkını helal et!.."

Cavid Bey, bir yudum su daha içti ve bardağı yerine koydu. Müdafaasını tamamlamış ve yorulmuştu. Yerine oturmak için bir süre hâkimlerin müsaade etmesini bekledi; ses çıkmayınca oturdu. Kel Ali, başındaki kalpağı çıkardı. Sanki Millî Mücadele günlerinin kıyafetiyle Cumhuriyet'e sahip çıkmış bir fedai görüntüsü veriyordu. Kalpak, alnını sırılsıklam etmişti; iri ter damlaları yüzüne doğru akmaya başladı. Bir başka zamanda bu yüzü görenler, ağır bir vicdan azabından kurtulmaya çalışan bu adama acıyabilirlerdi. İlk acıma duygusunu Kılıç Ali gösterdi; cebinden mendilini çıkarıp uzattı:

"Buyrun Reis Bey! Bunu kullanın..."

Kel Ali büyük mendille yüzünü sildi. Alnından başlayarak geriye doğru bütün başını kuruladı sonra mendili gömlek yakasından içeri sokarak göğsünde gezindirirken sesini yükseltti:

"Cavid Bey'i dışarıya alın, hayır hücresine götürün. Doktor Nâzım gelsin..."

Doktor Nâzım'ı öne çıkardılar, yanında iki jandarma duruyordu. Bütün salon sessizliğe gömülmüştü. Nâzım, Cavid Bey'in dışarıya çıkarılmasına kadar bekledi. Kavgasıyla, gürültüsüyle kimi gün dostluk, kimi gün hırslı mücadele içinde bir ömür sürdükleri Cavid Bey'in götürülüşüne saygın bir merasim düzenliyormuş gibi ayaktaydı. Şimdi üç kalpaklı hâkim karşısında, sanki sarığı başına yeniden dolanmış bir Şeyh Mehmed vardı. Nâzım, istediği an, dilediği kıyafete bürünüyor, karşısındakileri ulaşılması imkânsız bir tepeden kıvrak, fakat korkulur seyirlerle şaşırtıyordu. Birden Tütüncü Yakub Ağa gibi fesi kafasında göründü. Bu sakin görünüşlü esnaf çehresinde bir başka dehşet daha sergilendi. Sonra, beyaz gömleği içinde Selanik Hastanesi başhekimi olarak salonun boşluğunu doldurdu. Bütün bu kıyafetler, Nâzım'ın maceralı ömrünün sayfaları gibi çevrildikçe, tok ve kendinden emin sesle müdafaasına renk katıyordu. Nâzım Bey açılmıştı:

"Bu davada beni suçlamak için, istediğiniz delili kullanabilirsiniz. Bir mücadele için başını ortaya koymuş insanların ruhunda her felaketi göğüsleyecek cesaret vardır. Hakikaten bir davaya baş koymamış insanların bu cesareti anlamaları mümkün değildir. Çünkü böyle cesaretleri yoktur... Bu ruhlarda vazgeçilmez bir itaat kabiliyeti vardır. Kendine faydası olacağını hissettiği her efendiye bu itaati gösterir. En yüksek mevkilerde bile seviyesiz ve korkak kalır. Bu sözlerimle şimdi söyleyeceklerim arasında nasıl bir irtibat kuracağınızı doğrusu tahmin etmek benim için mümkündür. Tıp mesleğinin erbabıyım ve bu karakterleri tanımakla ömrümü geçirdim. Bir gün böyle bir teşhisi kendi hayatımın üzerinde yapacağımı düşünmüştüm. Yani hazırlıklıyım."

Kel Ali birden gürledi:

"Boş laflarla mahkemeyi meşgul etme. Söyleyecek doğru dürüst bir şeyin yok mu?"

Nâzım Bey, hiç etkilenmemiş gibi durdu. Kaldığı yerden konuşmasını sürdürmeye kararlıydı:

"Böyle hiddetlerle telaşlara kapılmam... Şiddetle benim inancımı değiştiremezsiniz. Bana kabul edeceğim bir sebep gösteriniz. Öyle bir sebep gösteriniz ki, insanın vicdanını, Allah'ın adaletini incitmesin. Allah diyor ki, bir şahitle kimseyi asamazsınız. Sizin elinizde bir tek namuslu insanla bizi suçlayabilecek delil varsa..."

Kel Ali daha hızlı bir sesle yüklendi:

"Teşkilatı Mahsusa'yı kuran sen değil misin? Kimlerin kanına girdiğini bile hatırladığını sanmıyorum. Sende vicdandan, adaletten söz edecek hal mi var?"

Doktor Nâzım, yine istifini bozmadı. Bir süre mahkeme heyetini ve gerisinde oturan mebusları seyretti:

"Bu hali önce, kendi vicdanınıza sorun, Reis Bey!"

Cavid Bey'i dışarı çıkarınca kapı kenarındaki sandalyede bir süre dinlenmesine müsaade etmişlerdi. Yorgun ve iddialı bir hayranlık hissi içinde Nâzım'ı dinliyordu. Bu ses, bazı günler gürlemiş, hatta yakasına yapışıp Cavid'i silkelemiş, bazı günler, en müşfik tonuyla kulaklarından akıp ruhundaki bütün sükûnetleri yaratmıştı. Neydi içerdeki bu gevşeme. Bu ses, Nâzım'ın olamazdı. Bu ses ilk defa yalvarır gibi çökmeye başladı. Doğruydu, Nâzım Teşkilatı Mahsusa'yı kurmuştu; bu teşkilatla çok kişinin kanına girilmiş, çok ocak söndürülmüştü. Şimdi Nâzım, baba şefkatinin en titrek tonundaydı. İçi erimiş, Nâzım'ı bitirmişti. Bir hükmü hissetmek adamı çökertir. Nâzım, ayakta dimdik durmak için bütün gücünü kullanıyordu. Birazdan sesi, bir şefkat talebiyle çırpınacaktı.

Cavid Bey'in sinirleri geriliyor, Nâzım'ın böyle bir sesle çökebilmesini bir türlü hazmedemiyordu. İçindeki bütün arzuları ayağa kaldırıp, "Nâzım bu, öyle kolay çökmez" diyebildi.

Doktor Nâzım, son sözleri için derin bir nefes aldı. Ciğerlerinin bütün koridorlarında bu nefesi dolaştırdı ve boşalttı:

"Hayatımda kimseye minnetim olmadı, Reis Bey... Bunu en iyi bilenlerin başında gelirsin."

Doktor Nâzım, bir minnet, bir şükran arz etmeye hazır noktaya gelmişti:

"Ahlakın ve adaletin namusuna sahip çıkmak, büyük meziyetler ister... Allah bile tam adil değildir; bu meziyetleri herkese vermez... Cumhuriyet'le yaşıt bir kızım var. Bari, ona sahip çıkacak kadar haysiyetli olun..."

Cavid Bey artık dayanamıyordu. Osmancık da Cumhuriyet'le yaşıt sayılırdı. Ona da sahip çıkacak bir şefkat kucağı istemek, doymak bilmez hasretini artırıyor ve acılı bir hastalık gibi vücudunu acıtıyordu. İçerde bütün gücüyle dimdik durmaya çalıştığı bedeni, sağlam zihni, yavaş yavaş çözülmeye başladı. Bu noktada Nâzım'dan bir şey öğrenmiş olmanın mutluluğunu duyuyordu: "Cumhuriyet, kendi nesline sahip çıkmalıdır."

Çok değil, daha birkaç yıl önce nasıl mutlu bir lezzetle "Şiar'ın Defteri"ne Cumhuriyet'in karakteri hakkında not düşmüştü. Bütün kelimeler hâlâ zihnindeydi ve hepsini bir amentü tekrarlar gibi hatırladı: "Cumhuriyet bir fazilet rejimidir. Ne insanî ve güzel bir rejimdir; fakat her şeyin çöktüğü bir muhitte Cumhuriyet'in kahramanlarının ve rehberlerinin bu çöküşüne göz yummalarını hayretle karşılıyorum, çünkü fazilete hürmet kalmamış..."

Cavid Bey'i otomobile koydular. Üsteğmen İsmail Hakkı yanında oturuyordu. Duruşmalarda Cavid Bey'in savunmasını dinlemiş ve biraz rahatlamıştı:

"Çok güzel konuştunuz Cavid Bey."

Cavid Bey müdafaasında, geçmiş bütün meslek yıllarını ve yüklendiği sorumlulukları anlatmış, bu hizmetlerin vatan uğruna verilmiş mesai olduğunu söylemişti. Heyecanlıydı. Kelimeleri dikkatle seçiyor, her birinin taşıdığı mana içinde kellesini kurtarmaktan çok haysiyetini korumaya çalışıyordu. Son sözlerini söylerken bütün gücünü takınmıştı. Gözlerinin önünde Aliye, Osmancık ve acısıyla tatlısıyla geçmiş bir koca itibarlı ömür canlandı:

"Allah'ın adaletinden önce, devletin adaletini talep etmeye hakkım vardır; vereceğiniz karar, mesut zamanlarınızda vicdanınızı rahatsız etmesin..."

Bir sessizlik belirdi, sonra birkaç küçük el çırptı, arkasından uğultulu bir alkış koptu. Falih Rıfkı'nın yüzünde, tavşanımsı dişlerinin arasına yerleştirilmiş muzip bir yetişkin tebessümü vardı, alkışa iştirak etti. Kel Ali bütün gücüyle bağırdı:

"Kesin gürültüyü!.."

Kurt sustu, kuzu sustu...

Doktor Nâzım ayağa kalktı. Sesi, Reis'inkinden daha gürdü:

"Adaletin alkışlanmasına siz gürültü mü diyorsunuz, Reis Bey?.."

Yaz gelince, Çankaya'da sofra, bahçede kurulur.

Salih Bey bütün gün, Gazi'nin ho=şuna giden yiyecekleri hazırlattı. Çankaya'da akşam sofralarının rengi her gece değişir. Gazi aşağı inince bütün davetlilerin hatırını sorar ve günün önemli konusunu tartışmaya açardı.

Gazi, İsmet Paşa'yla aşağı indi. Yüzleri gergindi. Bakışları kendilerini aşmış, tuhaf bir cesaretle hayatın haksızlığına katlanmış gibi sessiz sedasız ışıklarından ayrılmıştı. Herkes merak içindeydi. Gazi'nin bu akşam ne söyleyeceğini kestirmek mümkün değildi.

Sermüezzin Hilmi Efendi, gece duasını yaptı. Bir insan hayatının kesin ve değişmez gerçeği için içi yanıyordu. Mahallenin yaşlı bakkalı lokma döktürmüş, ekmek dağıtmıştı. Berber, tasta su ısıtmış, temiz bir çarşafı yırtıp üzerine çiğ et ezmişti. Hilmi Efendi'nin kaşındaki yaranın kanı kurumuş, gözünü germişti. Berber, bezi Hilmi Efendi'nin başına sardı, üzerine sıcak su döktü. Kuru kan gevşedi, bezi ala boyadı.

Zaptiye eli ağırdır...

Mahalle bakkalı, tasın içine bir kese bıraktı. Sesi utanır gibi titrekti:

"Küçük Efendi'nin evine sahip çıkmak lazım. Ailesi artık, bize emanettir..."

Gecenin yarısında Hallaçyan Konağı'nda bir çığlık patladı. Bir el, pencereleri ardına kadar açtı ve simsiyah bir boşluğu seyretti. Ada'nın çamlarındaki dikenler titredi, gücü yetmeyenler dökülüp toprağa saplandılar. Güller, ıslak yaprakların arasından pembe beyaz kokularla etrafı sardı.

Osmancık, Şişli'deki evde uyuyordu. Gece bir kâbus gibi çökmüştü. Aliye Hanım, yatağın ucunda oturmuş bir gurur seyri içinde Osmancık'ın kıvırcık saçlarını, düz alnını seyrediyordu. Birden küçük damlalarla terleyen alnından endişeye kapıldı. Elini Osman'ın göğsüne soktu. Küçük kalbi, zayıf titreyişlerle Aliye Hanım'ı cezbeye tutulmuş gibi silkeledi. Gözyaşlarını saklamasının bir âlemi yoktu. Ağladı:

"Hayır Yarabbi! İmanla ifade ederim ki, bu hakikaten haksızlıktır..."

El ayak çekilince Didar bütün gece uğraşmış, Vardar Bonmarşesi'nin vitrinini yeniden düzenlemişti. Yeni vitrini görünce, kim bilir ablası nasıl sevinecekti. Birkaç gün sonra bu yollarda Zafer Bayramı kutlanacak, akşam da balo verilecekti. Bakanların canını yakacak kadar al bir kadifeden bayrak dikmiş, vitrin duvarını tamamen kaplayacak şekilde germişti. Bayrağın kenarlarına defne dallarından bir çelenk yapmış, tam ortaya Gazi Paşa'nın resmini koymuştu. Vitrine, boydan boya uzanan bir gelinlik yerleştirecek, üzerine gelin tellerini koyup uçlarını Gazi'nin fotoğrafının bulunduğu çerçeveye asacaktı. Nigâr Hanım, içeri odada bütün itinasıyla gelinliğin üzerine küçük inci tanelerinden bir kumru deseni işlemekteydi. Haftaya nişanlısı rütbe takınca, bu gelinliği giyecek ve kendisini Üsteğmen Remzi'nin kollarına bırakacaktı... Nigâr Hanım, "Az kaldı, Nâzım Bey çıkınca nikâhınızı kıyarız" diyordu.

Didar, o yağmurlu gecede eve getirdiği Doktor Nâzım'ın elindeki sıcaklığı, hâlâ yanağında hissediyordu. Yıllardır özlemi duyulmuş bir aile babası gibi okşamış, sonra "Büyüyünce ne olacaksın?" diye sormuştu. Didar'ın gözleri hâlâ yaşlıydı. Kavrayamadığı bir hakikat üzerine çökmüş ve ailenin bütün yaşlarını sanki bu küçük kızın gözlerine yerleştirmişti. Ölü evinin sessizliğinde bu ıslak bakışların büyüsünü Doktor Nâzım, yıllar sonra kendisine anlattığında yeniden ağlamaklı bir bakışla ellerine sarılmış "Allah daima sizden razı olsun efendim" diyebilmişti. Doktor Nâzım'ın elinden tutup kendisini Muallim Mektebi'ne yazdırdığı günü hatırladı. Kapının önünde, Didar'ı kucaklayıp havaya kaldırmış ve şefkatle yanağını öpmüştü:

"Artık kocaman bir muallime olacaksın Didar. Memleketin evladında emeğin olacak, hakkın olacak... Bunun ne büyük bir gurur olduğunu şimdiden anlamanı isterim."

"Ya ablam?"

"Ben himaye ederim."

Nâzım Bey yıllarca Nigâr'ı himaye etmişti. Didar tatillerde eve dönünce, sık sık ziyaretlerine gelen Nâzım Bey'in yüzünde o ilk gecenin hüzünlü ve gururlu hatırasına dönüyor ve az bulunur bir heyecan, güzel bir eğlence hissi ve nihayetsiz bir ferahlama duyuyordu. Bazı geceler Nâzım Bey uzak bir hatıra hissini taze tutmak ihtiyacıyla suskunlaşır, sonra bu derin sesizliği gür bir sesle patlatırdı:

"Haydi Didar! Bana 'Vardar Ovası'nı oku..."

Nâzım Bey'in dalgınlığı bir başka güzellik taşırdı. Her şeyiyle bu sessizliğe gömülmüş gibi durur, beklerdi. Sonra, Didar'ın genç kızlığını yeni bulmuş hançeresindeki sesten uzaklaşır gibi sıyrılır ve kendi tok sesini her yerde hâkim kılmaya alışmış bir derebeyi edasıyla gürlerdi:

"Vardar Ovası... Vardar Ovası..."

Asıl hengâme o zaman başlardı. Nâzım Bey'in gözleri derinleşir, gömüldüğü yerden fırlamaya hazır sert bakışları yumuşar, yüzünde ince bir tebessüm çizgisiyle türküyü sonuna kadar okurdu. O derin gözlerde, o sert bakışlardaki istekli gevşemede Nâzım Bey'in sevdalı seyirleri bütün saygılı istekleriyle başkaldırırdı. Didar bu bakışları seyrettiği geceler küçük çocuk kıskançlıklarına benzer hırçınlıklarla Nâzım Bey'e sarılır, sonra bir başkasının hakkına el atmış gibi pişman, fakat hasretli bir hisle ayrılırdı.

Bazı geceler Nigâr Hanım udunu eline alır ve Selanikli Ahmet Bey'den meşk ettiği şarkıyı sitemli sesle okurdu:

"Kalbi sevdazedeler ah ile daima inler,
Bir açık yareye doktor, vurulur mu neşter?"

Nâzım Bey şarkının bitişine kadar vuslatı, vakarlı bir hasretle beklerdi:

Birden ablasının çığlığını duydu. Sanki Hallaçyan Konağı'ndan kopan fırtına, önce Şişli'deki evin küçük Osman'ını üşütmüş, sonra, bütün şiddetiyle Vardar Bonmarşesi'nin vitrinlerini sarsmıştı.

Didar, telaşla içeri koştu. Nigâr Hanım'ın elindeki makas bir dalgınlık anında bileğine batmış ve kanı küçük kumrunun incilerle bezenmiş vücudunu ala boyamıştı. Didar kendisini tutamadı.

"Haksızlık bu!.."

Nigâr'ın yüzündeki o usta bakış bütün becerisini kaybetmiş, hoyrat bir el gelip içinden bir şeyleri söküp götürmüştü. Komodinin üzerindeki resme hasretle baktı. Doktor Nâzım, uysal bir bakışla gülüyordu. Nigâr da güldü. Sesindeki titreyiş, hüzne eşti adeta...

"Doktor! Bu kan benim gelinliğime akmalıydı."

İki kardeş birbirlerine sarıldılar. Hacı Salih Efendi'nin ölümünden beri Nigâr Hanım ilk defa ağlıyordu.

Gazi, sofradakileri hayrete düşüren bir lisanla konuşuyordu:

"Hayatımda en fazla kanı bu gece dökmüşümdür... Dumlupınar'da haykırdığım o geceyi hatırlıyorum. Zafer bütün nimetleriyle, tıpkı bir kuşun ağzından omuzlarıma doğru geldi. Bir kumru, başımın üzerinde dolaşıyordu."

Sofradakilerin sessizliğini seyretti. Bu sükûnette saygı, hayranlık, gıpta, belki şükran, fakat mutlaka korku vardı. Gazi, sözlerini tamamlamak istedi:

"Hayatımın en mühim zaferini 26 Ağustos'ta kazandım. Bu tarih daima bana büyük zaferlerimin kapısını açmıştır."

Gerideki orkestraya bağırdı:

"'Sarı Zeybek'i çalın!"

Gazi, dizini yere vuruyordu. Dağ gibi bir zeybeğin meydan okuyuşundaki inceliğin yerini derin bir teessür almış ve bu tesirli hüzünde merhamet hissini andıran bir ifşa bütün vücudunu sarmıştı...

Salih Bey telaşlı adımlarla kendisine doğru geliyordu. Eliyle beklemesini işaret etti; durdurdu. Derin bir nefes aldı ve boşaldı:

"Ben de bir insanım, sevaplarıyla, günahlarıyla bir insan..."

XII

"Ey benimle bunca çetin işler görmüş yiğitler !
Bugün dertlerinizi şarapla giderin;
Yarın, engin denizlere açılacağız."

Horatius

26 ağustos !

Gece sabaha karşı...

Naşid Hakkı, gecenin bu saatinde Vali Atıf Bey'in arabasını görünce silkindi. Siyah otomobilde, Merkez Komutanı Hurşid Bey ile Adlî Müşavir Nail Bey oturuyordu. Arkalarından koşmaya başladı. Cebeci Hastanesi'nin köşesine gelince tıkandı; derin bir nefes almak istedi. Otomobiller ürkütülmüş kuşlar gibi art arda uçtular... Naşid Hakkı Bey arkalarından bakakaldı.

Köşelerde bir yerden Zafer Bayramı'nın takını kuran askerlerin çekiç sesleri geliyordu. Dört gün sonra Ankara, bayramı yaşayacaktı. Gazi gururla oturacak, bütün gücüyle emrettiği ordu, önünden geçecekti... Sonra yiğitliğini yeni yeni hissetmeye başlayan delikanlılar, genç kızlar ve en sonunda çocuklar bu sevinç seline kapılmış gibi akacaklardı.

Naşid Bey, derin bir iki nefes aldıktan sonra koşmaya devam etti. Sokağı dönünce Cebeci Hapishanesi görünecekti. Karanlık içinde taş binanın birkaç penceresinde ışık hissediliyordu. Birden bütün ışıkları yaktılar...

Sermüezzin Hilmi Efendi, yatsıyı okuduktan sonra berber ile

mahalle bakkalını alıp birlikte muhtarın evine gittiler. Kafese vurup uyandırdılar.

"Kalk muhtar! Küçük Efendi'nin anası evine gelmiş. Gidip elini öpelim."

Yumruğunu sert ve sık vuruyordu:

"Haydi muhtar! Uyan, uyan..."

Muhtar kafesi bile kaldırmadan cevapladı:

"Sen hiç adam olamayacaksın be Hoca Efendi. Devir değişti, asıl sen uyan, uyan!"

Esnaf kafilesi geri döndü. Bir iki kapı daha açıldı, bir iki gölge daha sokağa süzülüp kafileye katıldılar. Hekim Fahri Bey, Çorbacı Akif, Kuyumcu Ustası Aznif Ağa, hep birlikte eve girdiler. Kara Kemal'in anası hepsini kucaklayıp öptü. Hoca Efendi'nin eline kapandı:

"Cenazeyi yarın vereceklermiş Hilmi Efendi, namazını sen kıldır. Ömrüm yetmezse eğer, vasiyetim olsun; kırkında, önce camide, sonra evinde Kuran okuyuver..."

Atıf Bey, Yüzbaşı İsmail Hakkı Bey'i gönderdi:

"Hepsini sırayla getirin. Önce Cavid'i. Dikkat et Yüzbaşı, sakın kaçmasın..."

Cavid Bey, hücresinde soyunmuş oturuyordu. Öğle üzeri mahkeme kararını dinlemek için götürüleceğini beklemiş, kimse gelip Cavid'i almamıştı. Bugün mahkeme kararı okunacaktı. Heyecan içinde bir haber bekliyordu. Yalnızlık duygusu altında ezilmiş gibi titriyor, bu heyecanlı bekleyiş içinde huzursuz ve dengesiz şekilde aklına gelen her ihtimal, kesin hükümmüş gibi telaşa kapılıyordu. Bütün gün kıvranmış, "Aliye niye gelmiyor?" diye ağlamıştı. Bazen kendisini toparlıyor, "Elbette gelmeyecek, gelmesini istemedim ki" diye gerçeğin eteğini bir ucundan tutuyordu.

Enezli'nin çevirişine benzer bir el kilidi açtı. Yüzbaşı İsmail Hakkı Bey'in yüzü sapsarıydı. Cavid Bey sarsıldı, titredi; düşmemek için tutunacak bir şey arandı. Kapıda iki jandarma eri duruyordu. Omuzlarına tüfekleri asılmış, düşmana saldıracakmış gibi süngüleri uçlarına geçirilmişti. Keskin demir, ölgün ışıkta şöyle bir parlayıp Cavid Bey'in yüzüne yansıdı. O soğuk renk, alnındaki terleri kuruttu, dudaklarındaki çatlaktan geçip kanına karıştı. Cavid Bey'in sesi toklaşıyordu:

"Biraz daha serinlik lütfen!"

Jandarma eri kelepçeyi uzattı:

"Getir ellerini efendi. Kaçarsan, felaket olurmuş!"

"Bari elbiselerimi giymeme izin veriniz."

Yüzbaşı İsmail Hakkı Bey başını eğdi:

"Telaşlanmalarına sebebiyet vermeyiniz efendim."

"Kumandan Bey! Ayıptır, beni bu kıyafetle halkın önüne çıkarmak kimseye yakışık almaz. Ben pijamayla dolaştırılacak adam değilim..."

Cavid Bey'in bileğine kelepçeyi taktılar. Özlediği serinlik, bir sıcak cendere gibi bütün vücudunu sıkmış, suyunu çıkaracak kadar haysiyetini ezmişti. Koridora çıktı. Derin bir korku, utanç, acı ve ümitsizlik daracık ayıbıyla uzanıp gidiyordu. Kaç gece bu koridordan ümitle geçip gitmiş, kaç sabah hüsranla dönmüştü. "Şükür sana Yarabbi, bu azap nihayete eriyor" diye sevinç belirtti. Arkasından ayak sesleri geliyordu. Döndü, geriye baktı. Karanlıkta gelenlerin kim olduğunu seçemiyordu. Bu sert bakış, bu derin nefes, mutlaka onundur diye düşündü. Tekrar geri döndü; o mavi denizi seyretti. Nâzım'ın sesini duydu:

"Hatırlıyor musun Cavid, Mustafa Kemal bir gün bizi asacak demiştim? Onunla ilgili hiçbir hükmümde yanılmadım."

Cavid Bey, o eski acıyı yeniden duydu. Sofya Ataşesi Mustafa

Kemal'in hırslı bir anında bağırarak verdiği hükmü, Kel Ali'nin divanı Ankara'da icra edecekti. Doktor Nâzım odasına girmiş, Cavid'in bütçe dengeleri arasında bocalamış telaşlı haline acıyarak haberi vermişti:

"Mustafa Kemal, seni de, beni de asacağını söyleyip duruyormuş. Anlaşılan İttihat Terakki'yi bir günde yıkmaya karar vermiş."

Sonra da gülerek eklemişti:

"Eğer kafasına koyduysa, yapar da..."

Jandarma eri geriden seslenen adamın nizamı bozmasına sinirlenmişti. "Kimdir bu densiz?" diye hemşerisine çıkışıyordu. Cavid Bey dayanamadı, jandarmayı azarlar gibi sesini yükseltti:

"Ona Doktor Nâzım derler. Hayatımda tanıdığım en metin insandır. Bazen, hâşâ, Allah'a bile kafa tutar..."

Birlikte odaya aldılar. Nail Bey'i yorgun bir anında yakalamışlardı. Üstünde en yeni elbiseleri vardı. Pijamalarıyla yaka paça getirilmiş kader arkadaşlarının arasında bu kıyafetle bulunmaktan utanmıştı. Ellerinde kelepçe yoktu. Tek tek, cebindekileri boşalttı:

"Bunları oğlum Nadir'e veriniz. Vasiyetimdir. Bu dünyada parasızlık kadar büyük ayıp yoktur. Birkaç kişiden alacağım vardır. Tahsillerine yardım ediniz. Çocuklarımı kimseye muhtaç bırakmayın."

Vali oralı değildi. Atıf Bey, adliye müşavirine işaret etti:

"Okuyunuz efendim."

Adliye müşaviri durdu, söyleyecek şeyi vardı. Atıf Bey'in kulağına fısıldadı:

"Hilmi Bey henüz teşrif etmediler efendim."

Atıf Bey sinirle sesini yükseltti:

"Teşrif ne demek efendim, derdest edilecektir. Hilmi'yi hemen getirsinler..."

Çekiç sesleri gittikçe uzaklaştı, yavaşladı, kayboldu...

Belli ki, Ankara'yı bir sancı tutmuştu.

Naşid Hakkı, hapishanenin önündeydi. Sehpaları dört köşeye kurmuşlardı. Küçük kalabalıklar bir yandan öbür yana hiçbir şeyi kaçırmak istemiyormuş gibi heyecanlar içinde sabırsızlıkla bekliyorlardı.

Önce Cavid Bey'i getirdiler. İlk sehpaya doğru götürdüler. Önünde bir masa kurulmuş, adlî tabip ile imamı yan yana oturtmuşlardı. Cavid Bey'in elleri arkadan kelepçelenmişti. Zorlukla kıpırdıyordu:

"Affediniz! Ellerinizi sıkamıyorum. Vaziyetimi görüyorsunuz."

Adlî tabip bir bardak su uzattı:

"İçiniz biraz, Cavid Beyefendi"

"Teşekkür ederim. İçim serin."

Cavid Bey'i sehpaya doğru çıkardılar. Uzaklardan bir çehreye gözü takıldı. Bu sakin bakış, bu temiz yüz Enezli'ye benziyordu. Sanki Aliye Hanım'ın gönderdiği bütün bonbonları, fondanları kendisi yemiş ve biraz toplamıştı. Gözlerini kıstı, böyle düşünmüş olduğuna utandı. "Enezli, kimsenin hakkını kimseye yedirmez" dedi. Enezli'nin Mehmed'ini, Osmanı'nı düşündü. Osman'ı öptüğüne emindi. Gözlerini kapadı, Osmancık'ı öptü; Aliye Hanım'a sarıldı. Gecenin karanlığında bütün hasretleri, bütün acıları, bu sevdalı veda sahnesiyle Ankara'nın sancısına ağır basıyordu. Tabibe döndü:

"Sizden bir ricam var Doktor. Hüseyin Cahid Bey, beraat etmiş; çok memnun olduğumu söyleyiniz. Aliye'ye, Osman'a sahip çıksın. Osman Şiar, artık onun evladıdır."

İmam efendi bir şeyler söylemek istedi:

"Allah taksiratını affetsin!"

Cavid Bey sinirlendi:

"Günahsız insan yoktur Hoca Efendi, ama bu işte taksiratım yoktur."

Gözlerinin tam seçemediği uzak kalabalığa baktı. Enezli'yi, Yüzbaşı İsmail Hakkı'yı, Aliye'yi, Osman'ı görüyormuş gibi mutluydu. Doktor Nâzım'a baktı, güldü. Rahat bir nefes aldı. Sanki Aliye, bütün zamanların üzerinden aşıp gelmiş bir Meryem gibi karşısındaydı. Kucağında Osmancık'ı da getirmişti. Hepsini bağrına basmış gibi yüreğini serinletti. Bu serin nefesi bütün derinliğiyle içinde tuttu. Bir sır verircesine Aliye'ye yaklaştı, hayranlık titreyişi sezilen kelimelerde sesini inceltti:

"Nâzım'ın yüzündeki bütün esrarı, zihnindeki bütün tasavvurları artık çözdüm. Onun içinde benimkinden daha hassas bir kalp çarpıyor."

Başını eğdi, ilmiğe uzattı. Sandalyeyi tekmeleyip, kendini sessizliğe bıraktı:

"Allah'ın laneti zalimin üstündedir."

Cavid Bey, döndü, döndü, döndü; durdu...

Öd yeşili bir akşam sayfası daha çevrildi, kızıl bir utançla birleşip pis bir renge döndü.

Doktor Nâzım'ın, içi titredi. Cavid'in, ipin ucunda döndüğünü gördükçe, kendisi de yapağıdan burulmuş bir nazlı yün ipliği gibi incelip uzuyor, koşup o soğuk bedeni sarmak, ısıtmak isteğiyle çırpınıyordu...

Birden bir sesle kendine geldi:

"Bende hakkınız büyüktür, Hocam! Hakkınızı helal ediniz."

"Sizi hatırlıyorum, kardeşim. Selanik Hastanesi'nde emeğiniz büyük olmuştu. Allah sizden razı olsun."

İmam bir şeyler söylemek istedi:

"Allah taksiratınızı affetsin!"

"Mümin Suresi'ni biliyor musun İmam Efendi?"

Cevap vermesine fırsat bırakmadan kendisi açıkladı:

"Hesap gününe inanmayanların hepsinden Allah'a sığınırım."

Bir çığlık duyuldu; gecenin sessizliğini yırtar gibi etrafa dağıldı...

"Doktor, Doktor! Hakkını helal et..."

Nâzım Bey, üzerindeki yükü attı. Bu ağlamaklı sesi duymakla rahatladı, güçlendi. Etrafa bakınıyor, bir ışık, bir renk içinde bu güçlü çığlığı arıyordu. Kalabalığı seyretti. Sanki, Kara Kemal, bütün mahalle esnafını arkasına toplayıp gelmiş gibi heyecanlandı. Her yüzde, her seste, kendinden bir şeyler olduğuna inanmıştı. Sermüezzin Hilmi Efendi, mahalle bakkalı, berber, Çorbacı Akif, Kuyumcu Ustası Aznif, Kara Kemal'in arkasında duruyordu. İştirakiyuncu Semih Naci, elini kızının omzuna koymuş dimdik bekliyordu. Utançlı bastonunu kırmıştı.

Sonra bir ipek şal sallandı. Nigâr'ın nemli zümrütleri hüzünlü ışıklarla, Didar'ı getirdi... Nigâr, turuncu laleler, mor salkımlar, duru akasyalar içinde gülüyordu. Nâzım, farklı bir kılıkla sefere çıktığı bu yeni iklimin ilk baharını hissetti. Şeyh Mehmed, Tütüncü Yakub, Belediye Hastanesi başhekimi, artık gerilerdeydi. Bir ara kalabalık iki yana çekilip, yol verdi. Kara Kemal'in anası, küçük bir kızın elinden tutmuş getiriyordu.

Nâzım, titredi. Gerçekten titredi. Selanik Hastanesi'nin dar karantinasında gözlerini yuman yosma güzelin son sözleri aklına geldi:

"Bir insanın mesut ölmesi ile müsterih ölmesi çok farklı şeydir Doktor!.."

Nâzım bir saadet hissi tadar gibi kızının gözlerine baktı; bu bakışta müsterih bir his ağır basıyordu. Serin rüzgâra kendisini bırakmış sabah bulutlarının ulaştığı dağın başındaymış gibi tarifsiz bir rahatlık duydu. Dağ başından, çorak bir ovada tek başına bırakılmış küçük kızını kucaklamak için ileri atıldı. O sevdalı gövde boşlukta sallandı... Döndü, döndü, döndü; durdu...

Karanlığın içinde suyun sesi her zaman duyulur...

"Silin artık şu gözyaşlarınızı, Hanımefendi."

"Siz de Üsteğmen, siz de!"

Üsteğmen, gözyaşlarını sildi. Kadının gösterdiği büyük saygı ve metaneti derin bir hayranlıkla seyrediyordu:

"Yakınınız mıydı?"

Kadın gurur duyar gibi açıkladı:

"Ailemizin büyüğüydü. Hakkını ödeyemeyiz..."

Sonra kendisini takdim etmek ihtiyacını duydu.

"Benim adım Nevber Cemil!"

"Benim adım Remzi. Ailem, Nâzım Bey'in himayelerinde büyümüşlerdir."

Üsteğmen Remzi, sanki Didar'ın gerdeğine girmiş gibi ailem diyerek gurur duyacağı bir evliliği açıkladı. Nevber Hanım, Üsteğmen'e sarıldı:

"Başınız sağ olsun evladım. Akraba sayılırız..."

"Sizin de Valide. Haydi sizi evinize götüreyim. Karanlıkta ne olur bilinmez."

Nevber Hanım, Üsteğmen'den ayrıldı:

"Hepsine tek tek hürmetim vardır. Birini eksik bırakmam."

Nail Bey'i sehpaya çıkardılar. Doğru sandalyeye gidip oturdu. Celladın sesi titriyordu. Yalvarır gibiydi:

"Ayağa kalkınız!"

Nail Bey gülmeye başladı. Ayağa kalktı:

"Biz koltuk görünce oturmaya alışmış bir terbiyede yetiştik evladım. Bu teşrifatı bilmiyorum. Haydi, şu düğümü arkaya getir. Nasılsa boğacak değil mi; bari arkada olsun..."

Mustafa Nail Bey kendisini bıraktı; gövdesi, mütevekkil bir rakkas gibiydi...

Hilmi Bey'i sehpaya çıkardılar. Boynunu ipe kendisi uzattı. Hiç esef etmeksizin tekmeyi vurdu sandalyeye...

Ve o koca gövde önce sehpaya düştü, sonra hızla yuvarlanıp yere yıkıldı. Bir uğultu yükseldi:

"Eceli gelmemiş!.."

Atıf Bey telaşlıydı. Celladı azarladı:

"Vakit geçiyor, elini çabuk tut be adam."

Cellat telaşla aşağı indi. Karanlıkta beyaz gömlek, gövdeyi bulmasına yardım etti. Tutup kaldırmak istedi; gücü yetmedi. Eli ayağı titriyordu. Hilmi Bey'e sanki babası vurulmuş köy delikanlısı gibi sarılmış, öyle kalmıştı. Şaşkındı. Korkuyordu...

Kalabalığın içinden bir kadın fırladı; başındaki tülbenti çıkarıp Hilmi Bey'in yüzündeki kanı sildi... Yeni bir gömlek giydirdiler. Hilmi Bey alaycı bir sesle cellada çıkıştı:

"Bu defa becerikli ol, evlat!.."

Salih Bey, Gazi'ye yaklaştı. Elindeki pusulayı uzattı. Gazi, okumadı bile...

"Dağıtın sofrayı. İşi ayağa düşürmeyelim..."

Ertesi gün, *Milliyet* gazetesinde Naşid Hakkı Bey'in haberini manşet yaptılar:

"Cesetler yarın kaldırılacaktır."

Gözem Apartmanı'nın önünde bir araba durdu. Birkaç çarşı sarrafı görünmeden içeri girdiler. Masanın üzerine dizilmiş bütün mücevherleri tek tek gözden geçirip beklediler. Aliye Hanım salona girdi:

"Paha biçtiniz mi beyler?"

Sultan Hamid'in geliniyken Aliye Hanım'a verdiği bütün hediyeler yan yana konulmuş, biri, diğerini gölgede bırakacak iddiayla serilmişlerdi. Sarraflar kendi aralarında konuştular. Yaşlısı öne çıktı:

"Saray malıdır Hanım; bugünlerde talibi yoktur."

Aliye Hanım masaya bırakılan parayı aldı. Osmancık mürebbiyesinin kucağında ağlıyordu. Oğlunu kucağına aldı, bağrına bastı.

"Sus oğlum, sus!.. Sus Osman'ım..."

Pencereden aşağı baktı. Beklediği gelmişti. Hamallara döndü:

"Bütün eşyayı taşıyın..."

Her şeyi geride bırakmış gibi merdivenlere yöneldi. Hüseyin Cahid Bey kendisini bekliyordu. Uzun yılların vefalı dostu, acı bir hatıranın her vesileyle tazeleneceği macera gibiydi.

Aliye Hanım, Osman'ın yanaklarını öptü, uzattı:

"Buyurunuz Hüseyin Cahid Bey! Artık babası sizsiniz. Cavid'in vasiyeti varmış."

İstanbul'da eylül başlamıştı. Hüzün, yağmur ve acı...

İsmet Paşa biraz geride duruyordu. Gazi'yle yaptığı, görüşmede bütün gücünü kullanmış ve ısrarlı olmuştu.

"Paşam! İstiklal Mahkemesi'ni Demokles'in kılıcı gibi elinizde tutmaktan ne zaman bıkacaksınız?"

Cumhuriyet otoritesinin İzmir ve Ankara sehpalarının üstünde kurulduğunu görmek İsmet Paşa'yı rahatsız ediyordu. Rejimin fazileti üzerine söylediği her sözde karşısına, Cavid'in, Nâzım'ın yüzleri çıkıyor, Paşa'yı geç kaldığı bir müdahalede açıkça suçlu gören bakışlarla azarlıyorlardı. Nâzım'ın sözleri hâlâ kulağındaydı: "Kendine bir patron bul Yüzbaşı!" Mevhibe Hanım'ın, Karabekir'in endişeyle sorduğu soruyu ve o geceki korkusunu gözlerinin önüne getirdi. Hangi güleç çehreyi, hangi hayran bakışı seyretse, hangi sesi duysa, hiçbir iyilik, içindeki acıyı hafifletemiyor, sadece Aliye Hanım'ın, Osmancık'ın, Nâzım'ın narin sesli küçük kızının yüzünü görüyordu.

Naşid Hakkı, *Milliyet* gazetesinde asılma gecesini yazarken ne büyük acılarla kıvrandığını İsmet Paşa'ya anlatmış ve utancını eklemişti:

"O gece, kendimi çocukluğumda kurbanın ödünü çıkaran kasapların pişkinliğinde gördüm, utandım... İstanbul'a indiğimde bütün çınarlar kendini dağıtmak üzereydi. Mevsimi değildi, fakat yapraklar dökülmüştü."

Bu tarifi duymak İsmet Paşa'yı rahatsız etmişti. Mevhibe Hanım'a verdiği sözü hatırladı.

"Akıbetim aydınlık olsa bile, beni karanlığın içinde tutamazlar."

Akıbetim dediği Cumhuriyet'ti. Şimdi Cumhuriyet'i böyle bir mirasla ayakta tutmanın ayıp olduğunu daha derin şekilde hissediyordu. Doktor Nâzım'ın, "Cumhuriyet'i ilan eden Meclis'in en büyük ayıbı" dediği adam İsmet Paşa'ya yaklaşmış, sonra içindekini kusmuştu:

"Paşam! Sayenizde dördünü de sucuk gibi astık..."

İsmet Paşa, Zafer Bayramı'nda yanına yaklaşan bu eski İttihatçının, şimdi bir Cumhuriyet yanaşması gibi sergilemeye çalıştığı sırnaşık hareketlerini ibretle seyretmiş sonra iğrenir gibi yanından uzaklaşmıştı:

"Size teessüf etmeyi bile kendim için ayıp sayarım."

Gazi, İsmet Paşa'nın yanına yaklaştı;

"Akşama baloya geliyorsunuz değil mi?"

Didar, gelinliğini vitrine yerleştirdi. Kumrunun yüreğindeki kan kurumuştu. Üsteğmen Remzi'nin omuzlarına bir yeni yıldız daha taktılar. Belinde sırmalı kılıcı, beyaz eldivenleri ve çakır gözleriyle Didar'ın elinden tuttu. Birlikte Sabah Fotoğrafhanesi'ne gittiler. Nigâr Hanım, siyah bir tayyör giymişti. Üçü yan yana, kahverengi bir suret gibi kâğıdın üstüne aksettiler.

Akşama Didar'ın nikâhı vardı. Nigâr Hanım, Remzi'nin avuçlarını yakaladı. Didar'ın çökmüş gözlerindeki dalgın acıyı gösterdi:

"Bu durgun suyu dalgalandırınız, Kumandan..."

Aliye Hanım, Hüseyin Cahid Bey'in evine yerleşmişti. Çarşı sarrafının bıraktığı parayla borçlarını ödemiş, elinde kalanlarla ne yapacağının listesini düzenliyordu. Kapı çalındı. İnip açtı. Necmeddin Sadak Bey kapıdaydı:

"Sizi bulmakta o kadar zorluk çektim ki, Hanımefendi..."

Aliye Hanım heyecanla sordu:

"Verdiler mi?"

"Hayır, Hanımefendi. İstiklal Mahkemesi bütün evrakına elkoymuş. Kel Ali'yi ikna etmem mümkün olmadı."

Gökyüzü yüksek ve siyahtı.

Üsteğmen Remzi, Didar'ın saçlarını çözdü. Sade bir yalnızlık gördü gözlerinde ve yeni bir şeyler karıştırdı bu ıssızlığa...

Nigâr Hanım, usulca ayrıldı evden.

Bir sokağın insanları, sanki yakın akraba gibi benzer simalar taşır. Bakışlarında paylaşmalarına imkân olmayan bir acıyı hatırlatmak isteği yumuşar. Hepsinin gözlerinde bir fışıltı dolaşır. Ağaçta filizlenen dalın ilk yeşili açık ve aydınlıktır. Okşamaya davet eder sizi... Elinizi sürmeye kıyamazsınız. İşte o ürkek fakat ısrarlı istek gibi bakar gözlerinize.

Nigâr Hanım, Galatasaray'ı geçti, Tünel'e doğru yöneldi. Karlman Pasajı'nın önünde durdu; geri dönmek istedi. İçi bir türlü elvermiyordu. "Ağlasam ayıp mı olur?" diye çırpınıyor, içindekilerini dökecek bir yakının olmayışının acısıyla kıvranıyordu. Sahip olduğu imkânların verdiği ışık, sezgilerin kavramaya çalıştığı karanlığı her zamanı istenilen ölçüde aydınlatmayacaktı.

Gecenin geç serinliğinde Meşrutiyet binalarının yüzleri simsiyahtı. Balkon demirlerine asılmış bayrakların kenarlarına defne yapraklarından süsler yerleştirilmişti. Her direğin üzerine, Gazi Paşa'nın Sakarya'daki efkârlı halinin fotoğrafları asılmıştı. Seyretti. Her vitrinin önünde durdu. Hepsi, birbirinin benzeri şekilde süslenmişti.

Belli ki İstanbul, Gazi Paşa'yı efkârlı görmekten hoşlanmıştı. Markiz'in pencerelerinden erimiş çikolata kokuları yayılıyordu. Durup bir süre bu şehvetli kokuyu ciğerlerine doldurdu. Vitrindeki beyaz güvercinlerden biri uçup omuzlarına konmuş gibi ürperdi. Boş verip yürüdü. Vardar Bonmarşesi'nin kilidini çevirdi, kepengi hafifçe kaldırıp altından geçti. Bütün ışıkları yaktı; avazı çıktığı kadar bağırır gibiydi:

"Nâzım Bey! İşte, istediğin ışıkları yaktım... Yarın akşam güneşini karşımıza alıp dertleşeceğiz... Bunu da alamazlar ya elimizden."

Ufukta rüzgâr; sahilde köpük sustu...

Gazi, baloya geç geldi. Kendisine ayrılan masanın yanında bekleyen genç kızın elini tuttu; doğru piste geçip dansa başladı:

"Adınız nedir?"

"Ruhsar, Efendim. Yeni tarih muallimesi Ruhsar Naci..."

"Tarih mi dediniz?"

"Evet, Paşam!"

Gazi, genç kızın gözlerini süzdü. Ruhsar bakışlarını eğdi.

"Kaldırın gözlerinizi ve hep böyle manalı bakın! Şunu daima benim için hatırlayınız. Ben tarihin hükmünden hiç korkmadan yaptım her şeyi..."

"Elbette, Paşam!.."

"Beni tasdik etmeniz değil, idrak etmeniz mühimdir."

Bütün gözler Gazi'yi süzüyordu. Mahmuz vurduğu kısrağın sırtında, alabildiğine uzanan ovalarda koşmaya hazır bir Gazi'yi...

"Meşrutiyet için ne düşünüyorsunuz?"

Gazi Paşa'nın sorusu karşısında Ruhsar Naci şaşırdı. Bir şeyler söyleyip bu büyülü geceyi bozmak yerine susmayı tercih etti. Gazi Paşa bastırıyordu:

"Tarihçiler mutlaka fikirlerini söylemek zorundadırlar."

Ruhsar'ın bu emre itaati şarttı. Kendini toparladı:

"Ben, Ali Fuad Paşa'nın subaylarından Semih Naci'nin kızıyım, Paşam!.. Babam, Meşrutiyetçiler için, 'Onlar, demire suyu veren adamlardı' derdi. Bunu, Ali Fuad Paşa'dan dinlermiş..."

Sonra kendi fikrini eklemek gereğini duydu:

"Toprağın, tere ihtiyacı vardır, Paşam!.. O teri verdiler..."

Gazi, Ruhsar'ı daha sıkı tuttu. Birisiyle bütünleşmek için vesile bulmuş gibi yakındı:

"İttihatçıları takdir ettiğimin bilinmesini isterim. Yürekliydiler, ama ufukları yoktu. Meşrutiyet, köhneleşmiş ve değerini kaybetmiş bir rejimdi. Devletin bütün ağırlığı ve müdafaası sadece Türklerin omuzlarına yüklenmişti. Bunu hoş gördüler. Azınlıkların ilk savaşta düşmandan yana olacaklarını kavramaları imkânsızdı. Unutmayınız ki, Hanımefendi, bir Millî Misak'ın ilanı için İngilizlerin İstanbul'u işgal etmesini bekleyecek kadar tahammüllü bir kadroyu kimse bana karşı müdafaa edemez."

Gölgenin özlemle emdiği ışık hiç unutulmaz...

Ruhsar, Gazi'nin azarlar gibi anlattığı şeyler karşısında utandı, gözleri koyulaştı. Bütün geniş zamanları kararttı. Çağla yeşilinden bir safir gece doğdu... Gazi, göğsündeki küçük karanfili çıkarıp Ruhsar'a verdi:

"Şimdi yapılacak çok şeyimiz var..."

Doğru, İsmet Paşa'nın masasına yürüdü. Mevhibe Hanım'la İsmet Paşa ayağa kalkıp Gazi'yi karşıladılar. Mevhibe Hanım, Paşası'nın elini tuttu:

"Hanımefendi, izninizle Paşa'nızı elinizden almak istiyorum."

Ankara Palas'ın geniş mermer merdivenlerine kırmızı halılar serilmiş, üzerlerine iyice ovulmuş sarı pirinç çubuklar geçirilmişti. Gazi, bu manzaradan etkilendi. Kramer Oteli'nin merdivenlerinde de böyle kırmızı halılar vardı. Otele indiği geceyi hatırladı. Ziya Hurşid, canına kıymak için her tertibi almıştı. Nasıl bir yalnızlık duygusuyla, kimsesiz kalmış gibi yeise kapılmıştı. Sahipsizlik duygusunun ağırlığını üzerinde taşımak istemiyordu. İsmet Paşa'nın koluna girdi.

Merdivenleri birlikte çıktılar. Büyük odanın kapısı açıktı. Girdiler. Gazi, bir koltuğa oturdu, İsmet Paşa'yı yanına oturması için çağırdı:

"Yanıma geliniz, beni hiç yalnız bırakmadığınızı herkesin görmesini isterim."

Salih Bey kapıda bekliyordu.

Gazi, sigara çıkardı; bir tane de İsmet Paşa'ya ikram etti. Salih Bey koşarak Gazi'nin sigarasını yakmak istedi. Gazi, erken davranıp İsmet Paşa'nın sigarasını yaktı:

"Salih Bey, söyleyiniz gelsinler..."

Odaya bir sessizlik hâkim oldu. Gazi, doğrudan konuya girdi:

"Ali Fuad'ı çok özledim, İsmet!".

"Niye bana söylüyorsunuz, Paşam?"

"Aranızda ihtilaf vardı, halimi anlarsın diye söylüyorum."

"Sizin de ihtilafınız vardı, hatta asmayı düşünecek kadar ileri gitmek istediniz..."

Gazi, birden geriledi:

"Hiçbir neticenin, irademi aşmasına izin vermem..."

Ruhsar, karanfili göğsüne taktı.

Bir kurt gövdeye düşmüş, bedeni yiyip bitiriyordu.

Bir kuş, her zamanki dalına konmuştu. Aklında, bir incesazdan kalmış sevinçli köçekçeler vardı...

"Üç Aliler Divanı" kapıdaydı. Ortalarında Kel Ali duruyordu. Gazi gelişlerini görmemiş gibi İsmet Paşa'yla sohbetine devam etti:

"Evet Paşam! Kudrete kimseyi ortak etmemek terbiyesini, İttihatçılığa girdiğim ilk gece bana, Doktor Nâzım öğretmişti. Bu nasihatin haklılığını hiç unutmadım. Cumhuriyet'in iktidarına da kimseyi ortak etmeyeceğimi bilmeniz gerekirdi. Bugün beni ağır bir lisanla hırpaladınız. Sizi sessizce dinledim. Haklıydınız. İktidarıma kimseyi, ama hiç kimseyi ortak etmeyeceğimi fark etmenizi gördüm ve rahatladım. Artık siz de rahat olunuz."

Gazi, Kel Ali'ye döndü:

"İstiklal Mahkemeleri'ni kapattım, Ali Bey. Mesainize teşekkür ederim."

Kel Ali şaşırdı; arkadaşlarına baktı. Üç Aliler Divanı reislerini başıboş bırakıyorlardı. Kel Ali, bir şeyler söylemek için biraz öne çıktı:

"Paşam, meseleyi tetkik edip bir rapor halinde size arz edeyim."

Gazi, hırsla ayağa kalktı:

"Ne raporu? Ne diyorsun sen? Kurdum ve kapattım."

Salih Bey, önlerine düştü, İstiklal Mahkemesi'nin hâkimlerine yol gösterdi. Hep birlikte merdivenlerden indiler.

Gazi, İsmet Paşa'nın elini tuttu; balkona çıktılar. Mermer merdivenlerde sıraya dizilmiş hâkimler heyetine tepeden bakıyorlardı. Ankara Palas'ın bütün ışıkları yakılmıştı. Oymalı kemerlerin geniş pencerelerinden yansıyan ışık, mermerlerin üzerinde dalga dalga renklere bürünüp kıpırdıyordu. Kapıda üç büyük Mercedes araba sıralanmıştı. Büyük kapıya gelince, Salih Bey elindeki küçücük anahtarları birer birer hâkimlere uzattı:

"Buyurun beyler, Gazi Hazretleri'nin sizlere hediyesi."

Mercedes'lerin kapısı açıldı; başta reis olmak üzere peş peşe hediye edilen yeni arabalarına bindiler. Hakikate benzeyen bir hayal gibi geçtiler, gittiler...

Gazi, İsmet Paşa'nın elini tuttu:

"Haydi aşağı inelim Paşam. Mevhibe Hanım'ı bekletmeyelim. Sizi emniyette görmedikçe rahatsız olduğunu hissediyorum..."

Salih Bey kapıyı açıp kenara çekildi. Gazi, avucunda ısıttığı İsmet'in elini sıcacık bir hırsla sıktı:

"Seni hiç kimseyle kıyaslamadım, İsmet! Ölçün o kadar yüksekti ki, bazen kıskanırdım..."

Gece bir nimet gibi geldi.

Didar, gözlerini yumdu. Bir ilahînin başladığını fark etti ve sonra bir dağın devrilişini hissettiren sarsıntıyla ürperdi; Remzi'ye sarıldı. Kutsal suda yıkanmış mevsim meyveleri gibi diri, kokulu ve lezzetliydi. Remzi, yeni dünyasında mutluydu.

Nevber Hanım'ın evinde Âmâ Hafız, yasin okuyordu. Esnaf dulları ile reji kızlarının gözleri çabuk yaşarır. Yeşilin, mavinin, siyahın, elanın ıslak akşamları gencecik bir nazla kuruyup gider. Sabah, yepyeni kandiller yanar...

Nigâr Hanım, bütün ışıkları tek tek söndürdü; kendini Nâzım Bey'in gerinip, yaslandığı koltuğa bıraktı. Bir saadet sedirine uzanmış gibi gözlerini yumdu. Dikenli tellerle çevrilmiş bahçeye, erik çalmaya girmiş küçük kızların ilk heyecanıyla titredi.

Aliye Hanım, Osmancık'ın gözlerini öptü. Saçlarını alnından

şakaklarına doğru yaydı; sonra kendi yanağına uzattı:

"Uyu yavrucağım, yarın yine aydınlık olacak."

Mürebbiye, Osmancık'ı annesinin kucağından aldı. Yatağına yatırdı. Bir küçük öpücük de o koydu yanağına:

"Ölüm, ne kaybedilmiş bir cennettir Osman, ne de hayatın pis bataklığı..."

Ruhsar, merdiven başındaydı. Dimdik, bekliyordu. Yaklaşıncaya kadar yerinden kıpırdamadı bile. Rahminde şehzade besleyen hasekiler gibi yukarıdan bakışlıydı. Böyle gözlerin sesi, sıcak ve yüksektir: "Kudretle bir an yaşamak dünyaya bedeldir..."

Merdivenlerden ininceye kadar Gazi, bu gözleri seyretti. Bir kucak dolusu gül, çimenler arasındaydı. O safir gece, rengini açmış, iştahlı bir çağla gibi yeniden yeşermişti. Bu yeşil, kederin ve kimsesizliğin hakkını almaya hazırdı... Gazi, Ruhsar'ı İsmet Paşa'ya takdim etti:

"Tarih Muallimesi Ruhsar Naci Hanım! Kendisine demin tarihin hükmüne aldırmadan her şeyi yaptığımı söyledim. Galiba biraz haksızlık ettim."

Tekrar Ruhsar'ın bileğini tuttu. Birlikte piste doğru yürüdüler. Tam ortasında durdu. Gazi'nin sesi karanfildi:

"Fikrimi değiştiriyorum, Hanımefendi. Kendimi, tarihin hükmüne bırakıyorum."

Kolunu Ruhsar'ın beline doladı. Ruhsar sıcacıktı, güzeldi; heyecan ve vuslat hissettiren bir titreyiş içindeydi. Gazi'nin sözünü dinlemiş, gözlerini kaldırmıştı. Bakışında, Gazi'nin istediği mana gülüyordu...

Levent / aralık 1990